HR
테크
혁명

HR 테크 혁명

AI 면접관부터 심리상담 챗봇까지,
기술이 이끄는 디지털 인사관리

2022년 8월 30일 초판 1쇄 발행
2023년 8월 18일 초판 4쇄 발행

지 은 이 | 피플 애널리틱스 연구팀
펴 낸 곳 | 삼성글로벌리서치
펴 낸 이 | 차문중
출판등록 | 제1991-000067호
등록일자 | 1991년 10월 12일
주　　소 | 서울특별시 서초구 서초대로74길 4(서초동) 삼성생명서초타워 30층
전　　화 | 02-3780-8153(기획), 02-3780-8084(마케팅)
팩　　스 | 02-3780-8152
이 메 일 | sgrbooks@samsung.com

ⓒ 피플 애널리틱스 연구팀 2022
ISBN | 978-89-7633-120-5 03320

AI 면접관부터 심리상담 챗봇까지,
기술이 이끄는 디지털 인사관리

HR
테크
혁명

피플 애널리틱스 연구팀 지음

삼성글로벌리서치

HR 분야에서 디지털 혁신이 어떻게 세상을 바꾸어가고 있는지를 다양한 글로벌 기업들의 구체적 사례를 들어 재미있게 소개한 책이다.

차상균 서울대학교 데이터사이언스대학원 원장

사람을 배제한 디지털 트랜스포메이션은 성공할 수 없다. 그렇다고 전통적인 사람 관리로는 더 이상 경쟁력이 없다. 이 책은 4차 산업혁명 시대에 경영자와 HR 전문가들이 안고 있는 인재 관리의 딜레마에 대한 현실적인 실행 대안을 제시한다. 역시 삼성의 최고 인사전문가들다운 통찰력이다.

유규창 한양대학교 경영대학장, 한국인사관리학회 고문(전임 회장)

판이 바뀌는 변곡점의 시대에는 판을 흔드는 자와 흔들리는 자가 있을 뿐이다. 판을 흔드는 자가 되지 않으면 흔들리는 자가 되어 끝내 새로운 판에서 밀려나고 말 것이다. 판을 흔드는 기업의 중심에는 언제나 새 길을 열어가는 탁월한 인재가 있고, 역동적인 워킹웨이가 있다.

탁월한 인재들이 역동적으로 일하면서 함께 성장을 꿈꾸도록 하려면 HR도 새로운 테크 기반으로 진화해야 한다. 새 판을 주도하며 인재와 회사가 함께하는 성장을 모색하는 리더들이라면 가까이 놓고 꾸준히 참고해야 할 내용들이 알차게 담겨 있다.

한승환 삼성물산 리조트부문 대표이사 사장

'어떻게 인재를 확보하고 양성하여 좋은 성과를 낼 것인가? 그리고 임직
원들의 건강하고 행복한 직장 생활을 위해 무엇을 해야 할까?' 어떤 상황
에서도 포기할 수 없는 기업과 인사팀의 영원한 숙제다.

그동안 인사관리 분야에서 이러한 숙제를 해결하기 위한 고민과 노력
은 끊이지 않았지만 장기간 인사를 지배한 의사결정의 기반은 경험을 통
해 축적된, 이른바 '감'이라는 무기였다. 하지만 4차 산업혁명이 촉발한
디지털 전환으로 기업 환경이 급변하자 한정된 정보와 과거 경험에 의존
한 의사결정은 한계를 드러냈다.

이러한 한계는 과학적 근거를 기반으로 한 최적의 의사결정을 요구했
고, 디지털 기술을 활용하여 인사 전 분야의 효율성과 경쟁력을 높이는
HR 테크가 부상하게 되었다. 그 배경이 된 3가지 환경 변화는 다음과
같다.

첫 번째 변화는 '인사의 다양성 확대'다. 과거, 인사의 경쟁력은 조직
공통의 철학과 원칙에 기반을 둔 일원화되고 빠른 실행이라고 할 수 있
다. 일체감에 근거한 스피드와 효율이 불필요한 논쟁과 현장의 인사 부
담을 최소화하기도 했다. 그러나 최근의 기업 조직은 인력 구조, 남녀 성
비, 뚜렷해진 세대 특성, 고용 형태, 업무 방식, 근무 환경 등 인사를 둘

6

러싼 많은 것들이 예전과는 비교도 할 수 없이 다양화된 모습을 보여준다. 이러한 상황에서 HR 테크는 임직원의 다양한 요구와 인적 다양성에 대응할 수 있는 힘을 준다. 임직원의 의견을 실시간으로 듣고 분석하는 솔루션을 통해 임직원의 요구를 빠르게 반영하고 보상 및 복리후생 패키지에 대한 니즈 분석을 통해 세심한 맞춤형 서비스도 가능하다.

두 번째 변화는 '인재 가치의 급상승'이다. 회사의 경쟁력을 좌우할 미래 사업 분야에서 필요로 하는 인력이 급증하면서 어떻게 우수 인재를 찾아 채용할 것인지가 인사팀의 핵심 과제로 떠올랐다. 디지털 전환에 따라 리스킬링(reskilling) 등 직무교육에 대한 요구도 급증하고 있다. 그동안 고용시장에서 압도적인 브랜드 파워를 보유했던 기업조차도 인재 확보에 대해 안심할 수 없는 상황에서 핵심 인재를 확보하기 위해, 또 내부 구성원에게 최적화된 교육과정을 제공하기 위해 HR 테크의 도입이 긴급한 과제가 되었다.

세 번째 변화는 '직원 행동주의(employee activism)의 확산'이다. 최근 조직 구성원들은 불합리한 인사에 대해서는 즉각적으로 이의를 제기한다. 또 절차 및 결과의 공정성에 대한 요구도 어느 때보다 높다. 이러한 임직원들의 목소리는 다양한 채널로 표출되며 조직의 긴장감을 높이는 요인이 된다. 이제 경험과 감에 의한 인사보다는 공정한 절차와 데이터에 근거한 명확한 기준을 제시해야 하며, 이를 지원하는 핵심적인 도구역시 HR 테크가 될 것이다.

《HR 테크 혁명》에서는 인사를 둘러싼 이러한 3가지 변화에 적극적으로 대응하는 다양한 솔루션을 소개한다. 삼성글로벌리서치 연구원 11명이 함께 집필한 이 책은 총 4부와 프롤로그, 에필로그로 구성된다. 프롤로그에서는 급변하는 인사 환경을 개괄한다. 이어서 현재 글로벌 기업에서 활발히 활용하는 HR 테크 솔루션을 인재 확보, 직원 성장, 성과 창출, 직원 몰입 등 4가지 분야로 나누어 정리했다. 실제 활용되는 사례를 다양하게 제시하여 HR 테크의 최신 현황을 실감할 수 있도록 했다. 에필로그에서는 HR 테크를 도입할 때 꼭 알아야 할 사항을 정리했다. 마지막으로 다양한 HR 테크 솔루션을 부록으로 따로 정리하여 독자가 빠르게 찾아볼 수 있도록 하였다.

기업에서 인사 분야에 몸담고 있는 독자들이 우선 관심을 가질 만한 내용이지만, 인사 분야에서 일하고 있지 않더라도 장차 기업이 나아갈 방향이 궁금하거나 현재 업무에서 디지털 전환의 필요성을 느끼는 독자들에게도 이 책을 권하고 싶다.

사실 인사 전문가인 우리 저자들에게도 기술이 결합된 HR 테크는 다소 생소한 분야였고 그만큼 새로운 도전이었다. 서로 의지하고 격려하며 미지의 세계를 묵묵히 개척해온, 정권택 전임 인사조직실장님을 비롯해 삼성글로벌리서치 후배 연구원들에게 깊은 감사와 박수를 보낸다. 한 권의 근사한 책으로 만들어준 출판팀 동료들에게도 감사의 마음을 전한다.

인사 분야에 꽤 오랜 시간을 몸담고 있었지만 요즘처럼 변화를 실감한 적은 없는 것 같다. 변화의 방향을 정확히 예측할 수는 없지만 확실한 것은 HR 테크를 좀 더 빠르게 도입하고 적절히 활용하는 기업이 인사 수준을 한 단계 끌어올리고 변화에 부합하는 미래 기업의 모습에 가까이 다가갈 것이라는 점이다. 그러한 일에 이 책이 작은 도움이라도 된다면 더없이 보람될 것이다.

2022년 8월
삼성글로벌리서치 인재경영연구실장
배노조

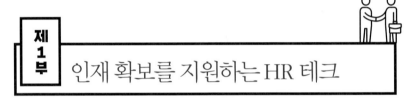

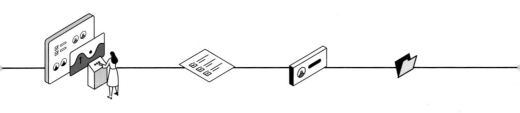

HR 테크*가 바꾸는
일과 인재경영의 미래

정권택

1. 인사를 둘러싼 모든 것이 변한다

'인사(人事)가 만사(萬事)'라는 말이 있다. 모든 조직에서 목표를 달성하기 위해 적합한 자리에 적합한 사람(right person)을 쓰는 일의 중요성은 아무리 강조해도 지나침이 없다. 기업은 급변하는 경영환경 속에서 지속 성장을 추구하기 위해 야심차게 신규 사업이나 제품 혁신을 추진하지만, 그 사업을 이끌 적합한 리더와 전문가를 확보하지 못하면 실패할 확률이 커진다. 사업의 내용보다 적합한 사람이 더 중요하다. 그래서 세계적 경영학자 짐 콜린스(Jim Collins)는 "위대한 기업을 만들기 위한 핵심 질문은 '무엇(what)이 위대한 비즈니스 아이디어인가'가 아닌 '누구(who)와 함께해야 하는가'다."라고 강조했다.[1]

---

* HR 테크란 HR 프로세스(채용-교육-성과 관리-보상-퇴직)의 운영 효율성과 성능을 개선하고 비용을 절감하여 HR 전반의 경쟁력을 높이는 AI, 클라우드, 자동화, 셀프서비스 시스템 등 디지털 혁신기술을 총칭한다. ("What is HR Tech, and why you should know about it", Hays)

이처럼 인사의 중요성을 잘 알아도 정작 우리 주변에선 인사 실패로 정부 조직이나 기업이 큰 낭패를 보는 경우가 드물지 않다. 인사 실패는 왜 일어날까? 정부 지도자나 기업의 최고경영자와 인사 담당자가 심혈을 기울여 다양한 검증을 하고 사람을 뽑아 일을 믿고 맡겼는데도 말이다. 단순히 사람을 잘못 보아서는 아닐 것이다. 중요한 인사를 결정하는 최고경영자의 '경험과 감'에는 한계가 있다. 과거에는 통했던 경험과 감이 지금은 그렇지 않을 수 있다. 세상의 모든 것이 변하고 있기 때문이다.

4차 산업혁명의 디지털 기술 발전과 코로나19 팬데믹으로, 인사를 둘러싼 사람과 일, 그리고 사람들이 일하는 일터까지 이전에는 경험하지 못했던 혁명적인 변화를 겪고 있다. 기업이 관리해야 할 대상과 환경이 변하는데 최고경영자나 인사 담당자가 과거의 경험과 직감에 의존해 인사에 관한 의사결정을 하는 것은 점점 더 큰 오류를 불러올 수 있다.

이제 디지털 기술혁신과 팬데믹 대응 과정에서 새롭게 변화한 노동시장의 현실을 직시해야 한다. 무엇보다 사람과 일을 효과적으로 조직해 관리하고 동기부여하며 참여시키기 위해 HR(Human Resource)에서의 사고방식과 행동의 변화가 시급하다.

노동력이 변한다: 확장된 노동력

디지털 기술혁신에 힘입어 노동력의 원천이 예전보다 훨씬 다양해지고 있다. 글로벌 컨설팅사인 딜로이트의 〈2017 글로벌 인적자본 동향 조사〉에서는 이러한 현상을 '확장된 노동력(augmented workforce)'이라 정의하고 있다.[2]

즉, 기업이 활용할 수 있는 인력 풀이 기존의 정규직과 일부 계약직 근로자에 더해 다양한 플랫폼을 기반으로 일하는 긱 노동자(gig worker),* 크라우드 노동자(crowd worker)**로까지 크게 확장되고 있다. 이와 더불어 AI, 인지 컴퓨팅(cognitive computing), 자동화 기술 발전으로 기계와 로봇까지 기업이 활용 가능한 노동력으로 가세하여 미래 노동력의 패러다임을 재편할 것이라고 예측한다.

전통적으로 기업에서 필요로 하는 노동력의 중요한 부분을 차지하는 것은 정규직과 일부 전문 계약직 근로자였다. 그러나 2010년경부터 성장하기 시작한 링크드인(LinkedIn), 캐글(Kaggle)과 같은 글로벌 인재 플랫폼과 크라우드 소싱(crowd sourcing) 등이 활성화되면서 전문직 프리랜서뿐만 아니라 긱 노동자와 일반 대중들까지도 기업이 언제나 활용할 수 있는 노동력으로 빠르게 편입되고 있다.

2015년 5월에《포브스(Forbes)》는 미국 정부 통계를 인용해 이미 미국 노동자의 40% 이상이 임시직(대체 근로 포함)으로 일하고 있다고 보도하였다.[3] 유럽연합(EU) 국가에서도 프리랜서가 2000년부터 2014년 사이에 2배로 증가했는데, 이들은 가장 빠르게 증가하고 있는 노동자 집단이라고 한다. 이러한 변화 속에서 많은 글로벌 기업들은 필요한 시간과 장소에서 가장 적합한 인재를 확보하기 위해 확장된 노동력을 전략적으로 활용하고 있다.

우리나라도 예외는 아니다. 특히 과거와는 사뭇 다른 근로관을 가진

---

* 긱 노동자란 원래 단기 계약직으로 1920년대 공연장 주변에서 한 차례의 특별 공연을 위해 단기 공연 계약을 맺은 재즈 연주자의 고용 관행에서 유래했다. 최근에는 온라인 인력 중개 플랫폼을 통해 노동과 지식을 제공하는 프리랜서를 말한다.
** 크라우드 노동자는 특정 목적으로 진행되는 프로젝트에 자발적으로 참여하여 공개 경쟁하는 노동자들로, 대부분 자신들이 프로젝트의 문제 해결에 기여한 만큼 (또는 문제 해결자만) 보상받는다.

MZ세대가 2021년부터 우리나라 생산가능인구의 47.5%*를 넘어서면서 다양한 형태의 노동이 확산되고 있다. 전통적으로 좋은 일자리라고 여겨지는 대기업 정규직이나 공공부문 일자리보다는 신흥 플랫폼 기업이나 스타트업에서 일하고 싶어 하는 사람들이 더 많아졌다. 특히, 이른바 '네카라쿠배당토'**라고 하는 신흥 플랫폼 기업들이 젊고 도전적인 인재들을 빨아들이는 블랙홀이 되고 있어, 전통적인 대기업들도 인재전쟁에서 우수 인재들을 빼앗기지 않기 위해 안간힘을 쓰고 있는 상황이다.

플랫폼 경제가 부상하면서 일자리의 형태는 더욱 다양해지고, 임금근로자와 자영업자의 경계 또한 모호해지고 있다. 이러한 흐름 속에서 우리나라에서도 풀타임 정규직 대신 파트타임 근무 형태가 일반화되는 모습을 보이고 있다. 특히 유통업계에서 이러한 모습이 두드러지는데, 초단기 근로, 즉 긱 노동이 MZ세대의 새로운 선택지가 되고 있다. 이는 배송 시스템이 고도화되고 배송 물량 집계, 조정, 분류 등에서 사람이 하던 일을 인공지능(AI)과 로봇이 급격히 대체하면서 가능해졌다. MZ세대는 긱 노동을 선호하는 이유로 '조직에 얽매이지 않고 내가 원하는 시간과 장소를 골라 하고 싶은 만큼 일을 할 수 있다는 장점이 크기 때문'이라고 말한다.

긱 노동이 늘어나면서 전문직 긱 노동자들을 알선해주는 기업들도 빠르게 성장하고 있다. 탤런트뱅크, 크몽, 숨고 등의 인력 매칭 스타트업들이 다양한 분야에서 그 규모를 키워가고 있는 중이다. 탤런트뱅크는 지

---

* 2021년 11월 현재 우리나라 생산가능인구(15~64세) 36,691,912명 중 MZ세대(1980년 이후 출생자)는 17,435,112명으로 47.5%에 해당.
** 네이버, 카카오, 라인, 쿠팡, 배달의 민족, 당근마켓, 토스 등 7개 기업을 가리킨다.

식산업 분야의 전문가들을 기업과 연결해주는 플랫폼인데, 인력 매칭 의뢰 건수가 2019년 368건에서 2020년에는 876건으로 급증했고, 2021년 상반기에만 622건을 기록했다.[4] 편집, 개발, 디자인, 설계 분야의 프리랜서 전문가들을 기업과 연결해주는 플랫폼인 크몽도 2020년 대비 50% 이상 성장하며 인기다. 생활 서비스 분야에서 인력을 매칭해주는 서비스인 숨고도 누적 견적 수가 전년 동기 대비 200%에 가까운 성장을 보이고 있다.

한편, 인지 컴퓨팅과 로봇공학의 발전에 따라 기업들은 AI와 로봇 등을 육체노동을 대체하는 단계를 넘어 지능화된 노동력으로 활발하게 활용하고 있다. 딜로이트의 〈2017 글로벌 인적자본 동향 조사〉에서는 44%의 기업이 AI와 인지 컴퓨팅, 로봇공학을 업무에 도입(10%)했거나 특정 분야에서 시범 운영(34%)하고 있다고 밝혔다. 이에 따라 기업들은 인지 시스템과 로봇을 활용하여 직무를 재설계하고, 이러한 디지털 도구들을 사용할 수 있도록 직원들을 재교육하는 데 많은 힘을 기울이고 있다.

앞으로 인사팀은 이처럼 다양한 고용 형태의 근로자와 로봇까지 확장된 노동력으로 넘치는 글로벌 노동시장에서 필요한 노동력을 어떠한 형태로 어떻게 조합하여 적기에 효과적으로 조달할 것인가를 고민하지 않으면 안 되는 상황에 놓여 있다.

일이 변한다: 원격화와 자동화

4차 산업혁명으로 기존의 일자리가 줄어들고, 특히 상당수의 화이트 칼라 일자리가 사라질 것이란 우려스러운 전망이 한때 힘을 얻었다. 하지만 이론적으로나 과거의 경험에 비추어볼 때 일자리의 개수가 크게 줄어들 것 같지는 않다. 대신 모든 직업에서 일하는 내용이 바뀔 것이라는 데는 전문가들의 의견이 일치한다.[5]

특히 연결성이 강화되고 인지 기술이 발전함에 따라 일의 성격이 급속하게 바뀌고 있다. 앞으로 AI, 인지 컴퓨팅, 로봇공학이 빠르게 발전하면서 확장된 노동력에 의해 거의 모든 직업이 재창조될 것이라고 해도 과언이 아니다.

일은 작은 과업 단위로 구성된 묶음이라고 할 수 있는데, 일부 과업은 로봇과 자동화 기술로 대체되고 나머지는 작업자가 수행해야 할 더 높은 수준의 과업으로 구분될 것이다. 기업은 점차 핵심역량에 해당하는 과업만 내부에서 수행하고 나머지는 외부 프리랜서나 아웃소싱 또는 로봇 등을 활용하여 처리하게 될 것이다. 이에 따라 정형화된 직무에 대한 수요는 급격히 줄어들고 육체적 직무와 인간의 창의력이 필요한 추상적 직무는 오히려 증가할 것으로 예측된다.

디지털 기술 발전에 따라 일이 변화하는 방향은 원격화·모바일화와 자동화·무인화로 요약할 수 있다.[6]

코로나19 팬데믹에 대응하는 과정에서 한시적으로 도입한 재택근무와 원격근무 등 일하는 방식의 원격화가 향후 디지털 기술로 무장한 대기업과 고임금 직종을 중심으로 지속될 가능성이 높다. 2019년 우리나라 스마트워크 실태조사 결과를 보면, 직원들은 시간 활용의 효율성 향상, 출퇴근의 편의성, 업무 연속성 유지, 가사와 육아 및 개인 발전 등의 이유로 재택근무와 원격근무를 선호하고 있다. 기업의 입장에서도 인력 운영의 효율성과 생산성 향상, 조직 내 협업과 소통 및 비용 절감에도 도움이

된다고 이야기하고 있다.[7]

특히 디지털 기술혁신에 의한 연결성의 증가로 인해 기업이 필요로 하는 노동력의 지리적 위치나 거리도 더 이상 문제가 되지 않는다. 글로벌 인력 중개 플랫폼의 발전으로 앞으로는 전 세계에 걸쳐 일할 수 있는 인력들을 소싱하고 24시간 활용하는 데 더욱 제약이 없어질 것이기 때문이다.

또 다른 일의 변화 방향은 AI 및 로봇 프로세스 자동화(RPA, Robotic Process Automation) 기술 발전에 따른 일의 자동화다. 여기에 코로나19로 인한 비대면 방식의 무인화 개념이 더해지면서 일자리와 노동환경에 큰 변화를 초래하고 있다.

지금까지 산업용 로봇 등 하드웨어 분야의 기술 발전은 주로 육체노동을 자동화했다면, 최근 AI 등 소프트웨어 분야의 기술 발전은 사무직을 자동화하기 시작했다. 이에 가트너는 2020년 10대 전략 기술 중 하나로 초자동화(hyper-automation)를 선정하였다. 초자동화는 AI를 이용하여 사람의 행동뿐만 아니라 사람의 판단이 요구되는 업무를 자동화하고 검색과 분석의 정교함을 더해 궁극적으로 인간의 능력을 증강시킬 것으로 전망했다.[8] 따라서 콜센터의 상담사나 단순 행정 사무직뿐만 아니라 곧 고소득 전문직종까지 초자동화 기술의 영향을 받게 될 것이다.

이처럼 팬데믹 이후 본격화될 디지털 사회에서는 데이터 통신기술과 더불어 자동화, 지능화 기술의 사회적 수용성이 높아지면서 일과 일자리의 디지털화를 급진전시킬 것으로 예상된다.

일터가 변한다: 시공간을 초월한 유비쿼터스 근무 환경

유비쿼터스는 '언제 어디에나 존재한다'는 뜻의 라틴어다. 유비쿼터스 근무 환경이란 근로자가 시간과 장소의 제약에서 벗어나 정보통신 기술을 활용해 자유롭게 네트워크에 접속해서 효율적으로 업무를 수행하는 자유로운 근무 환경을 말한다. 광대역 통신망의 보급과 무선 인터넷 환경의 개선 등으로 인터넷을 활용한 업무가 증가함에 따라 IT를 활용해 언제 어디서나 업무를 수행할 수 있는 새로운 근무 방식을 도입하는 기업이 늘어나고 있다.

특히 최근 확산되고 있는 클라우드(cloud) 기술 기반의 업무 플랫폼은 언제 어디서나 쉽게 접근할 수 있어서 서로 다른 위치에 있는 많은 직원들이 빠르고 효율적으로 협업할 수 있는 유비쿼터스 근무 환경을 제공한다. 5G 통신기술과 함께 증강현실(AR, Augmented Reality), 가상현실(VR, Virtual Reality), 혼합현실(MR, Mixed Reality) 등 가상화 기술이 발전하면서 재택근무, 모바일 근무, 가상팀(virtual team), 메타버스(metaverse) 사무실 등 유연하고 다양한 일터의 변화가 진행 중이다.

많은 글로벌 기업이 디지털 기술 발전에 힘입어 직원들의 근로시간 유연화와 근무 장소의 분산화 및 가상화를 빠르게 추진하고 있다. 보쉬(Bosch)는 시간 측면에서는 요일별로 출퇴근 시간과 일하는 시간을 선택하게 하고, 공간 측면에서는 다양한 근무 장소를 제시하여 이들을 결합해 100개가 넘는 다양한 근무 시공간 옵션을 제공하고 그중에서 직원 개개인이 자유롭게 근무 형태를 선택하게 한다. 대기업의 장점인 체계적인 프로세스를 살리되, 스타트업의 강점인 자율성 높은 업무 수행을 강조함으로써 통제가 아닌 신뢰에 기반한 업무 방식이 정착될 수 있도록 힘쓰

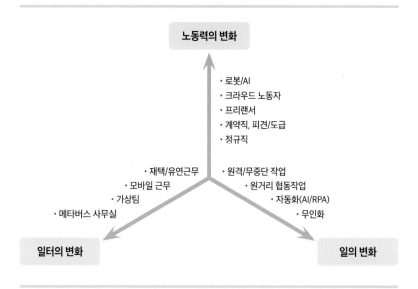

노동력의 변화

· 로봇/AI
· 크라우드 노동자
· 프리랜서
· 계약직, 피견/도급
· 정규직

· 재택/유연근무   · 원격/무중단 작업
· 모바일 근무   · 원거리 협동작업
· 가상팀   · 자동화(AI/RPA)
· 메타버스 사무실   · 무인화

일터의 변화   **일의 변화**

고 있다. 지멘스(Siemens)도 제조 라인 등 필수적인 경우를 제외하고는 많은 직원이 시간적·공간적 유연 근무가 가능하도록 자율권을 준다. 직원들이 자기 주도로 일하는 환경을 선택할 수 있도록 하되, 일의 성과와 진행에 대해서 늘 관리자와 소통하고 이를 위한 IT 인프라를 확충하는 것이 지멘스의 근무 환경 정책이다.[9]

이외에도 많은 기업이 일터와 근무 환경 혁신을 통해 생산성 향상 및 근로자의 업무 능률 제고, 고객 만족도 증대, 인력 운영의 유연성 강화, 재해 발생에 대한 위험 분산 등을 추구하여 경영전략 차원에서 시간과 비용 절감을 도모하고 우수 인재들이 시공간에 구애받지 않고 일할 수 있도록 지원하고 있다. 또한 근무 환경 혁신은 육아·가사 등으로 애로를 겪는 여성이나 활동에 제약이 따르는 노인 및 장애우 등을 전문 인력으로 활용하는 데도 도움을 줄 수 있는 방안으로 인식된다.

2. HR 디지털 트랜스포메이션, 무엇을 바꿀까?

인사는 사람(人)과 일(事)을 어떻게 효과적으로 연결하여 조직의 목적, 즉 조직의 성공과 임직원의 행복을 달성할 것인가를 계획하고 수행하는 전문 분야다. 조직에서 이렇게 핵심적인 역할을 하는 인사팀이 언제부터인가 최고경영자와 일반 직원뿐만 아니라 그 기업에 취업을 희망하는 지원자들에게까지 조금씩 신뢰를 잃고 외면받는 상황에 직면하고 있다. 인사팀이 급변하는 경영 환경과 디지털 기술혁신의 흐름에 제대로 적응하지 못하고 과거의 관행에 얽매여 변화가 더디기 때문이다.

최근 몇 년간 디지털 트랜스포메이션은 기업에 초미의 관심사가 되었다. 사실 90% 이상의 CEO들이 디지털 혁신기술에 의해 회사가 파괴적인 변화에 직면하고 있다고 생각한다. 그러나 70%는 그러한 변화에 적응할 수 있는 기술을 갖추지 못하고 있다고 말한다.[10]

앞에서 살펴본 노동력과 일 그리고 일터의 변화도 급속한 기술 발전의 영향이 크다. 기업들의 디지털 트랜스포메이션이 본격화되면서 HR의 디지털 트랜스포메이션도 더 이상 늦출 수 없게 되었다. 오히려 HR이 회사 전체의 디지털 트랜스포메이션을 선도적으로 준비하고 이끌어야 한다는 지적까지 나온다. 이러한 상황에서 인사팀은 디지털 트랜스포메이션의 성공적 추진을 위해 경영진과 직원들의 사고방식을 디지털 환경에 맞춰 신속하게 전환시키고 여기에 필요한 디지털 스킬을 키우는 데 중요한 역할을 해야 한다. HR의 디지털화는 단순히 HR 서비스 플랫폼을 디지털화하는 것을 넘어, 디지털 노동력을 개발하고 일하는 방식과 일터에서 사람들이 서로 관계를 맺는 방식을 바꾸는 데 디지털 기술을 활용하는 것을 의미한다.

구글 전 회장 에릭 슈미트는 그의 저서 《새로운 디지털 시대》에서 "기술만으로 세상의 모든 문제를 고칠 수 있는 것은 아니지만, 기술을 똑똑하게 사용하면 지금과 다른 세상을 만들 수 있는 것만은 분명하다."라고 말한 바 있다.[11]

최근 빠르게 발전하고 있는 다양한 HR 테크를 도입하여 HR의 디지털 트랜스포메이션을 추진한다면 회사와 직원들은 무엇을 얻을 수 있을까?

디지털 기술을 활용한 데이터 기반의 과학적 인사

우리는 지금까지 중요한 인사 문제를 다룰 때 과거 경험에 따른 감으로 많은 결정을 내려왔다. 한 연구에 의하면 입사 면접관들이 지원자를 만난 후 60초 이내에 지원자의 인상을 결정하는데, 종종 지원자들의 외모나 태도, 옷차림 또는 말투에 근거하여 판단한다고 한다. 정말로 그러한 요인들이 지원자가 입사 후 담당하게 될 역할에서 성공을 보장할 수 있을까? 아마 그렇지 않을 것이다. 왜냐하면 인사 전문가들이 많은 돈과 시간을 들여 시험과 평가, 시뮬레이션 및 게임 등을 활용하여 입사 지원자들을 심사하고 선별함에도 불구하고 많은 관리자들은 여전히 합격자의 30~40%에 대해서는 잘못 뽑았다고 생각하기 때문이다.[12]

급변하는 디지털 환경에서 살아남는 비결은 적응성(adaptiveness)과 민첩성(agility)에 있다. 적응성과 민첩성 제고를 위해서는 변화에 대한 지속적인 모니터링(관찰)과 검증이 필요하다. 이를 위해서는 데이터가 필수다. 가트너는 데이터가 21세기의 원유(原油)라고 했다. HR 분야의 디지털 트랜스포메이션에 있어서도 데이터는 필수다. 많은 직원과 지원자들이 실시간으로 쏟아내는 데이터는 실로 엄청나기 때문이다.

이제 인간의 감과 직관에만 의존해 인사를 하는 시대는 끝났다. 정부나 기업의 인사관리 경쟁력도 4차 산업혁명의 디지털 기술을 어떻게 활용하느냐에 따라 크게 달라지는 시대가 되었다. 매순간 쏟아지는 다양한 인사 데이터를 어떻게 수집하고 처리하여 활용하느냐에 따라 더욱 과학적이고 효율적이면서도 최고경영자와 직원들로부터 공감과 신뢰를 받는 인사관리가 가능해지기 때문이다.

맞춤형 HR 서비스로 직원과 지원자 경험의 증진

직원들을 위한 HR 서비스에 디지털 혁신기술을 적용함으로써 회사가 과거에는 엄두도 낼 수 없었던 직원 개인별 특성과 희망에 맞춰 보다 세심한 서비스가 가능하다. 회사가 관리의 편의성 때문에 모든 직원에게 동일한 서비스를 제공하는 '원 사이즈 핏츠 올(One size fits all)' 인사에서 탈피하여 직원들이 생성해내는 인사 관련 데이터를 분석하고 활용함으로써 맞춤형 HR 서비스를 제공할 수 있기 때문이다.

회사는 직원들의 생애 단계나 거주 환경에 맞춰 근무 장소와 시간을 자유롭게 선택할 수 있도록 다양한 근무 옵션을 제공함으로써 치열한 글로벌 인재전쟁 속에서도 우수 인재의 확보와 유지에 큰 도움을 받을 수 있다. 또한 평생 경력 시대를 맞아 자신만의 경력 개발을 준비하는 직원들과 재택근무와 모바일 근무 등 새로운 환경에서 일하는 직원들에게도 디지털 학습 플랫폼을 통해 개개인의 필요에 맞게 구성한 학습 콘텐츠와 비디오 및 모바일 학습 솔루션을 제공하여 상시 자기주도적인 학습과 개발을 가능하게 할 수 있다.

또 직원들이나 입사 지원자들의 회사 생활과 조직문화에 대한 요구나 관심사를 실시간으로 파악하여 적절한 피드백과 솔루션을 제공함으로써 생산성 향상을 지원하고 HR 서비스에 대한 만족도를 높여 회사 생활에 대한 직원 경험(employee experience)을 한층 제고할 수 있다. 직원 개개인의 건강과 웰빙, 심리 진단과 치료 등 과거에는 지원할 수 없었던 새로운 HR 서비스까지도 디지털 기술의 도움을 받아 제공함으로써 직원들이 더 건강하고 행복한 직장 생활을 하도록 도울 수도 있다.

인사 업무의 비용과 시간 효율성 제고

인사팀 직원들은 늘 바쁘고 많은 업무에 시달린다. 회사 내 많은 리더들과 직원들을 만나 다양한 요구와 의견을 듣고 제때 적절한 피드백을 해야 하며, 손이 많이 가는 인사 행정 업무도 늘 끊이지 않기 때문이다. 이렇게 인사 담당자들을 괴롭히는 일상적인 인사 업무들을 챗봇이나 RPA, 모바일 기술을 활용하여 수행함으로써 업무 처리의 비용과 시간을 획기적으로 줄일 수 있다.

특히 챗봇을 통해 일상적인 인사 업무 중 상당 부분을 자동으로 처리할 수 있다. 신입사원에게 회사와 인사정책을 안내하고 교육자료도 보낼 수 있다. 간단한 설문조사를 통해 직원들의 의견을 파악하고 피드백할 수 있으며, 복잡한 복리후생 및 휴가 기준에 대해서도 신속하고 정확하게 안내할 수 있다. AI, 머신러닝, 딥러닝 기술이 발전하면서 챗봇의 기능은 더욱 개선되어 사람들과 더 자연스럽게 상호작용하게 될 것이다. 이에 따라 인사 담당자는 일상적인 업무에서 벗어나 중요한 전략적인 업무에 더 집중할 수 있는 시간과 에너지를 확보할 수 있다.

이렇게 다양한 디지털 기술을 활용하여 필요한 인재의 확보와 성장 지원, 인력 운영, 성과 관리 및 정서와 건강 관리 등을 수행한다면 급변하는 환경 속에서도 인사관리 전반에 걸쳐 정확성과 민첩성뿐만 아니라 HR 서비스에 대한 직원 경험과 인사 업무의 효율성도 획기적으로 향상시킬 수 있을 것이다.

결과적으로 다양한 디지털 HR 테크를 적용하여 인사관리 업무를 더욱 과학적이고, 빠르게, 효율적으로 처리함으로써 최고경영자의 전략적 의사결정을 효과적으로 돕고, HR 서비스에 대한 직원들의 만족도를 제고

· HR 디지털 트랜스포메이션이 바꾸는 인재경영 ·

Old	New
경험/감에 의존한 전통적 인사관리	데이터에 기반한 과학적 인사관리 : 정확성과 민첩성 향상
공급자(회사) 중심의 집단적 HR 서비스 : 실행 편의성 중시	고객(직원) 중심의 맞춤형 HR 서비스 : 직원 경험 증진
손이 많이 가는 인사 업무	인사 업무의 비용/시간 효율성 제고

하는 것이 HR 디지털 트랜스포메이션의 궁극적 목표다. 각각의 회사 상황에 맞게 다양한 HR 테크를 잘 선별하여 도입함으로써 HR 디지털 트랜스포메이션을 제대로 추진한다면 회사의 고용 브랜드 강화와 HR의 고객만족이라는 두 마리 토끼를 한 번에 잡는 기회가 될 것이다.

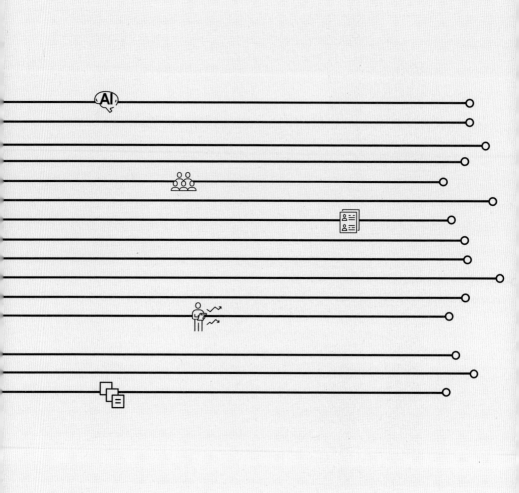

제1부

인재 확보를
지원하는
HR 테크

김영애 · 배수정

Intro

조직의 성패가 얼마나 우수한 인재를 확보하느냐에 달린 것은 4차 산업 혁명 시대에도 예외가 아니다. 짐 콜린스는 조직의 성공을 가로막는 가장 큰 제약은 적합한 사람(right person)을 충분히 확보하고 유지하지 못하는 것이라고 했고, 애플의 스티브 잡스(Steve Jobs)는 A⁺ 플레이어, 즉 우수 인재 채용의 중요성을 강조하며 본인이 직접 면접까지 챙겼다고 한다.[1] 조직이 최고의 인재를 채용했을 때 얻을 수 있는 효과는 데이터로도 증명이 되었다. 연구에 따르면, 고성과 직원의 생산성은 일반 직원보다 4배 이상 뛰어나며, 소프트웨어 개발처럼 직무 복잡도가 높아지면 생산성이 12배 이상 차이가 난다.[2]

하지만 우리 조직에 맞는 우수 인재를 채용하는 일은 쉽지 않다. 스티브 잡스는 A⁺ 플레이어를 채용하는 일을 '모래사장에서 바늘 찾기'에 비유했고, 채용 담당자라면 그의 말에 적극 공감할 것이다. 링크드인, 구인 게시판, 헤드헌터 등 각종 데이터베이스를 검색해 인재를 발굴하고, 수많은 이력서를 검토하고, 여러 면접 단계를 거쳐 1명의 최종 합격자가 추려지고, 그가 조직에 순조롭게 적응할 때까지 많은 인내, 시간, 비용이 들어간다. 인적자원 관리협회(SHRM)의 조사에 따르면 기업이 신규 인력을 채용하는 데 드는 평균 비용(잡포스팅, 발굴, 면접, 신원조회 등)은 4,425달러, 평균 시간은 36일이 소요된다고 한다.[3] 더 안타까운 사실은 이러한 시간과 비용을 투자함에도 불구하고 많은 기업이 잘못된 채용을 경험한다는 것이다. 이로 인해 생산성 저하, 업무 품질 저하가 발생하고 다른 직원을 모집하는 데 또 비용을 낭비하게 된다.[4]

그렇다면 HR 테크가 채용의 구원투수가 될 수 있을까? 채용에 있어서 기계, 즉 AI가 면접관의 경험, 직관, 판단을 뛰어넘어 우수 인재를 가려 낼 가능성이 높다는 연구 결과는 이미 오래전부터 나와 있다. 미네소타 대학교 연구진에 따르면, AI 알고리즘으로 선발된 인력이 면접관이 선발한 인력보다 고성과 집단이 될 가능성이 평균 25% 더 높게 나타났다.[5] 이러한 패턴은 중간관리자이든 최고경영진이든 상관없이 모든 상황에서 유효함을 보여주었다. 오늘날 우수 인재를 확보하는 데 있어서 HR 테크의 활용은 지원자 평가 차원을 넘어, 인재를 발굴하고 지원서를 심사하고 면접하고 온보딩(onboarding)* 하는 전 단계를 효율화하고 정확도를 높일 뿐만 아니라, 지원자 경험까지 증진시킬 수 있도록 광범위하게 활용되고 있다. 따라서 1부에서는 인재 확보에 활용되는 다양한 HR 테크 솔루션과 기업들의 사례를 소개하고자 한다.

1장에서는 인재 확보의 첫 번째 단계인 인재를 발굴하고, 이력서를 검증하는 솔루션을 소개한다. 채용 담당자의 하루 일과는 링크드인에 접속, 키워드를 입력해 후보자들을 검색하는 것으로 시작한다. 학력, 경력, 기술명 등 2~3가지 키워드를 조합해 후보자들을 검색하고, 그동안 눈여겨보고 있던 후보자의 이력이 업데이트되지는 않았는지 살펴본다. 지원자는 직접 발로 뛰어서 발굴하는 것이라는 신념으로 각종 잡페어(job

---

* 신입사원의 순조로운 적응을 돕기 위해 회사를 소개하고, 업무에 필요한 지식과 기술을 교육하는 과정.

fair)와 대학교를 방문해 회사를 홍보하고 잠재 지원자도 발굴한다. 이력서가 들어오면 학력, 직장 경력, 기술 스펙이 적합한 후보 몇 명을 추려서 면접을 진행한다. 과연 이렇게 추려진 후보가 최적의 후보일까 늘 의구심은 있지만, 후보자들의 입사 후 성과 및 잠재력까지 평가하기에는 채용 담당자가 해야 할 일들이 너무 많고, 정보가 턱없이 부족하다. 기업들이 채용이 어렵다고 한다면, 아마 그 시작은 면접을 진행하기 전 우수 인재를 발굴하는 것부터일 것이다.

하지만 HR 테크를 활용한다면 채용 담당자의 이러한 고민을 해결해 줄 수 있다. 우선, 링크드인에 경력을 화려하게 올려놓지는 않았지만, 전문 커뮤니티에서 활동하는 숨은 고수, 잠재 지원자를 찾는 것이 훨씬 수월해진다. 1장에서는 링크드인을 비롯한 50여 개 전문 소셜 커뮤니티에서 사용자의 활동을 수집해 자동으로 개인별 프로필을 만들고 이직 가능성까지 예측해주는 솔루션을 소개한다. 그리고 수백 수천 개의 이력서 중에서 직무기술서(job description)와의 매칭률이 높거나, 우리 회사의 고성과자 이력서를 사전 학습하여 고성과 가능성이 높은 후보군의 이력서를 추출해주는 솔루션도 함께 소개한다. 더불어 텍스트마이닝(text mining)* 기술을 활용해 직무별 최적의 지원자들에게 어필할 수 있는 직무기술서 자동작성 솔루션도 소개한다.

2장에서는 면접 프로세스를 효율화하고, 면접관의 직관과 편견을 줄여 지원자의 잠재력을 정확하게 평가할 수 있는 다양한 AI 도구를 소개

---

* 텍스트 데이터에 숨겨진 의미 있는 정보를 발견하기 위해 자연어 처리 기법을 기반으로 정보를 추출, 가공하는 기술.

한다. 면접은 우수 인재를 선발하기 위해 그 어느 단계보다 중요하다. 하지만 제한된 시간 내에 지원자를 검증한다는 것은 경험이 풍부한 숙련된 면접관들이 아니라면 쉽지 않은 일이다. 실제로 면접 경험의 유무에 따라 면접위원들 간 질문과 평가의 질에 차이가 있다. 특히, 대규모로 채용이 이루어질 때에는 어떤 면접관에게 면접을 치렀느냐에 따라 면접의 난이도가 달랐다는 지원자들의 후기도 종종 볼 수 있다. 채용 담당자들은 면접위원 교육과 선발 기준을 강화하지만, 면접장마다 들어가서 면접위원들을 통제할 수는 없기에 면접의 질적 수준을 일정하게 유지하는 게 쉽지 않다. 면접위원 입장에서도 지원자의 역량과 조직 적합성을 더 정확하게 평가할 수 있는 AI 도구의 도움을 받는다면 지원자 검증이 훨씬 수월할 것이다.

면접 과정에서의 이러한 고민을 해결해주기 위해 다양한 AI 채용 도구가 등장하고 있다. 먼저, 지원자의 입장에서 궁금한 점을 24시간 친절하게 답변해줄 뿐만 아니라 지원자와의 대화를 분석해 직무 적합도를 검증해주는 챗봇을 소개한다. 그리고 얼굴 인식 기술을 활용해 지원자의 면접 영상에서 어휘, 음성, 표정 등을 추출하여 지원자의 성과, 성격, 역량 등의 잠재력을 예측하는 비디오 인터뷰 솔루션을 설명한다. 지원자들이 즐겁게 게임을 하는 동안 수집된 다양한 마이크로 행동 데이터(micro behavior data)를 수집, 분석해 직무 적합성을 측정하는 게이미피케이션(gamification) 등 다양한 지원자 검증 솔루션도 함께 소개하고자 한다.

3장에서는 채용 담당자가 간과하기 쉽지만, 회사의 첫인상을 결정하는 가장 중요한 온보딩 단계를 지원하는 솔루션을 소개한다. 그동안 국내 회사 중에서 온보딩 단계를 효율적으로 진행한다고 자부할 수 있는 회사는 몇 안 될 정도로 다소 주먹구구식으로 진행되어왔다. 신규 입사자들은 간단히 회사 소개를 받고 직무에 대한 설명을 들은 후 현장에 배치되기가 일쑤다. 입사하기 전까지는 그렇게 공을 들여서 관리를 해주었는데, 막상 입사를 하고 나면 자신의 채용 담당자는 감감무소식인 경우가 허다하다. 인사 담당자 입장에서도 신규 입사자마다 되풀이되는 단순 반복적인 온보딩 절차 안내로 인해 좀 더 생산적인 업무에 집중할 수 없다고 호소하기도 한다.

하지만 글로벌 기업들은 HR 테크를 활용해 온보딩 프로세스를 자동화, 효율화할 뿐만 아니라, 신규 입사자의 빠른 업무 적응과 소속감, 유대감 증진까지 여러 마리 토끼를 한 번에 잡고 있다. 특히 팬데믹으로 재택근무가 확산되면서, 챗봇, 화상회의, VR/AR 기술을 활용한 버추얼 온보딩 플랫폼을 활용하여 신규 입사자에게 1:1 맞춤형 온보딩 제공이 가능해졌다. 역시 3장에서 버추얼 온보딩을 지원하는 다양한 솔루션과 구글, 골드만삭스, 아마존, 링크드인 등 글로벌 기업들이 버추얼 온보딩을 어떻게 효율적으로 운영하고 있는지 그 성공 사례를 함께 소개하고자 한다.

1장

인재전쟁 시대, 숨은 인재까지 찾아낸다

인재전쟁 시대, 최적의 인재를 찾는 법

1998년 〈맥킨지 쿼터리(McKinsey Quarterly)〉에서 '인재전쟁(War for Talent)'을 처음으로 언급하며, 기업들이 인재 확보에 어려움을 겪게 될 것임을 예견했다.[6] 더 나아가 기업 성공의 열쇠가 기술, 공급망, 브랜드 등 전략적 우위보다는 우수 인재 확보에 있음을 강조했다. 20여 년이 지난 지금, 디지털 혁신의 가속화로 IT 기술 인력에 대한 수요가 급증하면서 인재전쟁은 더욱 치열해지고 있다. 경쟁사와 동일한 전략과 접근 방식으로는 최적의 인재를 찾는 것도, 유인하는 것도 어려운 상황이다.

채용 담당자들의 84%는 후보자 발굴을 위해 링크드인, 페이스북과 같은 전문가 인력 풀을 보유한 소셜미디어를 활용한다.[7] 경쟁사들과 동일한 인력 풀을 놓고 경쟁할 때, 우리 회사는 얼마나 경쟁력이 있을까? 채용 담당자들은 실력이 탁월한 후보자의 경우, 이미 전 세계 수천 명의 채용 담당자들이 접근을 하고 있어, 후보자의 관심을 끌기가 어렵다고 호소한다. 그뿐만 아니라 광범위한 글로벌 인력 풀 속에서 나이, 출신 학교, 재직 회사 등의 키워드 검색만으로는 채용 니즈에 맞는 인재 선별에 한계를 느낀다.

이러한 상황에서 구글은 독특하고 다양한 방식으로 인재 발굴을 시도하고 있다. 2004년 실리콘밸리의 101번 고속도로에는 커다란 광고판이 등장하여 출퇴근하는 개발자들의 눈길을 끌었다.[8] 하얀색 광고판에는 '{first 10-digit prime found in consecutive digits of e}.com'이라는, 수수께끼 같은 문장이 크게 적혀 있다. 중괄호 안은 오일러 수 e에서 제일 처음 나오는 10자리 소수를 의미하는 것으로, 그 답을 구하면 〈7427466391.com〉이라는 인터넷 웹사이트 주소를 얻게 된다. 출퇴근을 하며 광고를 본 호기심 많은 개발자들이 수수께끼를 풀고 해당 웹사

실리콘밸리 101번 고속도로에 설치된 구글의 채용 광고.

이트를 방문했다. 접속을 하면 또 다른 고차원의 수학 문제를 푸는 웹사이트로 연결되는데, 여러 문제를 모두 풀고 나면 마침내 구글의 채용 전형에 지원하지 않겠느냐는 메시지를 마주하게 된다.

구글은 또 다른 실력 있는 잠재 후보자를 발굴하기 위해 구글푸바(google.com/foobar)라는 비밀 채용 플랫폼을 운영한다. 구글 검색창을 통해 특정 프로그램 관련 키워드를 검색한 사람들을 선별하여 프로그램 챌린지에 초대한다. 구글푸바 페이지로 초대받은 사람들은 5단계의 도전적인 코딩 테스트를 거치게 되고, 3단계까지 성공하면 구글에 지원할 기회를 얻게 된다. 구글에는 하루에도 상상할 수 없을 정도로 많은 이력서가 접수된다. 하지만 구글이 원하는 인재는 호기심 많고 괴짜 같으면서도 수학에 능통한 개발자이고, 이들을 발굴할 수 있는 다양한 방법을 시도하고 있다.

이와 같은 2가지 발굴 전략은 매우 흥미롭지만, 여전히 한계가 존재한다. 지원자가 먼저 찾아오기를 수동적으로 기다려야 한다는 점이다. 최적의 인재를 빠르고 효율적으로 찾아내서 경쟁사보다 먼저 접근해야 하는 지금과 같은 인재전쟁 시대에는 적합하지 않다.

전 세계 노동인구는 30%의 능동적 후보자(active candidate)와 70%의 소극적 후보자(passive candidate)로 구성되어 있다.[9] 하지만 소극적 후보자라 하더라도 현재 조직에 만족하여 적극적으로 구직 활동을 하지는 않지만, 자신과 더 맞는 직무와 조직이 있다면 언제든 응할 준비가 되어 있음을 잊지 말아야 한다. 기업이 잠재 고객을 찾아 나서듯, 이제는 잠재 지원자를 적극적으로 찾아서 발굴해야 인재전쟁에서 살아남을 수 있다. HR 테크가 어떻게 숨어 있는 소극적 후보자를 찾아주는지 살펴보자.

소셜미디어 정보로 이력서를 생성하는 지원자 자동 발굴 솔루션

이력서는 지원자의 얼굴과 같은 존재다. 지원자의 커리어를 한눈에 볼 수 있게 담고 있지만, 자기 홍보를 위한 정제된 정보만을 담기에 기업으로서는 충분하지 않을 때도 있다. 특히 소극적 지원자는 이력서를 채용공고 사이트에 올리지도 않고, 이력서를 요청하면 귀찮아할 수도 있다. 그렇다면 기업이 찾는 최적의 지원자에 대해 보다 정확한 정보를 얻을 수 있는 방법은 없을까?

지원자 발굴 플랫폼 엔텔로(Entelo)는 컴퓨터 프로그래머, 그래픽 디자이너, 회계사 등 전문 인력들의 온라인 공개 이력 및 다양한 소셜네트워크 활동을 수집하여 개인별 통합 프로필을 제공한다.[10] 링크드인에 공개된 프로필은 기본이고, 스택오버플로우(Stack Overflow), 깃허브(GitHub), 캐글(Kaggle), 프로포머티브(Proformative), 드리블(Dribbble) 등 다양한 전문가 커뮤니티,* 리서치게이트(ResearchGate)와 같은 연구자소셜 네트워크 등 50여 개 이상의 소스에서 정기적으로 데이터를 수집한다. 한 명의 프로필을 생성하기 위해 평균 3~4개에서 최대 10개까지 각종 사이트의 활동을 통합하는 작업이 이루어진다. 이때 여러 사이트에서 서로 다른 아이디로 활동한 동일한 사용자를 식별하기 위해 사용자의 아이디 패턴, 이메일 주소, 지역, 학교, 전화번호 등 여러 정보를 동시에 조합하여 추정하기도 한다.

이력서 또는 링크드인의 정제된 프로필은 소셜미디어에 남겨진 지원

---

* 스택오버플로우, 깃허브, 캐글은 소프트웨어 개발자 커뮤니티, 프로포머티브는 회계사 커뮤니티, 드리블은 디자이너 커뮤니티다.

엔텔로 홈페이지에 게시된 개인 통합 프로필 사례. 단순 경력뿐 아니라 경력 진행 상황, 이직 가능성과 조직 적합성 등 기존 이력서에서는 볼 수 없는 심층 정보를 알려준다.
자료: <https://www.entelo.com/products/platform/source>.

자의 모든 발자국과 결합될 때 더욱 강력해진다. 예를 들어 깃허브에는 전 세계 5천만 명 이상의 개발자들이 자신의 프로그램 코드를 자유롭게 공유하고, 다운로드를 받고 서로 질문을 주고받는다. 이들 중 상위 5~10% 활동가는 최고의 전문성을 보유하고 있으며 주요 기업들의 잠재적 타깃으로 손색이 없는데, 이력서상에 드러난 프로젝트 개발 이력 및 프로그래밍 스킬이 실제 전문가 커뮤니티에서의 활동 내역과 일치하는지 교차 검증할 수 있다.

깃허브, 스택오버플로우와 같은 개발자 커뮤니티가 채용 담당자들이 참고해야 하는 필수 정보 소스가 된 지는 이미 오래되었다. 그러나 채용 담당자들이 끊임없이 진화하는 수많은 IT 기술 용어를 이해하고 누가 전문가인지 코드를 보며 파악하는 것은 쉽지 않다. 엔텔로는 이러한 어려움을 해결해주기 위해, 사용자의 커뮤니티 활동(프로그램 업로드, 질문 답변 등), 다른 사용자들의 평판, 추천 점수 등을 활용해 주요 강점 기술을 개인 프로필에 추천해준다.

이직 가능성이 있는 후보자 예측

직장 경험과 기술 전문성을 통해 최적의 후보자를 찾았다면, 과연 해당 후보자가 이직할 의사가 있는지 확인이 필요하다. 현재 직장 및 직무에 매우 만족하거나, 이직한 지 얼마 되지 않았다면 채용 담당자가 연락했을 때, 아무런 응답을 하지 않을 가능성이 크다. 거듭 메일을 보내도 읽어보지도 않을 수 있고, 혹여 관심을 보이더라도 예상보다 큰 연봉을 제시해야 할 수도 있다.

엔텔로에서는 수십 개의 변수를 활용해 후보자가 향후 90일 이내에 '이직할 가능성(Likely to Move)' 점수를 예측하고, 개인 프로필에 제공하고 있다. 이직 가능성이 높은 후보자는 그렇지 않은 후보자에 비해 이직 가능성이 2배 이상 높아, 채용 담당자가 연락했을 때 빠른 응답을 기대할 수 있다.[11] 엔텔로에서는 이직 가능성을 예측하기 위해 후보자의 온라인 프로필에서 수집된 평균 재직 기간, 링크드인 프로필 업데이트 여부, 현 직장에서의 근무 기념일(3년, 5년, 10년 근속), 마지막 승진 시점, 현 직장 재직자들의 평균 재직 기간 및 이직률, 대외적으로 공개된 회사의 사업 구조조정, 합병 정보 등 70여 가지 예측 변수를 활용한다. 이직 가능성과 함께 후보자의 조직 적합성(company fit) 점수도 예측할 수 있다. 후보자가 관련 업계에서 일해본 경험이 있는지, 유사한 규모의 회사에서 근무한 경험이 있는지, 후보자와 같은 회사에 있는 사람들이 우리 회사로 얼마나 이직했는지 등을 바탕으로 머신러닝을 활용해 예측할 수 있다.

채용 담당자 입장에서는 우리 회사로 이직할 가능성이 높은 후보자를 선별해서 집중적으로 연락을 취함으로써 채용 프로세스 기간을 단축할 수 있다. 엔텔로의 내부 데이터에 따르면, 고객사의 채용 담당자가 보낸 메일 개봉률이 3배 이상 증가했고, 채용 프로세스에 소요된 시간이 64% 개선되었다고 한다.

경쟁사 인재의 이직 가능성도 예측할 수 있을까?[12]

조지타운대학교의 경영학 교수 브룩스 홀톰(Brooks Holtom) 연구진은 빅데이터와 머신러닝을 활용해 경쟁사에서 이직 가능성이 높은 인재를 사전에 식별할 수 있는지 연구를 진행하였다. 연구진은 글래스도어, 링크드인, 각종 뉴스 사이트 등을 통해 온라인상에서 수집 가능한 정보 중 개인의 이직에 영향을 줄 만한 다양한 잠재 정보를 수집하였다. 회사 차원의 정보로는 글래스도어의 회사 평판 변화, 애널리스트 평가 점수, 주가 변동, 뉴스에 공개된 인원 감축, 정리 해고, 사업 인수합병, 경영진의 스캔들, 부정행위, 회사에 대한 규제, 법적 조치 등을 수집하였다. 개인 차원의 정보로는 총 재직 회사 수, 평균 재직 기간, 현 직장 근무 연수, 기술 보유, 교육 수료, 성별, 지리 정보 등을 수집하였다. 연구진은 미국 내 다양한 조직과 산업에서 일하는 50만 명 이상의 개인 정보와 회사 정보를 바탕으로 잠재 이직 점수 (Turnover Propensity Index, TPI)를 머신러닝을 활용해 예측하였다.

연구진은 잠재 이직 점수가 높은 사람이 실제로 채용 관련 메일에 대한 수용성이 높은지 추가 실험을 진행하였다. 잠재 이직 점수를 바탕으로 4개 그룹(신규 일자리 수용 가능성이 매우 높은 그룹, 높은 그룹, 낮은 그룹, 매우 낮은 그룹)으로 나누어 총 2천 명을 선별하였고, 각 개인의 기술에 적합한 채용 관련 이메일 초대장을 발송하였다. 그 결과, 신규 일자리 수용 가능성이 매우 높은 그룹은 가능성이 매우 낮은 그룹 대비 초대 이메일에 대한 개봉률이 2배 이상 높게 나타났다(5.0% vs. 2.4%). 그뿐만 아니라 3개월 뒤 실제 이직률을 비교했을 때, 신규 일자리 수용 가능성이 매우 높은 그룹은 가능성이 매우 낮은 그룹 대비 이직 가능성이 63% 더 높은 것으로 조사되었다.

연구팀은 공개된 데이터만을 활용해서도 경쟁사의 이직 가능성이 높은 인재를 식별할 수 있으며, 조직 차원에서는 내부 데이터를 추가로 활용해 사전에 이직을 예방할 수 있다고 강조했다. 내부에서는 리더십의 변화, 승진 기회, 경력 개발 기회, 내부 사업의 축소뿐만 아니라 동료로부터의 인정, 가까운 동료의 이직, 조직 몰입 점수, 배우자의 직장 위치 이동 등을 다각도로 활용하여 예측 정확도를 높일 수 있다.

소셜 레퍼런스 검증도 준비해야

오래전부터 채용 담당자들은 후보자와 함께 일한 경험이 있는 사람들을 통해 후보자에 대한 평판 조회를 실시해왔다. 이를 통해 후보자의 이력서와 경력 기술서상 내용의 진실 여부를 확인하고, 인성 및 조직 전반에 대한 생활을 한 번 더 검증한다.

이제 지인 레퍼런스 체크 시대에서 소셜 레퍼런스 체크 시대로 진화하고 있다. 후보자 개개인은 본인의 역량과 기술을 주변 사람들에게 인정받아야 할 뿐만 아니라, 자신만의 포트폴리오를 전문가 커뮤니티 내 개인 프로필에 꾸준히 업데이트하고 전문가들로부터 인정을 받아야 알고리즘의 선택을 받을 수 있다. 이와 더불어 온라인상에 본인이 직접 공개한 정보는 누구나 볼 수 있다는 사실을 명심하고 정보 공개에 주의를 기울여야 한다.

✎ 채용공고 작성은 인재를 구하는 첫걸음

직무에 적합한 유능한 인재를 채용하기 위해서는 지원자들의 관심을 끌 수 있는 제대로 작성된 직무기술서가 필요하다. 채용 시즌만 되면 동시다발적으로 쏟아지는 채용공고 속에서 우리 회사의 직무기술서는 경쟁기업보다 얼마나 차별화된 내용을 담고 있을까?

미국의 구인구직 검색사이트 래더스(Ladders)는 지원자들이 실제로 채용공고를 읽는 데 얼마나 시간이 걸리는지, 어떤 항목에 더 많이 집중해서 읽는지 시선 추적(eye-tracking) 기술을 이용해 분석했다.[13] 지원자들이 채용공고를 읽고 자신과 적합한지 판단하는 데에는 49.7초가 걸렸고, 자신과 맞지 않다고 판단하면 다음 채용공고를 클릭했다. 관심사와 역량에 맞는 채용공고라고 하더라도, 해당 채용공고를 상세히 살펴보는 데는 불과 76.7초밖에 소요되지 않았다. 직무 설명에 25.9초, 회사 설명에 23초로 가장 많은 시간을 할애했고, 정작 직무에 필요한 직무 요건을 읽는 데는 14.6초밖에 걸리지 않았다.

채용 담당자들은 직무기술서를 작성할 때, 원하는 인재가 갖추어야 할 직무 요건을 아주 상세하게 작성한다. 간혹 '이런 인재가 과연 시장에 있을까?' 하는 의문이 들기도 하는 직무 요건을 볼 때도 있다. 반면, 지원자들이 중요하게 생각하는, 입사 후에 맡게 될 직무에 대한 설명이나 회사의 철학과 문화를 드러내는 회사 설명에 대해서는 정작 그 중요성을 간과하는 경우가 많다.

글로벌 기업들의 직무기술서, 즉 채용공고에는 어떤 내용들이 담겨 있을까? AI 기반의 직무기술서 작성 지원 솔루션 텍스티오(Textio)는 아마존, 구글, 마이크로소프트 등 10개 글로벌 테크기업의 채용공고에 등록된 직무기술서 2만 5천 개를 분석해 자주 등장하는 단어의 특징을 도출했다.[14]

분석 결과, 아마존, 구글, 마이크로소프트, 넷플릭스, 우버가 선호하는 주요 단어들은 남성 지원자들을 더 끌어들이는 경향이 있었다. 반면, 애플, 페이스북, 세일즈포스, 트위터는 남성과 여성 지원자 모두에게 어필할 수 있는, 보다 균형 잡힌 단어들로 직무기술서가 작성되었다. 예를 들어 아마존은 '사악하게 똑똑한(wickedly smart)', '광적인 고객 집착(maniacal customer obsession)'과 같은 문구를 경쟁 회사보다 많이 사용함으로써, 아마존에서 지향하는 인재를 표현하고 있다.

아마존의 직무기술서에 등장하는 단어가 이 회사의 조직문화와 지향하는 인재상을 명확하게 나타낼 수 있을지는 모른다. 그러나 직무기술서에 등장하는 단어가 지나치게 남성 또는 여성 편향적인 것은 다양한 인재들이 회사에 지원하는 것을 방해한다. 우리 회사에서 추구하는 인재상과 철학을 담되, 보다 중립적인 표현을 쓰는 것이 필요하다. 직무기술서

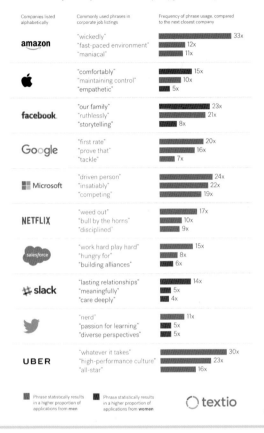

The language of 10 tech cultures

Commonly used phrases in company job descriptions

Companies listed alphabetically	Commonly used phrases in corporate job listings	Frequency of phrase usage, compared to the next closest company
amazon	"wickedly" "fast-paced environment" "maniacal"	33x 12x 11x
(Apple)	"comfortably" "maintaining control" "empathetic"	15x 10x 5x
facebook.	"our family" "ruthlessly" "storytelling"	23x 21x 8x
Google	"first rate" "prove that" "tackle"	20x 16x 7x
Microsoft	"driven person" "insatiably" "competing"	24x 22x 19x
NETFLIX	"weed out" "bull by the horns" "disciplined"	17x 10x 9x
salesforce	"work hard play hard" "hungry for" "building alliances"	15x 8x 6x
slack	"lasting relationships" "meaningfully" "care deeply"	14x 5x 4x
(Twitter)	"nerd" "passion for learning" "diverse perspectives"	11x 5x 5x
UBER	"whatever it takes" "high-performance culture" "all-star"	30x 23x 16x

■ Phrase statistically results in a higher proportion of applications from men   ■ Phrase statistically results in a higher proportion of applications from women   ○ textio

주요 글로벌 테크기업들의 직무기술서에서 자주 사용되는 문구들.
자료: Snyder, K. (2017. 12. 14). "1000 different people, the same words." <Textio.com>.

에서 특정 성별에 편향된 단어들만 제거하더라도 지원자가 44% 증가한
다.[15] 채용 담당자라면 자신이 작성한 직무기술서에 편향된 단어들이 무
의식적으로 사용되고 있지는 않은지 궁금할 것이다.

텍스트마이닝을 활용한 채용공고 자동 작성 솔루션

텍스티오는 직무기술서 작성을 돕는 증강언어 플랫폼(augmented writing platform)으로, 패스트 컴퍼니(Fast company)가 선정한 2020년 세계에서 가장 혁신적인 회사들 중 하나다. 전 세계 3억 5천 개 이상의 채용공고에 올라온 직무기술서를 AI로 분석하여 남녀 모두에게 어필할 수 있는 단어를 사용하고 있는지, 채용하려는 특정 연령대에 적합한 표현을 썼는지, 직무 설명에 부정확한 표현(내부 용어, 비문)은 없는지 등을 분석하고 적합한 표현들을 추천해준다. 그뿐만 아니라 직무기술서의 전체적인 구조를 분석하여 회사 설명, 조직문화, 보상 관련 내용을 더 작성해야 한다고 알려주거나 문장 길이와 단락 구조 등의 적합성을 종합적으로 판

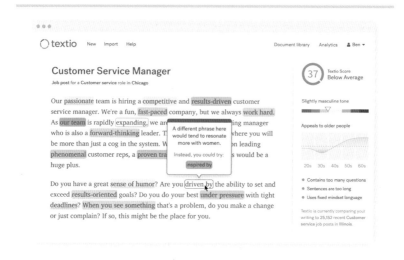

텍스티오 플랫폼의 직무기술서 편집 화면.
자료: <https://textio.com>.

단하여 점수로 제공한다. 점수가 높을수록 해당 직무에 적합한 더 다양하고 많은 지원자들에게 어필할 수 있음을 의미한다. 이러한 모든 평가와 추천은 텍스티오가 보유한 동일 직무의 직무기술서 수천 개를 실시간으로 비교, 분석하여 이루어지며, 경쟁기업들의 직무기술서 점수와의 절대적 비교도 가능하다.

엔비디아, 존슨앤드존슨, CVS 헬스, 에버노트(Evernote) 등 많은 기업들이 텍스티오 플랫폼을 활용하고 있다. 존슨앤드존슨은 직무기술서를 성별 중립적인 표현으로 수정함으로써, 2020년보다 여성 지원자들이 전년에 비해 9만 명 이상 증가하였고(9%), 에버노트는 지원율이 3배 이상 증가하였다. 단순히 지원자가 증가한 것이 아니라, 엔비디아는 적합한 지원자 풀이 증가하여 최종 채용까지 걸리는 시간을 절반으로 단축하였다.[16]

직무기술서만 잘 작성하더라도 경쟁기업보다 더 많은 우수 지원자들의 선택을 받을 수 있다. 하지만 많은 기업의 채용 담당자들이 너무 기술적인 직무 요건에만 집착하거나, 무의식적으로 성별 편향적인 단어를 사용하고 있다. 굳이 솔루션을 사용하지 않더라도, 경쟁기업들의 채용공고를 수집해서 우리 회사의 직무기술서와 키워드 패턴을 비교해본다면 직무기술서를 어떻게 보완해야 할지 인사이트를 얻을 수 있을 것이다.

고성과자의 이력서를 학습해 자동으로 서류를 검토하는 AI

수백 수천 명의 지원자들이 제출한 이력서들을 1차적으로 검토하여 숏리스트(short list)*를 만드는 것은 채용 담당자의 가장 중요한 역할이자, 가장 시간이 많이 소요되는 작업이다. 인재 확보 리더의 52%가 채용 단계에서의 가장 큰 애로사항으로 대규모 지원자 풀에서 적합한 후보자를 식별하여 추리는 것이라고 밝혔다.[17] 구글에는 연간 300만 개의 이력서가 접수되고, 존슨앤드존슨은 매년 2만 5천 개의 직무 포지션에 대해 100만 개 이상의 지원서가 쌓인다고 한다. 과연 채용 담당자가 이 많은 지원서를 제대로 검토할 수 있을까?

미국의 구인구직 검색사이트 더래더스가 시선 추적 기술을 활용해 분석한 결과, 채용 담당자들이 이력서 검토를 통해 지원자의 적합성 여부를 결정하는 데 걸리는 시간은 7.4초에 불과했다.[18] 또 다른 설문조사에서는 지원자들이 이력서 작성에 걸리는 시간은 평균 3~4시간인 반면, 채용 담당자는 이력서 검토에 평균 15분 미만을 소비한다고 조사되었다.[19] 제목과 굵은 글씨로 써진 타이틀 경력 위주로 주욱 훑어보고 판단하다 보니, 채용 담당자의 무의식적인 편견이 반영되기도 쉽고, 업무 역량과 경험 정도에 따라 적합 후보자 선별의 편차도 클 수밖에 없다.

그러나 오늘날의 AI 이력서 심사 시스템은 지원자와 채용 담당자 모두의 걱정을 덜어준다. 구글, IBM, 골드만삭스, 유니레버 등 주요 글로벌 기업들은 내부적으로 이력서 심사 시스템을 개발하여 활용하고 있다. 아주 기본적으로는 자연어 처리 기반의 검색 시스템을 활용해 이력서 데이터베이스에서 원하는 조건을 갖춘 후보자들을 추릴 수 있다. 단순한 키워드 매칭이 아니라, 이력서에 있는 단어들을 직무별로 구분하고 연관

---

* 자격요건에 맞는 후보자들을 추려 이들을 대상으로 전문성, 리더십, 성격 특성 등의 심층적인 면접을 진행한다.

키워드를 학습하여 최적의 지원자 후보군 추천이 가능하다. 조금 더 나아가 링크드인과 유니레버와 같이 직무기술서의 내용과 지원자의 프로필 간 일치율을 계산해 후보자들을 정렬하고 추려낼 수도 있다.[20] 골드만삭스는 이력서를 분석하여 지원자들과 가장 적합한 부서를 매칭하는 데 활용하고 있다.[21]

채용 담당자가 이력서를 검토할 때의 주된 목적은 기본적인 자격요건을 갖추지 못한 후보자를 1차로 걸러내는 것이었다. 그러나 HR 테크 솔루션을 활용한다면 자격요건 충족 확인뿐 아니라, 후보자의 이력서를 기반으로 내부의 고성과 직원과 근접한 후보자까지 찾아낼 수 있다. IBM의 인재 채용 솔루션, IBM 왓슨 리크루트먼트(IBM Watson Recruitment)가 대표적인 솔루션 중 하나다.[22] IBM 왓슨 리크루트먼트는 IBM의 인공지능 왓슨을 활용해 지원자의 이력서 및 지원서를 바탕으로 직무 매칭 점수(match score)와 고성과 가능성 점수(success score)를 제공한다. 직무 매칭 점수는 특정 직무에 요구되는 학력(교육), 경력, 직무기술, 소프트 스킬의 보유 정도를 분석하여 100점 만점으로 제공한다. 그리고 각 영역별로 직무 수행을 위해 필요한 필수 요구사항, 필수는 아니지만 도움이 되는 선호 요구사항으로 세부적으로 나누어 분석 결과를 제공한다. 고성과 가능성 점수는 지원자의 프로필을 회사 내 고성과자의 프로필과 비교하여 결정된다. 인공지능 왓슨은 고성과자의 프로필 속에서 공통적으로 나타나는 학력, 교육, 경력 경로, 직무기술을 추출하고, 각 요인들의 가중치를 사전에 학습하여 예측 모델을 생성한다. 고성과 가능성 예측 모델은 직무별로 중요 요인과 가중치를 학습하여 직무별 최적화가 가능하고, 채용 담당자도 어떤 요인의 가중치가 더 높은지 확인 가능하다.

IBM 왓슨 리크루트먼트의 직무 매칭 점수 제공 화면.
자료: <https://www.ibm.com/docs/en/tms-and-wt/version-missing?topic=guide-welcome-watson-recruitment>.

채용 담당자는 IBM 왓슨 리크루트먼트에서 제공하는 직무 매칭 점수와 고성과 가능성 점수를 기준으로 지원자를 정렬하여, 우선순위가 높은 지원자를 개별적으로 검증하는 데 활용한다. 지원자를 채용 프로세스의 다음 단계로 넘길 것인지 여부는 채용 담당자의 최종 판단으로 결정되지만, 통계적 사실을 기반으로 더 많은 정보를 활용하는 것은 채용 담당자의 무의식적인 편견 가능성을 줄이고 의사결정에 도움을 준다.

AI 이력서 검토 알고리즘의 정확도는 고품질의 지원서 및 고성과자 프로필을 얼마나 많이 학습하느냐에 따라 1차적으로 결정된다. 그리고 지속적인 사용자 피드백을 통해 더 안정적이고 예측력 높은 시스템으로 진화가 가능하다. IBM 왓슨 리크루트먼트에서도 고성과 가능성 점수에 대하여 채용 담당자의 피드백(만족/불만족)을 받을 수 있도록 하고 있다. 지원자가 실제로 입사하여 꾸준한 성과를 내느냐는 입사 후 최소 2~3년의 시간이 지나야 판단이 가능하지만, 채용 담당자의 평가와 AI 예측 시스템의 평가 데이터를 꾸준히 쌓아놓는다면 추후 다양한 분석이 가능하다. 예를 들어 채용 담당자가 우수하다고 평가한 프로필의 특징, 시스템이 우수하다고 평가한 프로필의 특징, 그리고 사람과 시스템 간 불일치가 나타나는 프로필의 특징 등을 분석할 수 있다. 이를 바탕으로 채용 담당자들의 무의식적인 편견이 자주 나타나는 영역을 도출하여 채용 담당자 교육에 활용하거나, AI 이력서 검토 알고리즘이 사람이 할 때에 비해 놓치는 영역이 무엇인지 파악하여 시스템 개선에 활용할 수도 있다.

2장
지원자 검증을
지원하는 기술들

누가 면접관 대신 질문해줄 수는 없을까?

구글은 채용 프로세스에 참여한 지원자들이 긍정적인 경험을 가질 수 있도록 노력한다. 지원자들은 미래의 구글러가 될 수도 있지만, 그렇지 않다 하더라도 친구들에게 구글을 진정성 있게 홍보해줄 지지자가 될 수 있기 때문이다. 그렇다면 어떻게 해야 긍정적인 지원자 경험(candidate experience)을 만들 수 있을까? 구글의 연구 결과, 지원자의 입사 결정과 만족도를 좌우하는 것은 바로 면접관과 면접 프로세스였다.[23]

사실 면접의 중요성을 모르는 사람은 없을 것이다. 그러나 면접에 신경을 쓰면 쓸수록 시간과 비용, 참여 인력이 늘어날 수밖에 없다. 회사 입장에서는 좋은 사람을 뽑는 것도 중요하지만 무한정 자원을 투입하기도 어렵다. 자원을 쏟아붓는다고 해서 좋은 인재를 더 많이 뽑을 수 있는 것도 아니다. 지원자의 잠재력을 잘 꿰뚫어 볼 수 있는 능력이 필요한 것이다. 면접 프로세스의 효율성 확보와 면접관의 역량 파악 지원, 이 2가지 이유로 기업들은 면접관을 도와줄 수 있는 HR 테크를 찾는다.

채용 시즌이 다가오면 많은 직원과 임원들이 면접관으로 참여한다. 엄중한 표정으로 면접장으로 향하는 중에도 면접관들의 머리는 복잡하기만 하다. '이번 주만 해도 벌써 5번째 면접. 납기가 코앞이라 해야 할 일이 산더미인데……. 그래도 좋은 사람을 뽑아야 하니까.' 긴장한 지원자를 향해 이미 다른 지원자에게도 수차례 반복해온 질문을 던질 때면 이런 생각이 절로 든다. '휴, 이런 질문은 누가 나 대신 해줄 수 없을까?'

모든 지원자에게 공평한 기회를 제공해야 하기 때문에 거시적인 채용 프로세스는 일관되게 유지될 수밖에 없다. 이는 면접관들에게는 지루한 반복으로 느껴질 수 있지만, 데이터 패턴을 학습해야 하는 AI 머신러닝에는 풍부한 자료가 되어 이를 통해 우수한 HR 테크 솔루션이 만들어진다.

채용 프로세스 자동화를 도와주는 챗봇

반복되는 채용 프로세스는 면접 전후의 일정 조율과 면접 질문으로 구분될 수 있다. 먼저 일정 조율과 안내를 도와주는 역할을 하는 HR 테크는 챗봇이, 면접 질문은 비디오 인터뷰가 대표적이다.

먼저 채용 챗봇에 대해 알아보자. 사실 인사 담당자가 면접 일정을 조율하는 일은 굉장히 복잡하다. 현업에 있는 직원들에게 양해를 구하며 일정을 잡아야 하는 것은 물론, 지원자들에게 각각 정확한 일정을 안내하고 궁금증을 해소해주는 역할도 해야 한다. 인사 담당자가 챙겨야 하는 일정이 많아지면 실수나 누락도 발생하기 쉽다. 채용 챗봇은 담당자가 반복해오던 프로세스를 대신해줄 뿐만 아니라 부주의로 인한 실수도 방지해줄 수 있다.

채용 챗봇의 가장 큰 이점은 담당자의 업무를 경감시켜주는 것보다 지원자 경험을 향상시켜준다는 데 있다. 인사 담당자는 지원자들에게 "언제든 편하게 물어보세요."라고 이야기하지만 지원자들에게 인사 담당자는 부담스러운 존재일 수밖에 없고, 궁금한 것이 있어도 쉽게 물어보지 못한다. 이와 달리 채용 챗봇은 지원자가 원할 때면 언제 어디서나 편하게 응대해줄 수 있다.

최근에 개발된 채용 챗봇은 대화형 AI를 기반으로 작동하며, 지원자의 입장에서 필요로 하는 다양한 정보를 제공해준다는 장점이 있다. 특히 지원자들에게 유용한 정보는 추천 직무다. AI는 지원자가 미처 알지 못했지만 회사 내에 지원자에게 적합한 또 다른 직무에 대해 알려준다. 챗봇은 먼저 회사의 다양한 직무를 학습하고, 해당 직무에 있는 직원들의 학업, 경력, 보유 기술을 연계하여 학습한다. 그 정보를 기반으로 지원자가 어떤 직무에 적합할지 추천하는 것이다.

샌프란시스코의 스타트업 마야 시스템즈(Mya Systems)*가 개발한 챗봇 마야(Mya)는 지원자 경험을 향상시켜줄 뿐만 아니라 회사가 궁금해할 만한 지원자 정보를 신속하고 정확하게 분석해준다.[24] 예를 들어 지원자와 챗봇 간의 대표적인 대화 내용과 질의 횟수, 반응 시간 등을 분석하여 직무에 대한 관심, 직무 동기, 직무 적합도 등을 파악하고 이를 프로필로

---

* 마야 시스템즈는 2021년 5월 독일의 채용 플랫폼 기업 스텝스톤(StepStone)에 인수되었다.

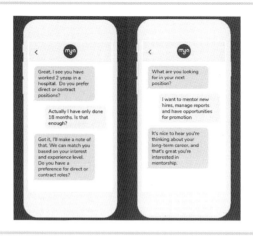

챗봇 마야와 지원자의 대화 화면. 마야가 지원자의 주요 경력을 확인하고, 원하는 포지션이 있는지 질문하고 있다.
자료: <https://www.stepstone.com/en/mya/>.

만들어준다. 또한 회사의 미션이나 조직문화, 직무 스킬을 학습하여 회사와 직무에 적합한 지원자를 구인구직 사이트에서 찾아준다.

글로벌 화장품 회사 로레알은 챗봇 마야를 도입하여 활용하고 있다.[25] 로레알이 챗봇을 도입한 이유는 바로 효율성 때문이었다. 매년 1만 5천여 개의 채용공고를 내고 수백만 명이 지원을 하는데, 이들의 지원자 경험을 긍정적으로 유지하기 위해서는 엄청난 시간과 비용, 인력이 필요했다. 로레알 인사팀 에바 아쥴레이는 CNN과의 인터뷰에서 "채용의 질을 높이고 지원자의 경험에 집중하는 동시에 채용에 소모되는 시간을 단축하고자 마야를 도입했다."라고 말했다.[26] 로레알은 마야 도입 이후 지원자 1명당 서류 검토, 일정 조율, 전화 인터뷰를 완료하기까지 평균 45분이 소요되던 것을 5분 이내로 단축시킬 수 있었다. 또한 지원자들의 만족도 역시 99%에 육박하는 등 원하는 바를 모두 얻을 수 있었다고 한다.

온라인 면접과 평가를 위한 비디오 인터뷰

회사에 오래 다니다 보면 면접관 역할을 하게 될 때가 있다. 직급, 직책에 따라 전문성 면접이나 인성 면접에 참여하게 된다. 면접관은 정해진 시간과 장소에 모여 면접을 진행해야 하며, 비슷한 질문들을 반복해야 한다. 지원자별 맞춤형 질문을 하기도 하지만 질문 목록이 활용되기도 한다. 만약 질문 목록에서 지원자의 정보에 맞는 질문을 대신 해주는 사람이 있다면 어떨까? 면접관은 한정된 시간 안에서 질문 출제보다 답변 평가에 더 집중할 수 있지 않을까?

이런 아이디어에서 만들어진 HR 테크가 바로 '비디오 인터뷰'다. 현재 나와 있는 비디오 인터뷰 기술을 살펴보면 크게 2단계로 구분된다. 1단계는 지원자가 주어진 질문에 답하는 영상을 녹화하고, 그 영상을 면접관들이 평가할 수 있는 화면으로 전달하는 것이다. 면접관은 원하는 시간과 장소에서 영상을 보고 평가할 수 있다. 2단계는 좀 더 나아가 인터뷰 영상이 녹화됨과 동시에 평가도 같이 이루어진다. 녹화된 영상에서 지원자의 거짓말 여부나 긍정적인 성향 수준, 어휘 사용량이나 패턴 같은 것들을 분석해주는 솔루션들이 있고, 기존 회사 직원들의 정보를 함께 분석하여 지원자와 회사 간의 적합성을 판단해주는 솔루션도 등장하고 있다.

아직은 1단계 비디오 인터뷰가 가장 많이 활용된다. 대표적인 비디오 인터뷰 회사가 하이어뷰(HireVue)다.[27] 하이어뷰는 PC와 모바일 버전을 모두 제공하여 편의에 따라 활용할 수 있다. 비디오 인터뷰는 유튜브 영상을 제작, 업로드하여 다른 사람들이 그 영상을 시청할 수 있도록 하는 것과 원리가 비슷하다. 지원자는 비디오 인터뷰 플랫폼에 들어가 주어지는 질문에 맞게 약 15~20분에 걸쳐 대답을 한다. 이때 질문은 지원자의 직무나 학력 등 개인 맞춤형으로 설계된다. 각 지원자의 질의응답이 끝나면 영상은 저장되고, 차례로 편집되어 면접관들에게 전달된다. 면접관은 각자 원하는 시간과 장소에서 영상을 통해 지원자를 평가한다. 하이어뷰 사용자 인터페이스(User Interface, UI)는 면접관들이 직관적으로 평가하기 쉽도록 구성되어 있다. 또한 다른 면접관들의 평가 결과나 의견을 참고해서 볼 수도 있다. 편안한 환경에서 여러 지원자들의 답변을 비교해볼 수 있어 비디오 인터뷰를 사용해 본 면접관들의 만족도가 높다.

하이어뷰의 비디오 인터뷰 화면은 다음과 같이 구성된다. ① 지원자 정보 ② 질문 ③ 지원자 답변 화면 ④ 질문 번호 선택 ⑤ 면접관 평가화면(점수, 의견 등) ⑥ 지원자 선택.
자료: <https://salesandtrading.org/blogs/st/sales-and-trading-hirevue-questions-review-process-and-tips>.

비디오 인터뷰 기술은 면접관이 볼 수 없는 것까지 관찰하고 분석해주기도 한다. 면접 영상이 촬영되면 지원자의 얼굴, 어휘, 음성, 표정 등에서 총 100만 개의 특징을 추출할 수 있는데, 지원자의 얼굴에서만 4만 개의 특징을 뽑아낼 수 있다고 한다. 추출된 정보는 종합적으로 분석되어 지원자가 정서적으로 얼마나 안정되어 있는지, 또 긍정적인지 여부도 알려준다.

여기서 가장 핵심적인 기술은 바로 '얼굴 인식(face recognition)'이다. 수많은 사람들을 직접 보고 평가해본 경험이 있는 사람들은 "내가 사람을 좀 볼 줄 알지!"라는 말을 한다. 이 말은 마술이나 허풍이 아니다. 과거부터 누적된 경험들이 종합적인 직관으로 이어져 짧은 관찰만으로도 상대의 특징들을 상당히 정확하게 예측할 수 있게 되는 것이다. 얼굴 인식 기술이 작동되는 메커니즘도 이와 유사하다. 비디오 인터뷰에 포함된 얼굴 인식 AI는 사람 얼굴의 요소를 매우 정교하게 분석한 후 다양한 상황에서 서로 다른 성격이나 역량을 보유한 사람들이 어떻게 반응하는지를 학습한다. 이 학습 결과는 지원자의 성격 특징이나 역량, 미래의 성과 가능성을 예측하기 위해 활용된다. 따라서 얼굴 인식 기술의 퀄리티는 사진이나 영상에서 얼굴의 각 요소들을 얼마나 정교하게 추출해낼 수 있는지, 그리고 얼마나 많은 데이터를 통해 AI가 얼굴과 성격, 역량 간의 관계를 학습했는지에 달려 있다. 초기의 얼굴 인식 기술은 기대만큼 좋은 예측력을 가지지 못했다. 그러나 최근에는 저화질 영상에서도 사람들의 얼굴을 정확히 분석할 수 있게 되었고, 얼굴 표정과 성격, 역량 간의 관계 또한 많이 연구되어 예측력 또한 크게 향상되었다.

미국의 투자은행 골드만삭스는 비디오 인터뷰를 도입한 대표적인 회사다. 전통적인 투자 은행들이 디지털 트랜스포메이션을 가속화함에 따라 골드만삭스 역시 조기에 유능한 소프트웨어(SW) 인재를 유치하는 것이 매우 중요한 과제로 떠올랐다. 골드만삭스는 MIT, 카네기멜론, 스탠포드 출신의 인재들을 적극적으로 유치하기 위해 좀 더 매력적이고 획기적인 채용 방안을 고민했다. 많은 지원자를 대상으로 면접을 실시하면서도 면접관과 지원자 모두 만족할 수 있는 방법을 고민하던 골드만삭스는 하이어뷰를 도입했다.[28] 도입 이후 골드만삭스는 이전보다 훨씬 짧은 기간 내에 더 많은 지원자에 대해 면접을 볼 수 있었고, 면접관의 수고도 덜 수 있었다고 한다. 또한 지원한 학생들도 편안한 장소에서 덜 긴장한 상태로 면접을 볼 수 있었고, 면접 과정이 이해하기 쉽도록 구성되어 있어 지원자 경험도 크게 향상되었다는 평이다.

지원자의 자질, 정확하게 파악할 수 있을까?

면접관들은 전체적인 인상과 태도를 관찰하고 예리한 질문을 던지며 면접 평가표를 빼곡히 채워나간다. '첫 번째 지원자는 맘에 들었고, 두 번째 지원자는 그저 그랬다. 세 번째 지원자는 잘 모르겠다.' 인사 담당자에게 평가표를 내고 뒤돌아서는데 문득 걱정이 찾아든다. '내가 사람을 제대로 본 걸까? 내가 괜한 사람을 떨어뜨리는 것은 아닐까?'

짧은 면접 시간 동안 지원자의 잠재력을 꿰뚫어 보는 일은 어렵다. 그래서 많은 면접관들은 비슷한 고민에 빠진다. 사실 아무리 열심히 지원자를 살펴보고 채용한다고 해도, 살펴본 측면들이 미래의 성과 창출과 무관한 요소인 경우도 많다. 직무가 정해지지 않은 신입사원을 채용할 때보다 경력사원을 채용할 때 질문이나 평가의 중요성은 더욱 커진다.

예를 들어 정교한 손기술이 필요한 제조직 채용 면접에서 논리와 전달력이 중요시되는 토론 면접을 주된 평가로 실시한다면 어떨까? 혹은 모바일 앱 개발자 면접에서 철학적인 시사 상식을 심도 깊게 질문하는 것은 어떨까?

아무리 뛰어난 어부라 하더라도 맞지 않는 미끼로는 원하는 물고기를 낚을 수 없다. 다시 말해 회사 및 직무에 적합한 질문이나 평가를 해야만 원하는 인재를 얻을 수 있다는 것이다. 문제는 어떤 질문이나 평가가 적절한지 가늠하기 어렵다는 데 있다.

게임으로 업무 역량을 평가하는 게이미피케이션

회사가 가장 원하는 인재를 딱 한 가지로만 정의해야 한다면 바로 '우리 회사에서 성과를 잘 낼 수 있는 사람'이 될 것이다. 성품이 좋고 사람들과 잘 어울리는 것도 중요하지만, 이는 부차적 요소일 뿐이다. 그렇다면 누가 우리 회사에 입사한 후 좋은 성과를 낼지 어떻게 판단할 수 있을까?

무엇보다도 우리 회사에서 성과를 내기 위해 필요한 핵심 역량이나 기술을 파악해야 한다. 각 직무나 직급에 요구되는 역량을 정의하고 그 역량을 측정할 수 있는 방법과 연결시키는 것을 '역량 모델링'이라고 한다. 쉽게 말해 성공적으로 업무를 수행하기 위해 어떤 성격 특성이나 태도, 기술이 필요한지를 탐색하고 구체적으로 정리하는 작업을 의미한다. 많은 회사에서 역량 모델링과 그에 따른 채용 평가를 실시하고 있으나 크게 3가지 한계점을 가진다.

첫째, 직무에 따른 차별화가 부족하다. 직무별로 요구되는 역량이 크게 다를 수 있음은 대부분 공감할 것이다. 하지만 각 직무별 요구 역량을 정확하게 파악하거나 업데이트하기 어렵다는 이유로 회사 전체에 적용되는 공통 역량에 초점을 맞춘다. 둘째, 면접관의 질문이나 관찰에 의존해 지원자를 평가할 수밖에 없는데, 관찰력이 좋고 질문을 잘 던지는 면접관이 아니라면 질의응답을 통해 요구 역량을 정확히 측정해내기가 어렵다. 또한 아무리 좋은 질문을 하더라도 지원자의 답변이 사실인지 확인하기도 어렵다. 셋째, 평가 타당도와 지원자 경험을 동시에 충족시키기가 쉽지 않다. 회사가 체계적이고 심층적인 평가를 실시하려고 할수록 지원자는 더 오랜 시간 더 복잡하고 번거로운 절차를 거치게 될 확률이 높다.

직무별 역량의 차별화, 객관적인 평가, 지원자 경험이라는 세 마리 토끼를 모두 잡기 위해 도입된 것이 바로 게이미피케이션(gamification)*이다. 요컨대, 심리 측정 검사에 게임 요소와 AI 기술을 접목시킨 것이다. 게이미피케이션을 통해 지원자들이 게임하듯 재미있게 검사에 참여하는 동안 학계에서 연구해온 역량 측정 방법을 활용해 지원자들의 심리와 역량을 측정하고, AI 학습을 통해 직무별 차별화와 업데이트가 손쉽게 가능해졌다. 채용 평가에서 고민되었던 요소들을 한 번에 해결할 수 있기 때문에 게이미피케이션은 등장 이래 큰 인기를 끌고 있다.

게이미피케이션에 사용되는 심리 측정 검사를 통해 '주의력, 의사결정력, 보상 추구 성향, 손실 회피 성향, 사회적 정서 파악 능력, 공정성 인식, 집중력, 학습 추구 성향, 패턴 학습 능력, 논리적 판단 능력' 등 매우

---

* 게임 외적인 분야에서 문제 해결, 지식 전달, 행동 및 관심 유도 혹은 마케팅 등을 위해 게임의 메커니즘과 사고방식을 접목시키는 것(게임용어사전 참고).

다양한 역량을 측정할 수 있다. 이들은 업무 성과를 내는 데 꼭 필요한 역량이라는 공통점을 가진다. 대부분의 게이미피케이션 솔루션은 고객사 혹은 직무별로 중요하게 여기는 역량들을 선택해서 사용할 수 있다. 회사에서 중요하게 여기는 대표 직무들은 미리 구분해둔 역량 리스트를 참조하여 선택할 수도 있다. AI 기술을 활용해 직무별 고성과자가 보이는 미세한 행동 패턴, 즉 클릭 횟수와 반응 시간, 규칙 대응 등을 기준으로 미래 고성과 직원을 예측할 수 있고, 데이터가 축적됨에 따라 손쉽게 업데이트도 가능하다.[29]

게이미피케이션을 활용하는 대표적인 솔루션 회사로 파이메트릭스(Pymetrics)가 있다. 이 회사는 12가지 유형의 심리 측정 검사 기반의 게임을 가지고 있는데, 언어나 문화, 인종에 관계없이 개인의 역량을 측정하는 데 효과적이라고 알려진 검사들이다. 대표적인 검사 도구인 '풍선게임'은 버튼을 눌러 풍선 크기를 키울 수 있고, 그 크기에 따라 보상을 받는 것이다. 숨겨진 규칙에 따라 풍선은 일정한 크기에 도달하면 터지게 된다. 이 게임에서는 지원자가 풍선이 터질 위험을 얼마나 감수하는지, 풍선이 터지는 규칙을 얼마나 빠르게 파악하여 대응하는지 등을 측정한다. 이렇듯 하나의 게임을 진행하는 동안 다양한 행동 반응 데이터가 수집되어 5~10가지의 세부 역량이 측정될 수 있다. 또한 측정 결과는 고성과자와의 비교를 거쳐, 잠재적 성과 가능성을 예측하는 데까지 이른다.

전 세계 190여 개국에서 400여 개의 소비재를 판매하는 다국적 생활용품 기업인 유니레버에는 매년 엄청난 수의 지원자가 몰린다. 이 회사는 많은 수의 지원자를 국적에 관계없이 비교적 동일한 기준으로 평가하

게이미피케이션 솔루션 업체인 파이메트릭스가 도입한 12가지 유형의 게임. 심리 측정 검사 기반의 게임들을 통해 업무 역량을 측정할 수 있다.
자료: <https://www.pymetrics.ai>.

면서도, 채용에 투입되는 시간이나 노력을 절감하기를 원했다. 이런 고민을 해소하기 위해 유니레버는 여러 가지 HR 테크를 적극적으로 도입하였고, 그 가운데에는 파이메트릭스의 게이미피케이션도 있었다. 다른 회사들보다 선제적으로 게이미피케이션을 도입한 유니레버는 디지털 혁신을 선도하는 회사로서 좋은 이미지를 얻게 되었을 뿐만 아니라 지원자 경험도 이전보다 훨씬 좋아졌다고 평가했다.[30]

차량 공유 플랫폼 회사인 우버는 조금 다른 방식으로 게이미피케이션을 시도하였다.[31] 일반적인 심리 측정 검사가 아닌 코딩 문제 풀이를 게임에 접목시킨 것이다. 우버가 사용한 게임은 '코드 온 더 로드(Code on the Road)'라 불리는 것으로 60초 동안 코딩 문제 하나씩을 풀어야 하며 총 3개의 문제가 제시된다. 짧은 시간 동안 코딩 문제를 풀 수 있는지 테스트하는 것이다. 우버는 참여자를 결정하는 방식에서도 변화를 시도했다. 엔지니어들이 많이 근무하는 장소에서 우버 택시를 탄 사람들에게 코드 온 더 로드 게임을 무작위로 발송한 것이다. 우버는 게임에서 높은 점수를 받은 사람들에게 입사를 제안하는 러브콜을 보냈다. 우버에는 숨어 있는 우수 인재를 선발할 수 있는 기회가 되었고, 지원자들에게도 좋은 인상을 심어줄 수 있었다.

지원자의 조직 적합성을 평가해주는 AI

많은 면접관들이 지원자를 볼 때 '성과를 잘 낼 사람인가?' 다음으로 '우리 회사에 잘 적응할 수 있을까?' 즉 조직 적합성을 살핀다. 회사의 규모나 업종, 업무 방식이나 기존의 조직문화 등 다양한 요소에 따라 더 잘 맞거나 잘 맞지 않는 지원자가 있기 때문이다.

지금까지는 면접관의 직관을 통해, 그리고 몇 가지 질문을 통해 조직 적합성을 판단해왔다. 그런데 면접관들은 무의식적으로 본인 혹은 주변 사람들과 유사한 사람에게 호감을 갖게 될 확률이 높다. 한 연구에서는 연구원들이 복장을 바꿔가며 상대방의 동의를 요청해보았다. 상대방과 다른 복장을 했을 때는 절반에도 미치지 못하던 동의율이 유사한 콘셉트의 복장을 입었을 때는 3분의 2 이상으로 증가했다. 다른 연구에서도 얼굴이 비슷하게 생기거나 학교, 지역 등이 겹치는 대상에게 자기도 모르게 더 호감을 가지게 되었다는 결과가 나왔다. 이러한 결과는 면접관이 아무리 영향을 받지 않으려 노력하더라도 주관적인 판단으로부터 벗어나기 어렵다는 것을 보여준다.

최근에는 면접관의 무의식적인 편견에 영향을 받지 않으면서도, 보다 체계적인 방법으로 조직 적합성을 측정할 수 있도록 해주는 솔루션이 등장하고 있다.

대표적인 솔루션으로는 하버(Harver)가 있다. 이 솔루션은 조직문화를 핵심적인 몇 가지 차원으로 구분하고, 지원자에게 확인해야 할 질문들을 추출해준다. 하버는 조직문화 평가 도구(Organizational Culture Assessment Instrument, OCAI)를 사용하고 있는데, 이 도구는 조직문화를 크게 4가지로 나누어 구분한다. 가족같이 서로 잘 보살피는 '마을(Clan)', 프로젝트 기반으로 운영되는 '애드호크라시(Adhocracy)', 체계적이고 효율성을 중시하는 '위계(Hierarchy)', 결과 중심의 경쟁적인 '시장(Market)' 등이 그것이다.

조직 적합성 점수는 100%를 만점으로 하여 최종 점수로 환산해주며, 지원자의 가치관이나 과거 경험에 따라 점수가 달라진다. 각 회사의 조직문화에 따라 적합성을 판단해주는 동시에, 회사 지원자들의 가치관을

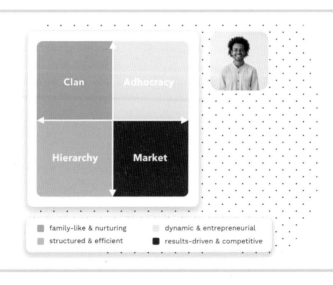

하버는 조직문화를 크게 4가지로 구분하고 각 회사의 조직문화에 따라 지원자의 조직 적합성을 측정해준다.
자료: <https://harver.com/assessments/cultural-fit-assessment/>.

종합적으로 알려주기도 한다. 이는 유능한 지원자들이 바라는 것과 현재 회사의 조직문화가 전혀 다른 방향으로 움직이고 있을 때 참고할 수 있도록 하기 위함이다. 부킹닷컴, 맥도날드, 펠로톤, KPMG 등이 하버 솔루션을 사용하고 있다. 이들 회사는 하버 솔루션을 활용해 이직률이 감소하는 성과를 얻었다.

기술은 과연 편향에서 자유로울 수 있을까?

2021년 실시된 한 조사[32]에 따르면 채용 자동화 규모가 2020년 대비 2021년에 547% 상승했다고 한다. 코로나19로 인해 회사로 지원자를 오도록 해 채용 평가를 진행하는 것뿐만 아니라, 지원자 선발을 위해 면접관들이 한자리에 모이는 것이 어려웠기 때문이다. 팬데믹 시기의 불가피한 경험은 보수적인 회사들도 채용 자동화를 시도해보는 계기가 되었고, 이러한 흐름은 점점 더 많은 회사로 확산될 것이다. 최근에는 메타(Meta)로 회사 이름을 바꾼 페이스북과 엔비디아(NVIDIA), 개더타운(Gather Town),* 네이버 제페토(ZEPETO)** 등을 활용하여 많은 회사의 채용 공간이 메타버스로 빠르게 확장되고 있다.

그렇다면 채용에 HR 테크를 도입할 때는 무엇을 주의해야 할까? 가장 먼저 지원자 경험을 지속적으로 확인하며 조율해야 한다. 지원자 경험

---

* 미국 스타트업 개더(Gather)가 개발한 메타버스 화상회의 플랫폼으로, 2020년 5월 서비스를 시작했다. 가상 오피스, 화상회의 기능 등을 제공한다.
** 네이버 자회사 스노우(SNOW)에서 출시한 3D 아바타 제작 애플리케이션으로, 메타버스 플랫폼이다. 온라인 콘서트, 화상회의 기능 등을 제공한다.

은 절대불변의 무언가가 아니다. 채용 시즌마다 지원자들의 특징도 다르고, 긍정적으로 반응하는 포인트 또한 달라질 수 있다. 사소한 불만 사항이 누적되면 회사의 이미지를 훼손하는 리스크로 이어질 수 있음을 기억해야 한다. 따라서 채용의 각 단계에 지원자의 피드백을 받을 수 있는 장치를 마련하고, 보완하거나 강화해야 할 점이 무엇인지 파악하는 노력이 필요하다.

둘째, HR 테크가 AI 학습 모델을 가지고 있다면, 모델의 업데이트 주기를 철저히 관리해야 한다. 시계열적으로 2~3년에 한 번씩은 전체적인 데이터를 점검하는 것이 좋고, 경영전략이나 인력운영 계획이 바뀔 때에는 변화된 방향성과 비교, 대조하는 시도가 필요하다. 예를 들어 고성과자를 타깃으로 한 AI 모델을 가지고 있던 회사가 국내 소비자를 대상으로 사업을 하다가 글로벌 사업으로 확장을 한다면, 고성과자의 정의나 속성이 달라질 수 있으므로 체계적인 검증과 업데이트를 진행하는 것이 좋다. 또한 특별한 변화가 없더라도 AI 모델이 예측과 일치하는지 추적하여 모델을 미세 조정하는 것이 예측률을 높이는 데 도움이 된다.

셋째, AI 학습 모델 내에 편향(bias)이 없는지 확인해야 한다. 아마존의 사례는 편향을 관리하지 않았을 때의 위험성을 잘 보여준다. 아마존은 채용 HR 테크 확산 초기인 2018년 선구적으로 AI 모델을 도입했으나, 최종 시뮬레이션 과정에서 백인 남성 지원자를 선호하는 차별 문제가 언론에 노출된 후 비난을 받았고 결국 해당 프로그램을 폐기한 바 있다.

아마존의 채용 AI는 기존 아마존 직원의 인종 및 성별 구성을 기준으로 학습되었다. 이 때문에 백인 남성에게 유리한 방식으로 결과가 도출되었으며, 흑인과 여성을 차별하게 된 것이다. 따라서 채용 HR 테크를

98.7% 68.6% 100% 92.9%

amazon

**DARKER
MALES**
 **DARKER
FEMALES**
 **LIGHTER
MALES**
 **LIGHTER
FEMALES**

아마존의 채용 AI의 백인 남성 편향 사례. 조직 적합도 판단 과정에서 성별과 인종만 다르고 그 외 조건은 모두 동일한 4명을 대상으로 검증한 결과, 백인>흑인, 남성>여성 순으로 적합도가 계산되고 있음이 밝혀졌다.
자료: <https://medium.com/@Joy.Buolamwini/response-racial-and-gender-bias-in-amazon-rekognition-commercial-ai-system-for-analyzing-faces-a289222eeced>.

도입하려는 회사는 AI 모델을 학습시키는 데이터가 한쪽으로 편향되어 있지는 않은지 점검이 필요하다.

3장

테크로 구현한 맞춤형 온보딩

신입사원 온보딩, 변화가 필요하다

첫인상은 '3초의 법칙' 혹은 '콘크리트 효과'라고도 불린다. 그만큼 빠르게 형성되어 쉽게 바뀌지 않는다. 각종 관련 연구에 따르면 먼저 제시된 정보는 나중에 제시된 것보다 인식에 강력한 영향을 미치고, 이후의 정보를 판단하는 기준점이 되기도 한다.[33]

회사에 대한 신입사원의 첫인상을 결정짓는 것이 바로 온보딩이다. 온보딩은 신입사원이 회사에 수월하게 적응할 수 있도록 회사를 소개하고, 업무에 필요한 지식과 기술을 교육하는 과정을 가리킨다. 글래스도어의 연구에 따르면 탄탄한 온보딩 프로그램을 구축한 회사는 직원 리텐션(retention, 근무 유지)이 82%, 생산성이 70% 이상 향상되었다고 한다.[34] 그러나 갤럽의 조사 결과, 현실적으로 온보딩을 훌륭하게 수행하는 회사

는 약 12% 정도밖에 되지 않았다.[35]

대부분의 회사에서 온보딩 절차는 매번 불완전하게 반복될 수밖에 없다. 신입사원 입사가 상시적인 업무는 아니다 보니, 담당자가 온보딩 업무만 하고 있기도 어렵다. 또한 회사 제도나 문화, 환경도 계속해서 바뀌어 업데이트가 잘 되지 않는다. 만약 신입사원이 빈번하게 입사하거나 회사가 전체적으로 바쁜 시기에 들어왔을 경우 지원 인력의 한계로 온보딩 절차는 축소되거나 지연될 수밖에 없다.

상황이 이렇다 보니 웃지 못할 해프닝도 종종 발생한다. 입사 정보가 공유되지 않아, 출근 이후 한참 지나서야 개인용 컴퓨터가 준비되기도 하고, 담당자 실수로 중요한 서류가 누락되기도 한다. 운이 나쁘면 구체적인 설명 없이 회사 소개 PPT 자료만 넘겨받은 채 바로 업무에 투입되기도 한다. 또 일정이 공유되지 않아 신입사원 온보딩 일정을 두고 인사 담당자와 부서 선배들이 서로 얼굴을 붉히기도 한다.

위기는 기회를 만들고 미뤄왔던 변화를 촉발시키는 역할을 한다. 코로나19가 장기화되면서 대규모 공채보다는 수시 경력 입사가 많아졌고, 의무적 재택근무와 사회적 거리두기 지침이 강화되면서 버추얼 온보딩(virtual onboarding)이 주목을 받게 되었다. 팬데믹이라는 위기는 온보딩이 가진 고질적인 문제를 해소하면서 이전에 미처 시도하기 어려웠던 도전의 촉매제가 되어준 것이다.

'버추얼 온보딩'이란 버추얼 온라인 플랫폼을 활용하거나 부분적으로 온라인에서 온보딩 프로그램을 진행하는 것을 모두 포함한다. 프로세스 자동화와 플랫폼 서비스를 통해 신입사원 1:1 맞춤형 지원을 돕는 버추얼 온보딩에 대해 알아보자.

챗봇을 활용한 온보딩 프로세스 자동화

버추얼 온보딩 플랫폼들은 온보딩 프로그램 과정을 하나의 흐름으로 엮어 어떤 모바일 기기에서든 쉽고 편하게 온보딩이 진행될 수 있도록 도와준다. 신입사원이 입사할 때마다 회사를 소개하고 각종 문서들을 프린트하여 서명 받고 저장하는 절차는 꼭 필요하지만 인사 담당자 입장에서는 매번 반복되고 시간도 제법 걸리는 일이다.

버추얼 온보딩 플랫폼은 전체 온보딩 절차를 일정과 내용, 주체별로 정리하여 누락 없이 진행될 수 있도록 해준다. 간단한 방식으로는 게시판을 통해 신입사원에게 해야 할 일을 정리한 리스트(to-do list)를 제공하고, 필요한 일정이 있을 때마다 알림 메시지를 띄워주는 것이다. 회사에 대해 알아가는 과정에서 필요한 문서를 전달해주고 담당자를 안내해주는 것도 포함된다.

이러한 역할을 가장 효과적으로 수행할 수 있는 것이 바로 챗봇이다. 챗봇의 가장 큰 장점은 시간의 제약이 없다는 점이다. 신규 입사자가 물어 오는 다양한 주제의 질문에 대해 챗봇은 언제든 빠르고 정확하게 대응할 수 있다.

다른 장점은 신규 입사자들이 더 편하게 접근할 수 있다는 점이다. 신규 입사자의 대부분을 차지하는 MZ세대는 장문의 문서 파일이나 전화 통화보다는 대화형 단문 텍스트를 더 선호한다. 또한 이들은 이미 온라인 쇼핑몰이나 SNS에서 챗봇을 통해 궁금한 사항을 해결해왔기 때문에 온보딩 챗봇도 그리 낯설지 않게 느낀다.

마지막으로 챗봇은 대화하는 재미를 느낄 수 있게 해준다. 최근에는 유머 감각과 공감 능력을 가진 챗봇이 많이 보급되고 있다. 대표적인 온보딩 챗봇 코요(Coyo)는 신규 입사자가 말을 걸어오면, 간단한 퀴즈나 농담으로 대화를 시작해 입사자들을 편안하게 해준다. 챗봇이 미처 해결하지 못하는 내용이 있을 때에는 도움을 줄 수 있는 담당자를 연결해준다. 자주 연락해도 눈치 볼 필요가 없고, 원하는 정보를 빠르게 확인할 수 있게 도와주어 신규 입사자들의 만족도가 높다.[36]

지원자와 회사 모두 만족하는 버추얼 온보딩

챗봇을 비롯한 버추얼 온보딩을 도입했을 때 가장 먼저 눈에 띄는 효과는 신규 입사자나 직원들의 만족도가 높아진다는 점이다. 그러나 버추얼 온보딩 프로그램의 가장 큰 수혜자는 바로 인사 담당자다. 우수 인재를 영입하기가 점점 어려워짐에 따라 입사 후 그들이 회사에 조기 적응할 수 있도록 돕는 일의 중요성이 더욱 강조되었고 인사 담당자들의 부담도 기하급수적으로 커졌다. 인사 담당자 입장에서는 반복되는 업무

챗봇 코요의 온보딩 화면. 챗봇은 용건을 확인하고 필요한 정보를 주거나 예약을 진행한다.
자료: <https://www.coyoapp.com>.

일지라도 신규 입사자에게는 새롭고 의미 있는 경험이 되다 보니 온보딩 프로그램이 꽤나 부담스러워지는 것이다.

여기에 더하여 짧은 시간 내에 신규 입사자가 몰리면 어떻게 될까? 아마도 다른 업무를 거의 하지 못한 채 온보딩 업무에만 매달리거나, 업무가 너무 많다면 신규 입사자의 온보딩을 소홀히 할 수밖에 없을 것이다. 버추얼 온보딩은 어느 인사 담당자보다 빠르고 치밀하게 반복적인 업무를 대행해주므로 인사 담당자는 더 생산적인 업무에 집중할 수 있다.

매출 규모가 5억 달러 정도인 미국 건설업체 라이콘 콘스트럭션(Rycon Construction)은 최근 급성장하면서 신입사원을 많이 뽑았고, 이로 인한 과부하가 발생했다. 소수의 담당자가 우후죽순처럼 입사하는 신입사원 모두의 온보딩을 신경 쓰기란 거의 불가능에 가까웠다. 계속되는 온보딩으로 인사팀 직원들은 번아웃을 호소했다. 회사는 인사팀의 과도한 반복 업무를 줄이면서도 온보딩을 효과적으로 수행하기 위해 '뱀부 HR(BambooHR)'이라는 버추얼 온보딩 솔루션을 도입했다.[37] 수시로 입사한 신입사원들은 솔루션을 통해 1:1 맞춤형 온보딩에 참여했고, 어려움 없이 회사에 적응했다고 한다.

빠른 적응과 업무 파악을 한 번에

온보딩에서는 회사에 대한 소개도 중요하지만 앞으로 수행해야 할 업무를 잘 파악할 수 있도록 돕는 것이 굉장히 중요하다. 인사팀은 회사 소개를 비롯해 신입사원을 회사 구성원의 일원으로 포함하기 위한 절차를 밟는 한편, 신입사원이 속할 부서의 부서장은 앞으로 함께할 업무 범위와 역할을 안내한다. 인사팀과 부서장은 공통적으로 최대한 빠른 시간

뱀부HR의 온보딩 자동화 화면. 신입사원에게 출근일 등 일정을 알려주고(왼쪽), 컴퓨터와 모바일을 모두 지원하여 온보딩 일정과 담당자 등을 상세히 안내한다(오른쪽).
자료: <https://www.bamboohr.com/>.

내에 신입사원에게 충분한 정보를 제공하고자 한다. 문제는 양쪽으로부터 정보를 제공받는 신입사원의 시간은 한정되어 있다는 점이다. 이 때문에 신입사원의 일정을 두고 인사팀과 부서장 간에 크고 작은 갈등이 생기기도 한다.

사실 인사팀도 신입사원이 부서의 업무를 빠르게 배울 수 있기를 바란다. 하지만 인사팀에서 온보딩해야 할 신입사원들이 한 부서에만 소속되어 있지 않아, 모든 부서의 일정을 하나하나 묻고 조율하기가 어렵다. 부서의 사수 입장에서는 인사팀이 일방적으로 일정을 수립하고 정보도 미리 공유해주지 않는다고 생각하여 불만을 품게 된다. 이렇게 되면 신입사원도 인사팀과 부서의 사수 사이에서 꽤히 곤란한 입장에 처하게 된다.

온보딩 일정 관리를 돕는 통합 플랫폼

통합 플랫폼에 온보딩 기술을 결합하면 인사팀과 부서장, 그리고 신입사원이 겪는 갈등이나 번거로움이 해소될 수 있다. 통합 플랫폼이라고 하는 것은 흔히 사용하는 협업 툴(tool)에 온보딩 기술을 결합하는 형태를 의미한다. 온보딩 기술에는 앞서 언급한 온보딩 챗봇을 비롯하여 업무 OJT(On-the-Job Training)를 돕는 VR/AR 기술 등이 포함된다.

대표적인 협업 툴인 슬랙(Slack)이나 트렐로(Trello)는 다양한 버추얼 온보딩 기술을 통합시킬 수 있도록 설계되어 있다. 그래서 하나의 대시보드*로 인사팀에서 제공하는 일정과 부서에서 진행하고자 하는 OJT 일정을 손쉽게 관리할 수 있다.

HR 테크에서 놓치지 말아야 할 것 중 하나는 '끊김 없는(seamless)' 설계다. 다시 말해, 어떤 HR 테크를 사용하더라도 사용자 관점에서 매끄럽게 이어져야 한다. 통합 플랫폼은 동시다발적인 온보딩 프로그램 간의 연결성은 물론이고 온보딩과 그 이후의 본격적인 업무 간의 연결성을 도와준다.

협업 플랫폼 트렐로는 원거리에 있는 신규 입사자들의 온보딩 수요가 늘어나자 버추얼 온보딩만을 위한 별도의 페이지와 메뉴를 만들었다.[38] 온보딩에 참여하는 신규 입사자, 부서장과 버디(동료), 인사 담당자 각 주체별로 필요한 메뉴를 구성하였다. 예를 들어 부서장에게는 주기적으로 체크인 회의(부서원들의 현황을 파악하는 회의)를 잊지 않고 진행할 수 있도

---

* 의사결정에 필요한 주요 데이터를 종합한 후 그래프와 표로 시각화하여 한 화면에 배치 및 정렬한 것을 의미한다. [Few, S. (2012). *Information Dashboard Design: Displaying data for at a glance monitoring* (2nd ed). CA: Analytics Press.]

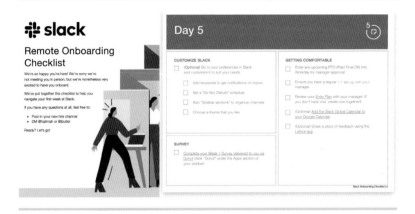

슬랙을 활용한 온보딩 결합 사례. 신입사원에게 필요한 정보가 일별로 제공되는데 완료해야 하는 과제, 설문, 편안히 지내기 위한 팁 등이 일목요연하게 정리된다.

자료: <https://slack.com>.

록 설계된 일정을 제공하고, 버디에게는 신규 입사자에게 어떤 역할을 해주면 좋은지, 참고할 자료는 무엇이 있는지를 알려준다. 신규 입사자에게는 일, 주, 월별로 완료해야 할 미션을 리스트로 정리해 알려주고 진행 경과도 함께 보여준다.

실시간으로 온보딩 과정에 대한 피드백 혹은 질문을 할 수 있도록 하는 '피드백 앤드 퀘스천(Feedback & Question)' 메뉴도 함께 설계되어 있다. 또한 주체별로 라벨을 달리하여 신규 입사자만 볼 수 있는 메뉴와, 신규 입사자와 인사 담당자가 함께 볼 수 있는 메뉴를 쉽게 알아볼 수 있도록 했다.

한편 버추얼 온보딩 과정에서 업무 OJT를 위해 AR/VR 기술이 각광받고 있다. VR이나 AR은 바쁘게 돌아가는 업무 상황을 방해하지 않으면서

트렐로의 버추얼 온보딩 화면. 신입사원이 수행해야 할 과제 목록이 일간, 주간, 월간별로 정렬되어 있다. 참여자와 그 내용에 대해서도 구체적으로 설명한다.
자료: <https://trello.com/b/MAezks5X/new-hire-remote-onboarding>.

도 신규 입사자가 업무를 최대한 생생하게 경험해볼 수 있도록 하는 방법이기 때문이다. 초보자가 접근했을 때 위험할 수 있는 석유·가스산업, 외부 바이러스 침투 우려로 물리적 접근이 쉽지 않은 바이오산업, 충분한 시간을 두고 관찰할 기회를 주기에는 시간적 여유가 없는 서비스산업 등이 VR과 AR을 찾는 주요 산업군이다. 이들 기기를 활용하면 신규 입사자는 안전한 가상환경에서 업무 프로세스나 선배들의 수행 노하우를 빠르고 현실감 있게 배울 수 있게 된다.

필라델피아에서 시작한 샐러드 레스토랑 허니그로우(Honey Grow)는 직원 온보딩을 위해 VR 기기를 적극 활용하고 있다.[39] 허니그로우의

허니그로우의 신입사원이 VR 기기를 착용하고 온보딩 프로그램에 참여하고 있다. 가상환경에서 레스토랑을
견학하고, 앞으로 해야 할 업무에 대해 확인할 수 있다.
자료: <https://www.arlnow.com/2017/07/27/honeygrow-using-virtual-reality-to-train-employees/>.

CEO 저스틴 로젠버그(Justin Rosenberg)는 가상환경의 가치를 매우 높이
평가한다. 그는 VR을 활용한 실습 교육이 "직원들을 적극적으로 참여시
킬 수 있는 방법이자, 다른 회사들이 하기 어려운 것들을 시도할 수 있는
방법"이라고 이야기한다.

허니그로우는 입사 첫날 신규 입사자에게 VR 기기를 주면서 레스토랑
을 견학하게 하여, 레스토랑 내에 있는 수많은 직원들이 각자 어떤 역할
을 맡고 있는지 관찰할 수 있도록 돕는다. 예컨대 한 명이 샐러드를 만들
면 옆에서 면을 삶아 넣어주고, 또 다른 한 명이 포장과 계산을 돕는데,
이러한 협업이 어떻게 이루어지는지 본다. 부족한 채소와 재료들을 보충
해주는 사람은 어디서 어떻게 움직이는지도 볼 수 있다. VR 기기를 쓰고

서 신규 입사자는 냉장고에 무엇을 어떻게 넣어야 하는지 여러 차례 반복해서 보고, 또 직접 시도해보기도 한다. 실제 영업 중인 주방은 신규 입사자에게 하나씩 설명해주며 연습시키기에는 너무 시간이 부족하고 위험하다. 그 때문에 VR을 활용하여 실습 교육을 하게 되면 가르쳐주어야 하는 직원이나 신규 입사자의 만족도를 모두 높일 수 있다.

원거리에서 근무하는 직원의 온보딩

글로벌 기업이나 여러 나라와 지역에 지사가 흩어져 있는 회사의 경우에는 업무 OJT보다 회사 인사팀 차원에서 이루어지는 온보딩 프로그램 진행이 더 어렵다. 그래서 초기 인적 네트워크가 구축되기 어렵고, 회사에 대한 소속감을 기르기가 쉽지 않아 소외감을 느끼게 될 수 있다. 온보딩이 성공적으로 이루어지지 않아도 초기에는 큰 문제가 발생하지 않지만 업무가 힘들거나 지치게 되면 쉽게 포기하거나 생산성이 떨어질 수 있으며, 다른 회사로 이직할 가능성도 높아진다. 그렇기 때문에 도시에서 멀리 떨어진 격오지(隔奧地)로 배치된 신규 입사자들이 효과적으로 적응할 수 있게 돕는 일은 매우 중요하다.

그렇다면 이들에게는 어떤 온보딩을 제공해야 할까? 답은 생각보다 간단하다. 버추얼 온보딩을 활용하여 본사 신규 입사자와 유사한 프로그램을 거칠 수 있도록 해주는 것이다. 회사에 대한 정보를 제공하거나 필요한 지식을 학습할 수 있도록 도와주는 것은 기본이 되어야 한다. 또한 입사 시기가 비슷한 다른 신규 입사자나, 근무지는 다르더라도 유사한 업무를 하는 직원들과 교류할 수 있도록 네트워크 형성 기회를 만들어주어야 한다. 다른 직원들과 달리 격오지로 배치된 신규 입사자들에게 더 필요한 지식이나 정보는 없는지 고민하여 별도의 프로그램을 마련해두는 것도 좋다.

팬데믹이 종료되고 더 이상 재택근무를 하지 않게 된다고 해도 버추얼 온보딩의 효과는 유효할 것이다. 왜냐하면 여전히 격오지에 지사를 둔 회사, 주된 고객사가 해외에 있어 입사자를 바로 해외로 보내야 하거나 직원을 현지에서 채용하는 회사들이 많이 있기 때문이다.

비대면 상황에서 직원 유대감을 높이는 화상회의 기술

버추얼 온보딩에 활용되는 HR 테크는 이미 광범위하게 확산된 화상회의 기술이 주를 이룬다. 버추얼 온보딩에서는 새로운 기술의 도입보다도 기술을 활용하는 인사팀의 세심한 노력이 더 큰 역할을 한다. 구글이나 골드만삭스에서는 다른 회사보다 앞서 버추얼 온보딩을 진행하기 시작했으며 서로 다른 노하우를 발휘하고 있다.

두 회사는 버추얼 온보딩이 오프라인 온보딩보다 훨씬 효과적이었다고 평가한다. 신규 입사자는 물론 함께한 직원들의 만족도가 아주 높았다고 한다. 이 회사들은 버추얼 온보딩을 도입한 것과 동시에 재택근무를 실시하고 있었다. 많은 직원들이 재택근무를 하는 가운데 신규 입사자가 버추얼 온보딩에 참여했을 때의 장점은 무엇일까?

첫째, 자연스러운 자기 노출이 가능해져 팀원들과 빠르게 친해질 수 있다. 자신의 정보를 다른 사람에게 공개하는 것을 심리학 용어로 '자기 노출(self-exposure)'이라고 한다.[40] 자기 노출은 의도하든 의도하지 않든 다른 사람들과 친밀감을 형성하는 중요한 계기를 만들어준다. 버추얼 온보딩을 하는 신규 입사자는 본인에게 익숙한 환경에서 덜 긴장하고 덜

꾸며진 모습으로 다른 직원들을 만나게 된다. 그리고 카메라 너머로 살고 있는 집의 환경이나 함께 사는 가족과 반려동물을 자연스럽게 보여주게 된다. 이런 과정들은 신규 입사자가 회사 직원들에게 좀 더 열린 마음을 가질 수 있도록 도와주고, 입사 초기의 긴장감과 불안감도 덜어주는 역할을 한다. 또 기존 직원들도 신규 입사자에게 편하게 다가갈 수 있게 해준다.

둘째, 함께할 수 있는 온보딩 활동의 종류가 다양해진다. 신규 입사자가 들어오면 기존의 팀원들과의 관계를 돈독하게 만들기 위한 활동들을 진행해왔다. 가장 전통적인 활동이 바로 회식이다. 신규 입사자를 환영하는 마음을 표현할 수 있는 방법이 많지 않았기 때문에 주로 식사 혹은 술자리로 대신하곤 했는데, 버추얼 온보딩 프로그램을 도입하면서 회식을 대신할 활동이 다양해졌다.

구글은 신규 입사자를 위한 다양한 온보딩 활동을 장려하고 있다. 코로나19 이후 구글에 합류한 한 직원은 자사 블로그를 통해 "온보딩 활동의 일환으로 미슐랭 스타 셰프와 함께하는 피자 만들기 워크숍, 바텐더 교육, 진저브레드 만들기 대회, 자녀와 함께하는 과학 캠프 등 다양한 활동에 참여할 수 있었다."라고 이야기했다.[41] 이렇게 다양한 활동이 가능했던 이유는 각자의 집에는 오프라인 사무실에서는 찾기 어려웠던 주방 공간이 갖춰져 있었기 때문이다. 또한 별도 일정을 잡아 자녀를 따로 초대하지 않아도 자녀와 함께하는 프로그램도 진행할 수 있었다.

직접 대면할 수 없기 때문에 만남이나 네트워킹에 제약이 클 것이라고 생각하기 쉽다. 하지만 같은 장소에서 대면하지 않기 때문에 사라지는 제약도 많다는 사실을 기억해야 한다.

구글의 버추얼 온보딩 활동 장면. 크리스마스 행사를 화상회의로 진행하는데, 각자 와인을 준비해 함께 마시며 대화를 나눈다.

자료: <https://blog.google/inside-google/life-at-google/onboarding-google-while-working-remotely/>.

셋째, 관심사와 업무에 최적화된 학습이 가능하다. 골드만삭스는 '골드만삭스 유니버시티(Goldman Sachs University, GSU)'[42]라는 온라인 학습 플랫폼을 만들었다. 자기주도형 학습을 유도하는 이 플랫폼은 짧은 시간 내에 많은 지식과 정보를 학습해야 하는 신규 입사자에게 매우 유용하다. 골드만삭스는 입사 이전부터 여기에 접속할 수 있도록 안내하고 있는데, 이 플랫폼에는 골드만삭스의 조직문화에 대한 소개는 물론 기본적인 기술과 전문적인 기술을 배울 수 있는 다양한 이러닝 콘텐츠가 담겨 있다.

골드만삭스는 버추얼 온보딩 덕분에 신규 입사자가 일찍부터 각자에게 필요한 교육을 받게 되면서 업무 적응 속도가 빨라지고, 새로운 학습을 통해 성장하는 기회가 되고 있다고 평가한다.

조직문화, 어떻게 하면 이해하기 쉽게 전달할까?

신규 입사자들에게 조직문화를 안내하는 일은 매우 중요하다. 오프라인 온보딩에서는 집합교육의 형태로 조직문화 강의를 진행하곤 하는데, 많은 신규 입사자들은 그 시간을 가장 지루하게 느낀다. 직원이라면 누구나 느끼고 경험하는 것이 조직문화지만 막상 문서로 정리하면 다소 모호하고 난해해지기 때문이다.

버추얼 온보딩으로 전환됨에 따라 기존의 조직문화 강의를 촬영해 영상으로 보여주는 시도를 하고 있는데, 그 효과는 오프라인과 다르지 않다. 어떻게 하면 조직문화를 이해하기 쉽게 전달할 수 있을까?

아마존과 링크드인의 사례는 온라인으로 회사의 조직문화나 분위기를 소개하는 노하우에 대해 생각해볼 수 있게 한다. 아마존은 15가지의 리더십 원칙을 가지고 조직문화를 꾸리는 회사로 유명하다. 그리고 조직문화가 영속적으로 이어질 수 있도록 하기 위해서는 신규 입사자들에게 그 원칙을 잘 전달해야 한다고 생각했다. 아마존은 젊은 세대들이 짧은 대화형 영상에 익숙하다는 점에 착안하여 조직문화 안내 영상을 만들었다.[43] 특히 회사의 고위 경영진이 마치 신규 입사자에게 1:1 코칭을 하는 것처럼 연출하고, 진중하지만 단순한 콘셉트로 특유의 가치와 철학을 담았다. 이렇게 제작한 짧은 영상을 버추얼 온보딩의 첫 단계로 제공하였고, 결과적으로 신규 입사자들에게 아마존의 조직문화를 효과적으로 전달할 수 있었다.

링크드인의 SNS 활용 온보딩 사례. 링크드인 SNS를 통해 직원들이 회사에서 즐겁고 의미 있었던 장면을 공유하면서, 신입사원이 조직문화를 쉽게 이해할 수 있게 지원한다.
자료: <https://www.linkedin.com/business/talent/blog/talent-management/things-linkedin-does-during-onboarding-to-turn-new-hires-into-engaged-employees>.

링크드인은 신입사원과 회사가 서로 소개를 하도록 유도했다. 입사 전날 인사팀은 신입사원에게 미리 첫 출근에 대한 질문 시트를 보내 간단한 소개 영상을 제작하도록 한다. 첫 출근을 하는 날, 신입사원의 영상은 다른 직원들에게 공유되고, 신입사원에게는 회사 SNS의 초대 코드가 발송된다. 초대 받은 SNS에 들어가면 링크드인 직원들이 인상적인 순간을 기록한 게시글들이 있다. 어렵고 딱딱한 문서 대신, 친숙하고 재미있는 형태로 회사의 분위기와 특징을 알려주는 것이다.

버추얼 온보딩, 피드백으로 개선하기

버추얼 온보딩은 참여했던 신규 입사자들의 피드백을 받는 것으로 마무리된다. 피드백의 내용은 크게 프로그램의 유용성, 만족도, 개선 의견 등으로 구성된다. 신규 입사자들로부터 받는 피드백은 온보딩 프로그램의 현 위치를 확인하는 자료가 되는 동시에, 온보딩 프로그램을 회사에 최적화시켜 발전시키는 데 활용할 중요한 힌트가 된다.

피드백은 프로그램이 모두 끝난 시점에 받기보다 여러 번 나누어서 의견을 받으며 보완해나가는 것이 좋다. 각각의 프로그램이나 미션이 끝날 때쯤 짧은 설문을 받고 응답을 누적시켜나가는 것이다.

신규 입사자의 응답을 잘 분석하면, 현재 진행 중인 온보딩 프로그램에서 어떤 부분을 더 강조하고 어떤 부분을 생략하거나 축소할 수 있을지 그 실마리를 찾을 수도 있다. 예상치 못한 프로그램에서 신규 입사자들의 호평이 쏟아질 때도 있다. 그런 경우에는 해당 부분을 더욱 보강하는 방향으로 추가적인 개발을 해야 한다. 다른 한편으로는 아무리 좋은 의도로 기획된 프로그램이라고 할지라도 신규 입사자에게 안 좋은 평가를 받으면 왜 그런지에 대해 살펴봐야 한다.

또한 더 많은 신규 입사자가 피드백에 충실히 참여할 수 있도록 하는 노력도 함께 필요하다. 예를 들어 설문을 퀴즈와 같이 재미있는 포맷에 담아내거나 추첨을 통해 작은 선물을 제공할 수도 있다. 다양한 시도를 해보면서 가장 효과적인 방법을 찾아보는 것이 좋다.

HR 테크에 디테일을 더하는 방법

신규 입사자가 대면 없이도 회사에서 환영받고 있음을 느끼도록 하는 것은 무엇보다 중요하다. 따라서 버추얼 온보딩을 한다고 하더라도 기존의 오프라인 온보딩에서 효과적이었던 방식은 유사하게 구현해야 한다. 멘토와 웰컴 키트가 대표적이다.

신규 입사자에게 회사는 막연하게 먼 존재처럼 느껴질 수 있다. 아무리 HR 테크를 활용해 대부분의 프로세스를 자동화한다고 해도, 실제 선배나 동료들이 건네는 안부 인사나 대화를 완전히 대체하기는 어렵다. 따라서 신규 입사자를 도와줄 직원 1명을 '웰컴 버디'로 선정하여 주기적인 화상회의나 대화를 하도록 하는 것이 좋다.

오프라인 온보딩에서 지급되었던 웰컴 키트 같은 것들은 미리 택배로 보내 입사 당일 받아보도록 할 수 있다. 직원들 다수가 개발자들인 옵저

옵저브·에이아이의 웰컴 키트. 홈카페를 테마로, 직원들이 집에서도 회사에서처럼 커피를 마실 수 있도록 구성했다.
자료: <www.observe.ai>.

브·에이아이(Observe·AI)라는 회사는 입사자의 이름을 넣은 카드를 동봉하여 웰컴 키트를 보낸다.[44] 이 웰컴 키트의 테마는 홈카페인데, 직원들이 집에서도 회사에서처럼 커피를 마실 수 있도록 구성한 것이다. 신규 입사자들은 '내가 회사에서 환영받고 있구나!'라는 느낌이 들어서 좋았다고 말한다.

기술적인 측면에서도 주의할 점이 있다. 특히 버추얼 온보딩 플랫폼을 도입할 때에는 다른 프로그램과의 연동성을 잘 확인해야 한다. 회사에서는 메신저와 메일, 포털사이트, 클라우드나 문서 작성 프로그램 등 여러 가지 시스템을 복합적으로 사용하고 있다. 만약 버추얼 온보딩 플랫폼이 기존의 시스템과 원활하게 연결되지 않는다면 어떨까? 정보를 얻기 위해 더 오랜 시간 동안 불편한 작업을 계속해야 할 것이다. 따라서 플랫폼 도입에 앞서 회사에 구비된 기존 시스템과의 연동성을 세심하게 체크해보아야 한다.

기술은 우리에게 편리함을 제공해줄 수 있지만, 잘못 활용했을 때는 오히려 사용하지 않는 것보다 못한 결과를 가져올 수도 있음을 늘 염두에 두어야 한다.

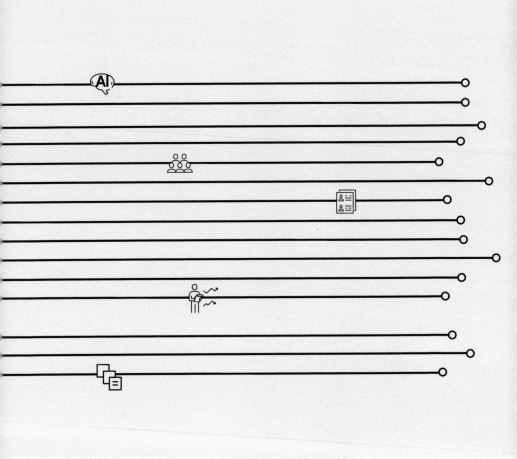

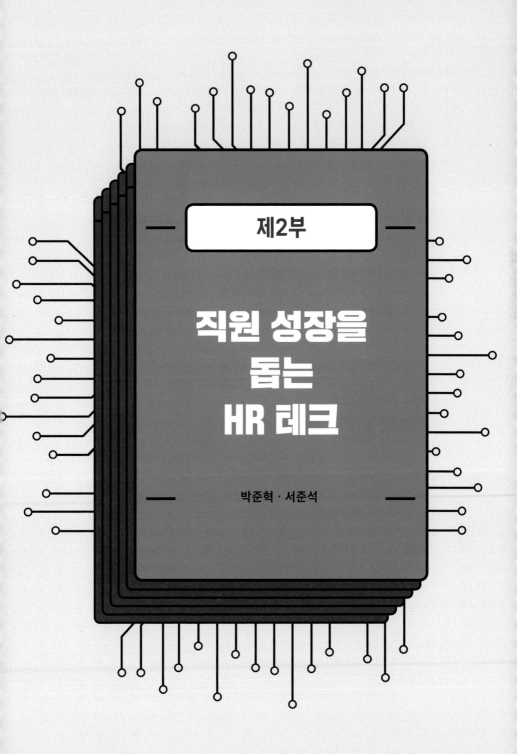

제2부

직원 성장을
돕는
HR 테크

박준혁 · 서준석

Intro

기술이 빠른 속도로 발전하면서 시장이 급격히 변하고 있다. 런던비즈니스스쿨의 린다 그래튼(Lynda Gratton) 교수는 디지털 시대에는 직원이 습득한 신기술의 반감기(半減期)[1]가 5년에 불과하다고 지적하였다.[2] 또한 소프트웨어 기술자의 경우 12개월에서 18개월마다 새로운 직무교육이 필요하다고 주장하였다. 최근 세계경제포럼의 〈일자리 미래 보고서〉에 따르면 전 세계 노동자 중 절반 정도는 빠른 시일 내에 기술 재교육이 필요한 상황이라고 밝히고 있다.[3] 즉 기술이 빠르게 변화하는 만큼 직원들이 신기술을 습득해야 하는 시기도 덩달아 빨라지게 된 것이다.

문제는 신기술의 반감기가 시간이 갈수록 더욱 짧아질 것이라는 데 있다. 일례로 우리가 세무·회계 업무에 주판을 사용하다가 계산기를 사용하고, 이후 엑셀 같은 사무자동화 프로그램을 쓰다가 오늘날 AI가 내장된 업무 서비스를 사용하기까지 불과 50년밖에 걸리지 않았으며, 심지어 점점 더 빠르게 변화했던 것을 되돌아보면 이해가 쉬울 것이다. 이러한 상황에서 기업 내 교육의 중요성이 커지고 있다.

인구의 고령화와 경제활동인구의 점진적인 감소로 근로자들의 근속기간이 늘어나는 것도 재교육의 필요성을 더해준다. 우리나라 50세 이상 근로자의 비중은 2006년 14.5%에서 2018년 28.1%로 가파르게 증가하고 있다.[4]

국내 300인 이상 기업의 근로자 정년이 만 55세에서 60세가 된 지 얼마 되지 않았지만, 현재 일본이나 독일을 따라 65세로 늘릴 조짐도 보이고 있다. 25년간 고령화 사회를 연구한 스탠퍼드대학교 로라 카스텐슨(Laura Carstensen) 교수는 "20대에 대학을 졸업하며 얻은 지식으로는 40년에 가까운 직장 생활에서 경쟁력을 유지할 수 없기 때문에 기업 내에서 평생학습 문화를 정착시키는 것이 중요하다."라고 말한다.[5]

우수 인재를 구하기가 점점 더 어려워지는 채용 환경도 기업 내 교육에 대한 요구를 강화시키는 요인이다. 한때 우수 인재를 확보하기 위해 아예 회사를 사버리는 방법인 어크하이어(acq-hire)가 실리콘밸리를 중심으로 활발히 이루어졌다. 물론 이러한 기업 인수가 경쟁업체를 견제하기 위해서, 또는 피인수 회사 제품과의 시너지나 사업 확대를 위해서였다고는 해도 무엇보다 우수한 인재 풀을 노렸다는 해석이 우세했다. 피인수 회사의 인재들이 합병 이후에 기존 사업 영역을 포기하거나 일부의 핵심 기술만 인수 회사에 승계하고, 새로운 사업부에 편입되어 혁신 업무를 맡는 경우가 많았기 때문이다. 예를 들어 구글은 2012년 웹 기반 통합 메신저 서비스기업인 미보(Meebo)를 1억 달러에 인수했는데, 인수 직후 대중들에게 인기가 높았던 미보 서비스를 중단하고 직원들을 자사의 '구글 플러스' 팀에 배속시켜 새로운 개발을 맡겼다.[6] 페이스북도 구글맵을 제작한 브렛 테일러(Bret Taylor)라는 인재를 영입하기 위해 그가 창업한 프렌드피드(Friendfeed)라는 스타트업 기업을 인수하기도 하였다. 이처럼 자본보다 인력의 중요성이 큰 IT기업을 중심으로 어크하이어는 우수 인재 확보 방법으로 유행했다.[7]

문제는 우수 인재를 원하는 기업은 많고, 인재의 수는 한정적이라는 것이다. 이에 실리콘밸리를 중심으로 한 IT기업들은 인재 확보를 위해 외부 채용에만 의지하던 관행에서 벗어나 내부 인력의 재교육을 강화하고 있다.

또한 MZ세대가 노동시장의 중심으로 부상하는 것도 기업 내 교육의 중요성을 높이는 요인이다. MZ세대는 앞서 언급했던 지식의 반감기에 대해 잘 인식하고 있다 보니 회사의 경력 개발 지원에 대해 어느 세대보다 민감하다. 미국 여론조사기관인 퓨리서치센터(Pew Research Center)의 조사에 따르면 미국의 밀레니얼들이 이직하는 가장 큰 이유는 회사의 성장지원 부족(87.6%)으로 나타났다.[8] MZ세대는 VR, AR, 메타버스 등 다양한 사용자 경험을 바탕으로 더욱 재미있고 수준 높은 교육을 요구하고 있다. 이에 글로벌 기업들은 내부 인력 양성 시스템을 보다 민첩하고 효과적으로 운영하기 위해 HR 테크를 활용해 인재 양성의 패러다임을 바꿔나가고 있다.

1장에서는 맞춤형 성장 경로와 이에 필요한 맞춤형 교육을 제공하는 솔루션을 소개한다. 그간 기업들은 교육 수혜자의 수가 제한적이고 비용이 많이 드는 오프라인 교육을 최소화하고, 시간과 장소의 제약이 없는 온라인 교육의 비중을 지속적으로 확대해왔다. GE는 2015년부터 교육의 중심축을 맞춤형 온라인 학습 플랫폼으로 전환하였고, IBM도 최근 본사 연수원을 없애버렸다. 그러나 단순히 대면 교육을 온라인 교육으로 전환하는 것만으로는 환경의 변화와 직원의 니즈를 충족시킬 수 없다. 여기서는 온라인 교육에서 한 발 더 나아가, 기업들이 개인 맞춤형 교육을 실현하기 위해 어떠한 노력을 하고 있는지 살펴보고자 한다. 또 그간 개개인의 몫으로 두었던 직원 경력 개발을 회사가 직원 맞춤형으로 제시하는 트렌드도 소개하고자 한다. 개개인들이 성장해나갈 경로를 미리 설정해보고 이에 적합한 교육을 제공하고 있는 글로벌 기업의 사례와 테크 솔루션을 살펴본다.

2장에서는 온라인 교육 방법을 혁신하는 솔루션을 다룬다. 코로나19 팬데믹으로 야기된 근무 환경의 변화가 앞으로도 지속될 전망이다. 이에 기업들은 필수가 된 비대면 온라인 교육의 효과성을 높이기 위한 다양한 기술적 시도를 하고 있다. 온라인 강의의 혁신을 가져온 구글 클래스, 직원 누구나 콘텐츠를 생성할 수 있고 번역 서비스를 통해 전 세계 동료들이 학습할 수 있게 하는 무들(Moodle) 등의 솔루션을 소개한다. 또한 다양한 넛지(nudge)를 활용해 직원들이 자발적으로 온라인 교육에 참여할 수 있도록 유도하는 솔루션, 직원들이 콘텐츠 제작자가 되어 능동적 참여를 이끄는 크리에이터 플랫폼, 생생한 업무 현장을 교육 장면으로 그대로 재현하는 VR·AR 기술 등도 소개한다.

3장에서는 리더십을 지원하는 HR 테크 솔루션을 소개한다. 오늘날의 리더는 과거에 비해 매우 복잡한 업무 환경에 놓여 있다. 리더가 관리하는 직원들이 모두 한 공간에 있지 않을 수도 있고, 서로 다른 국적과 인종으로 구성되어 각자의 나라에서 업무를 수행할 수도 있다. 또한 신세대 직원들은 리더십의 공정성, 형평성에 관련한 사소한 문제에도 민감하게 반응하고 SNS나 언론 등을 통해 쉽게 공론화시키기 때문에 더욱 주의를 기울여야 한다. 기업에서는 이러한 어려움을 겪고 있는 리더들을 돕기 위해, 그리고 리더가 시대의 흐름에 맞는 리더십을 발휘하고 있는지 확인하기 위해 다양한 HR 테크를 도입하고 있다. 이와 더불어 바쁜 리더를 대신해 우수 인력의 퇴직 조짐을 감지하여 이직 방지를 위한 리텐션 활동 수행을 돕는 솔루션, 직원 간 갈등 요소를 미리 탐지하여 이를 사전 관리하는 솔루션 등도 함께 소개한다.

1장

맞춤형 경력 관리와 직원 교육

✏ 직원 경력 관리, 이제는 회사의 몫

그간 개인의 비전과 성장 경로는 회사에서 마련해주는 것이 아니라 개개인이 개척해나가야 하는 것으로 인식되어왔다. 하지만 최근 글로벌 기업들을 중심으로 직원 개인별로 성장 가능한 경력 경로를 제시해주거나, 이에 따른 맞춤형 교육을 지원하기 시작하였다. 이러한 흐름은 왜 생겨난 것일까?

2020년까지 8년간 IBM의 CEO를 지낸 지니 로메티(Ginni Rometty)는 기술의 빠른 발전 양상을 보며 향후 5년에서 10년 사이에 IBM에서 이루어지는 모든 업무 형태가 바뀔 것으로 예상하였다. 그 결과 직원들의 직무 전환이 매년 증가할 것이며, 따라서 맞춤형 성장 경로를 제안하는 것이야말로 직원 개인의 문제를 넘어 기업의 지속 가능 경영에 가장 중요한 일이라고 강조하였다. 그리고 이것이 맞춤형 성장 경로 설계에 IBM이 많은 투자를 하는 이유라고 밝혔다.[9]

IBM 외에도 현재 많은 기업들이 빠르게 변모하는 시장에서 생존하기 위해 회사 내부적으로 끊임없이 사업 방향 및 필요한 인적 역량을 재조정해야 하는 부담을 안고 있다. 하지만 신규 채용만으로 인적 역량을 사업에 맞춰 변화시키기는 어렵다. 결국 내부 직원들의 직무 전환을 통해 더욱 신속하게 필요 인력을 확보해야 하는 상황이다. 이럴 때 기업들은 보통 사내 공모제를 활용한다. 새롭게 필요한 직무나 역할을 회사 내부에 공표하고, 직원들의 지원을 받아 심사를 거쳐 재배치하는 것이다. 하지만 사내 공모를 접한 직원들은 특정 직무로의 전환이 경력에 어떤 영향을 미칠지 정확히 알기 어렵다. 희망하던 직무라서 전환 신청을 할 수도 있지만, 본인의 경력에 어떻게 작용할지 잘 모르는 상황에서 불확실성을 가진 채 모험을 해야 하는 경우도 생긴다. 회사도 직원들의 직무 역량을 제대로 파악하고 있지 않다면, 필요한 직무에 가장 적합한 지원자를 선별하기가 쉽지 않을 것이다. 또한 직원의 적성에 맞지 않거나 장기적 성장을 고려하지 않은 직무 전환을 요구한다면, 결과적으로 회사에도 좋을 수 없다. 이러한 현실 앞에, 직원들의 경력 관리를 책임져야 하는 인사팀의 고민은 더욱 깊어질 수밖에 없다.

직무 전환 기회 증가와 맞춤형 성장 경로의 필요성

개인의 성장이 동기부여의 주요 요인으로 등장한 것도 회사가 개인의 성장 경로 관리에 관심을 갖는 동력으로 작동한다. 〈하버드 비즈니스 리뷰〉에 의하면, 잠재력이 높은 우수 직원들이 회사를 떠나는 주된 이유는 새로운 경력 개발 및 성장 기회를 회사 내부에서 찾지 못하기 때문이라고 한다.[10] 또한 링크드인, 인디드(Indeed) 등 소셜 네트워크 서비스(SNS) 유형의 구인구직 사이트가 활성화되면서 우수 인재들은 이직의 유혹에 상시 노출되어 있기 때문에 인력 유출을 막기 위해서라도 내부에서 성장 기회를 제안할 필요가 있다.

딜로이트의 경영진을 대상으로 한 설문조사에 따르면, 설문 응답 임원의 45%가 기업의 인재 양성 전략에 대한 변혁이 매우 시급하며, 직원들의 직무 전환 기회 확대를 통해 인재를 양성하는 것이 가장 효과적이라고 답했다.[11] 이는 학습의 70%는 업무 경험을 통해서, 20%는 상사의 코칭과 멘토링을 통해서, 그리고 10%는 전통적인 교육 훈련을 통해서 이뤄진다는, 글로벌 리더십 교육 전문기관 CCL(Center for Creative Leadership)에서 주창한 70:20:10 양성 모델과도 부합한다.[12] 전통적 교육 훈련의 효과(10%)보다 직무 경험의 효과(90%)가 9배 더 크다는 의미로도 해석된다. 대부분의 기업들은 회사가 주도하는 지식 전달 중심의 교육 훈련에 교육 예산을 주로 투자해왔으나, 디지털 시대에는 직무 전환을 통한 양성에 가장 많은 투자를 해야 한다는 결론에 이르렀다.

일례로 AT&T는 4년 주기의 직무 순환제를 운영하고 있다.[13] 회사는 다양한 직무별 온라인 교육을 제공함으로써 새로운 직무에서의 성공적인 안착과 직무 순환의 활성화를 돕는다. 그리고 대학교와의 파트너십을 통해 전환된 직무 수행에 필요한 최신 콘텐츠를 지속적으로 제공받고 있는데, 2013년 이래 직무교육에 쏟아부은 예산만 2억 5천 달러(한화 약 2,800억 원)에 이른다고 한다.

하지만 직무 전환은 본인의 경력 계획과 연관된 기회를 얻었을 때 긍정적 효과가 나타난다. 글로벌 IT 분야 리서치그룹인 CEB(현 가트너)에 따르면, 본인의 성장 경로에 부합하는 직무 전환을 했을 때 조직 헌신도가 35% 증가한다고 한다.[14] 본인의 경력에 도움이 되는 직무 전환이라면 동기부여도 되고 개인의 만족도와 업무 성과도 높을 것으로 예상할 수 있지만, 성장 경로가 제대로 계획되지 않은 상태에서의 일률적 전환은 긍정적 효과를 얻기 어려울 것이다.

✎ 직원 경력 빅데이터를 학습하여 맞춤형 커리어 제안

그렇다면 다양한 경력과 성장 비전을 가진 직원들에게 어떻게 하면 개인 맞춤형 성장 경로를 제시해줄 수 있을까? 스탠다드차타드은행은 맞춤형 경력 경로 분석 솔루션 '글로트(Gloat)'를 도입함으로써 그 방법을 찾아가고 있다.[15] 글로트는 직원들의 보유 기술, 직무 경험 및 관심사에 따라 회사 내에서 선택 가능한 맞춤형 경력을 크게 3가지 방향으로 제시한다. 첫 번째는 가장 인기 있는 경력을 제안하는 것이다. 사용자와 비슷한 프로필을 가진 직원들이 가장 많이 선택한 경로를 추적하여 제안한다. 두 번째는 사용자가 선호하는 기술과 경험을 얻을 수 있는 경력을 탐색하여 알려준다. 세 번째는 직원이 향후 리더가 되기 위해 필요한 리더십이나 관리 경력을 쌓을 수 있는 경로를 제안한다.

글로트는 경력 경로를 제안하는 것에 그치지 않고, 사용자가 미래에 어떻게 성장할지를 그려볼 수 있도록 돕기도 한다. 먼저 사용자가 배우고 싶은 기술을 습득하게 될 경우, 맡을 수 있는 상위 직무를 찾아 알려준다. 거꾸로 사용자가 이동하고자 하는 상위 직무를 입력하면, 해당 직무에 필요한 기술이나 경험과 현재 사용자가 보유한 역량과의 차이를 분

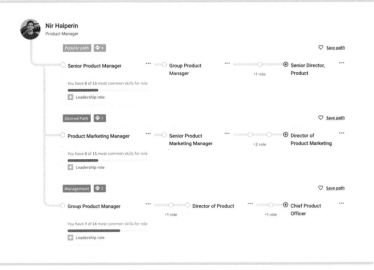

글로트의 경력 경로 제안 화면. 글로트의 AI를 통해 근무 기록, 이력서, 링크드인 프로필 등을 분석하여 맞춤형 경력 로드맵을 제공한다. 또한 경력과 역량 개발을 위해 멘토를 연결해주고, 프로젝트 및 학습 기회 정보도 제공한다.
자료: <https://gloat.com/blog/introducing-career-agility-the-next-generation-of-upskilling-and-career-development/>.

석하여 제공해줌으로써 역량 개발에 대한 동기를 부여한다.

스탠다드차타드은행에 따르면, 인도 지역에 한하여 적용된 시범 도입 기간 동안 수백여 개의 직무 전환 공고가 올라왔고, 1만 2천여 명의 직원이 글로트가 추천한 맞춤형 경력 경로를 통해 새로운 직무로 이동하였다고 밝혔다. 또한 어떤 직원은 회사 내에 존재하는 줄도 몰랐던 새로운 직무를 발견하는 데 도움을 받을 수 있었다고 한다. 그해 회사는 사내 조직 문화 진단 결과 직원들의 역량 개발 프로그램 만족도가 역사상 가장 크게 오른 것을 확인할 수 있었다.

클라우드 기반 인재 관리 솔루션을 제공하는 코너스톤(Cornerstone) 역시 경력 빅데이터를 활용해, 개인 맞춤형 성장 경로를 제공하고 있다. 전 세계의 수많은 고객사로부터 수집한 경력 빅데이터를 활용하여, 직무별 다양한 성장 경로의 가능성을 확률적으로 표시하여 제공해준다. 예컨대, 현재 앱 개발 관리자 직무에 있는 직원에게 다음 직무로 IT 매니저 (IT Manager), 프로덕트 디렉터(Dir. of Product), 프로덕트 매니저(Product Manager), 시니어 프로덕트 매니저(Sr. Product Manager)가 최적으로 추천되었다면 이 경로를 다른 직무보다 굵은 선으로 표시하여 보여준다. 최적으로 추천된 직무는 해당 경로로 성장한 인력이 많음을 의미한다.

자가 진단을 통한 성장 경로 추천

퓨얼50(Fuel50)은 직원이 스스로 진단한 업무 성향이나 직무 만족도, 경력 정보를 종합 분석하여, 개인 맞춤형 경력 경로를 제공해주는 솔루션으로 월마트, 시티은행, 아메리칸 익스프레스, 이베이 등이 주 고객이다. 퓨얼50이 진단에 사용하는 항목을 구체적으로 살펴보면 어떻게 직원들에게 개인별 경력 경로를 제공할 수 있을지 아이디어를 얻을 수 있다.

첫 번째로 진단하는 항목은 가치(values)이다. 경력 경로에서 본인이 가장 중요하게 생각하는 요소가 무엇인지 판단하는 항목이다. 이 항목에서 평가하는 요소로는 도전, 평판, 협동, 성장, 경험, 성취, 사회적 기여 등이 있는데, 자신이 중요하게 생각하는 가치 요소에 대한 현재 만족도도 평가하여 기록해두는 것이 특징이다.

두 번째 진단 항목은 역량(talents)으로, 자신이 가지고 있는 주요 역량들을 선택하고 현재 수준을 스스로 평가하도록 한다. 이 항목에는 직무 및 리더십 역량들이 포함되어 있으며, 능력 수준뿐만 아니라 본인이 해당 역량에 대한 개선 의지가 있는지도 선택하게 한다.

세 번째는 민첩성(agility)이다. 퓨얼50은 현 직무의 최우선적인 목표, 만족도와 함께 직무 전환에 대한 개인의 의지, 희망하는 직무 또는 희망 근무 지역 등을 사전에 구체적으로 답변하게 한다. 기업에서는 조직개편 등으로 특정 업무에 충원이 필요한 경우가 발생하곤 하는데, 이때 해당 정보는 직원의 의사가 반영된 민첩하고 합리적인 의사결정을 돕는다.

마지막 진단 항목은 업무 스타일(pathway/fit)로, 본인이 선호하는 업무 방식, 예컨대 새로운 것을 만들고 기획하는 것을 좋아하는지, 또는 빈틈

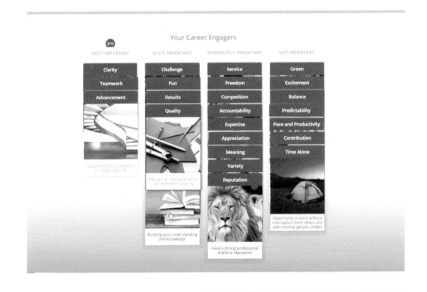

퓨얼50이 제공하는 자가진단 항목 중 개인이 가장 중요하게 여기는 요소, 즉 '가치'를 묻는 설문의 예.
자료: "UNDP Fuel50 Overview for all personnel" (2021. 11. 29). <https://www.youtube.com/watch?v=QhkUTIRfCPk>.

없이 운영하는 것을 좋아하는지 등을 물어본다. 그 결과에 따라 본인의 업무 스타일을 6가지 유형으로 구분하여 살펴볼 수 있는데, 해당 유형은 창의적, 사회적, 분석적, 구조적, 현실적, 영향력을 행사하는 스타일로 구분된다.

이렇게 자기 평가를 마친 개인에게는 회사 내부에서 이동 가능한 최적의 경력 경로가 제안된다. 직원들은 단기적으로는 경력에 도움이 되는 직무가 무엇인지, 현재 해당 직무에 공석이 있는지 확인할 수 있다. 또한 이동하려는 직무에 꼭 필요한 경력이나 역량과 본인의 현재 역량을 비교해 부족한 부분을 분석한 결과도 제공받는다. 장기적으로는 직무 이동을

퓨얼50의 커리어 추천 화면. 퓨얼50은 직원 스스로 자신의 경력 목표를 평가하여 미래의 역할을 찾고, 성장을 위한 개발 계획을 수립하고 준비할 수 있도록 지원한다.
자료: <https://hrcurator.com/2020/04/28/https-joshbersin-com-2020-02-the-future-of-work-lessons-in-job-architecture-and-career-management/>.

통해 최종적으로 자신이 희망하는 경력을 그려보고, 자신의 성향과 희망 경력 사이에 채워야 할 역량과 도움이 될 만한 중간 경력을 예측해볼 수 있다.

퓨얼50은 수집된 데이터를 가지고 개인의 성장 경로만 제시하는 데 그치지 않고, 부서장들에게 부서원의 성장을 돕는 데 필요한 분석 결과를 함께 제공한다. 부서장은 소속 부서원들이 현재 직무에 얼마나 만족하고 있는지, 새롭게 원하는 직무가 무엇인지를 리더 보드(leader board)를 통해 확인할 수 있다. 또한 이와 같은 방식으로 인사 담당자도 회사의 전반적인 상태를 통계적으로 분석하여 확인할 수 있도록 되어 있다.

퓨얼50 솔루션이 자가진단 기반으로 개인의 선호 가치와 역량을 평가하는 반면, 프랑스의 대형보험사 악사(AXA)가 도입한 솔루션 낵(Knack)은 게이미피케이션을 활용해 개인의 경력 경로를 제시한다. 솔루션 낵은 자체 개발한 게임을 진행하면서 수집된 행동 데이터를 분석해 개인의 기질이나 성향에 대한 강점과 약점 데이터를 도출하고, 머신러닝 알고리즘을 활용해 주요 역할별 필요 직무 역량과 리더십 역량을 갖춘 최적의 후보군을 선별해주는 방식이다.

이처럼 많은 HR 테크 솔루션업체들은 개인의 성장 경로를 제시하는 것이 기업 인재 양성의 핵심 요인임을 인지하고 해당 기능 강화에 많은 투자를 하고 있다. 개인에게 경력 개발 비전을 제시해주는 것이야말로 직무 전환의 효과를 극대화하고 회사와 개인 모두의 성장 욕구를 충족시켜주는 것이기 때문이다.

맞춤형 성장 경로에 필요한 맞춤형 교육

직원 개개인들에게 맞춤형 성장 경로를 제시할 수 있다면, 기업 내 인재 양성을 담당하는 인사 담당자가 가장 먼저 해결해야 하는 문제는 직원들이 다음 레벨의 직무로 성장하는 데 필요한 기술 및 역량에 대한 교육 콘텐츠를 확보하여 제공하는 것이다. 다만 기술의 진보가 매우 빠르고, 그 방향도 다양하기 때문에 기업 내부에서 직접 콘텐츠를 제작하는 것만으로는 한계가 있다. 한 달에 10편 남짓 교육 콘텐츠를 만드는 생산력으로는 시대의 변화를 따라잡을 수 없고, 열심히 만들어도 이미 유통기한이 지난 콘텐츠가 되기 쉽다. 그렇다면 많은 인사 담당자는 어떻게 이 문제를 해결하였을까? 답은 외부에서 제작된 콘텐츠를 활용하는 것이다. 글로벌 기업들은 코세라(Coursera), 유다시티(Udacity) 등 무크(MOOC, Massive Open Online Courses)* 제공기관을 활용하거나, 하버드, 스탠퍼드 등 특정 대학교에 직무교육 콘텐츠 제작을 의뢰하고 있다.

외부 콘텐츠를 활용한 직무교육을 잘 운영하는 대표적인 기업은 AT&T이다. 2016년 사업의 중심을 케이블, 하드웨어에서 인터넷, 클라우드로 이동하는 대대적인 디지털 혁신을 추진함에 따라, 기존 인력 28만 명을 대상으로 한 대규모 직무교육이 시급했다.[16] AT&T는 전통적인 오프라인 교육과 내부 제작 콘텐츠만을 활용한 교육이 디지털 시대의 직무교육에 맞지 않다고 판단하여, 2013년에 이미 사내 직무교육을 무크 기반으로 전환하였다. AT&T는 유다시티와 제휴하고 조지아텍(Georgia Tech, 조지아공과대학교) 교수진과 연계하여 새로운 직무교육 콘텐츠를 실

---

* 언제 어디서나 대학 강의를 들을 수 있는 대규모 온라인 공개 강좌.

시간으로 제공받고 있다.[17] 현재는 구글, 마이크로소프트 등도 무크 제공기관이나 유수 대학과 연계한 직무교육을 확대하면서 다양한 콘텐츠를 확보해가고 있다.

하지만 인사 담당자에게는 여전히 고민이 남아 있다. 앞서 언급한 활동이 교육 콘텐츠를 양적으로 확보하는 데는 도움이 되겠지만, 교육의 질적인 부분까지 담보하지는 않기 때문이다.

AI 기반의 맞춤형 교육 큐레이션 서비스

콘텐츠나 상품의 종류가 많아 소비자들의 선택이 쉽지 않은 분야에서는 필요한 콘텐츠나 상품을 맞춤형으로 선별해주는 큐레이션 서비스가 매우 중요하다. 교육도 예외는 아니다. 권장도서 추천과 같은 북 큐레이션으로 시작되어 지금은 기업 교육에까지 확대 적용되고 있다.

기존에는 단순히 직무, 직책, 연령, 성별 등의 기본 정보를 기준으로 맞춤형 프로그램을 제공했다면, 현재는 개인의 인사 정보 및 관심 영역뿐만 아니라 개인의 역량 수준과 경력 개발 계획, 그리고 외부 데이터까지 결합한 AI 기반의 디지털 큐레이션으로 진화하고 있다. 또 특정 도서나 교육 프로그램 등 콘텐츠 단위로 큐레이션하는 방법을 넘어서, 사용자 니즈에 따라 콘텐츠의 챕터까지 선별하여 추천해주는 방식으로 더욱 정교해지고 있다. 예를 들어 미국 내 기업에 영어교육 서비스를 제공하는 복시(Voxy)의 경우, AI를 활용하여 교육생에게 도움이 되지 않는 학습 내용은 제외하고, 직무에 실질적으로 도움이 되는 영어 학습을 제공하는 서비스를 시스템화하여 제공하고 있다. 복시의 많은 교육생들은 "시간 낭비하지 않고, 내가 필요한 교육을 바로바로 접해 단시간에 최고의 효과를 볼 수 있었다."라고 호평했다.[18] 더하여 유사한 직종이나 직무를 수행하는 사람들에게 필요한 직무교육은 비슷하기 때문에 동질성을 가진 사람들을 분류하여 향후 학습해야 할 내용을 추천하는 기능을 넣는 것도 가능하다.

맞춤형 교육 큐레이션 서비스는 필요한 교육을 스스로 찾거나 백화점식으로 나열된 내용 중에서 선택해야 했던 과거와 비교하면 상당히 발전한 모델이다. IBM은 이를 구현하기 위해 다음과 같은 작업을 수행하였다. 가장 먼저 진행한 활동은 직원들의 기술 역량을 보다 정교하게 파악하는 것이었다. 기존에는 직원 본인이 직접 기술 역량을 작성하게 했으나, 이때 수집된 데이터 정확도는 75% 수준을 넘지 못했다. 이에 IBM은 2억 건 이상의 직원 이력서, 블로그, 논문, 업무 문서 등을 스캔하여 직원들의 기술을 추론하고, 직원 본인에게 검수를 요청하는 AI 기반 서비스를 제작하여 활용하였다. 그 결과 직원 기술 역량에 대한 데이터의 정확도가 90%를 넘어서게 되었다. 이렇게 수집된 직원의 기술 이력을 토대로, IBM은 고객과 시장이 요구하는 기술과 직원들이 보유한 기술의 차이를 분석하였다. 그리고 직원들의 직무 및 상황에 따라 필요한 기술과 역량을 개발할 수 있는 교육과정 추천 서비스를 개발하였다. 직원이 추천받은 기술을 습득했거나 관련 과업을 완수한 경우, 해당 부서장에게 직원의 급여 인상을 권고하는 메시지를 보내기도 하였다. 이를 통해 IBM 전 직원의 98%는 개인 맞춤형 큐레이션 서비스를 받게 되었을 뿐만 아니라 수천 명이 더 적합하고 부가가치 높은 직무로 이동하는 결과도 얻게 되었다.

이밖에도 IBM은 IT 인프라 운영 직무를 수행하는 인력에게 현장 맞춤형 교육을 제공한 사례도 있다. IT 인프라 장애가 비슷한 유형으로 반복 발생하는 경향이 있다는 점에 착안하여, 사전에 장애 사례를 수집 분석하는 AI를 개발하였다. 이 AI 도구를 통해 IT 인프라 관리자가 향후 유사한 장애에 직면했을 때 실시간으로 교육 서비스를 제공해줄 수 있게 되었다.[19]

또한 직무교육의 효과성을 높이기 위해 학습 시간대별 최적의 콘텐츠를 추천해주기도 한다. 출퇴근 시간 등 번잡한 시간에는 비교적 가벼운 최신 트렌드나 정보성 콘텐츠를, 일과 후나 주말에는 다소 집중이 필요한 콘텐츠를 제공해준다면 더욱 효과적일 것이다. 이러한 맞춤형 콘텐츠는 모바일에서도 구현되는 등 공간의 제약 없이 실시간으로 언제든 학습할 수 있어야 한다.

글로벌 기업 교육 플랫폼은 '리얼타임, 올더타임'으로 진화

이렇게 교육이 실시간으로 언제든 이루어질 수 있게 하는 '리얼타임, 올더타임(real time, all the time)' 전략이 구현되기 위해서는 대학 및 외부 기관을 활용한 외부 강의 콘텐츠의 도입이 필요하고, 이러한 강의에 직원들이 손쉽게 접근할 수 있도록 모바일 교육 플랫폼을 지원해야 하며, 마지막으로 개인의 상황과 니즈에 맞춘 맞춤형 교육을 제공해야 한다. 맞춤형 교육은 직원들에게 실질적으로 도움이 될 때 자발적 참여를 이끌어내고 교육 효과성을 확보할 수 있다. 직원 개개인이 처한 상황들, 예를 들어 리더십을 발휘할 때 어려움을 겪거나 직무 스킬에 대한 목마름을 느낄 때 이러한 상황을 실질적으로 해소해주거나, 향후 경력 또는 변경 직무와 직접적으로 연계된 교육일 경우에 직원들의 학습 몰입도를 높일 수 있을 것이다.

그렇다면 글로벌 기업들은 맞춤형 성장 지원 및 교육이 가능한 온라인 플랫폼을 어떻게 설계하여 운영하고 있을까? 먼저 GE는 임직원의 자발적 상시 학습을 지원하는 온라인 학습 플랫폼 '브릴리언트유(BrilliantYOU)'를 2015년 9월 구축하였다. 전 세계 공통으로 적용 가능한 이론, 지식 및 스킬 콘텐츠 중심으로 구성되어 있고, 모바일 서비스를 제공하여 언제 어디서나 학습할 수 있게 하였다. 하버드대학교, MIT 등 외부 전문기관을 통해 도입한 양질의 최신 콘텐츠를 전 세계 임직원들이 맞춤형으로 제공받을 수 있는 학습 생태계를 구축한 것이다. IT 기술, 연구개발, 인사, 재무, 운영혁신, 환경안전 등 직종별 직무교육을 제공하고, 코칭, 마인드 리더십, 다양성 등 리더십 관련 교육도 제공한다. 교육 콘텐츠는 외부 전문기관으로부터 아웃소싱을 하는데 그 프로세스는 다음과 같다. 먼저 하버드, MIT 등 유수 대학이나 맥킨지 등 컨설팅사, 유다시티 등 전문기관에 콘텐츠 제작을 의뢰하고, 제작된 콘텐츠는 GE의 그룹 연수원인 크로톤빌(Crotonville)의 검증을 받는다. 검증된 콘텐츠는 브릴리언트유에 업로드되고, 이후 수강률 및 임직원 의견을 모니터링한다. 주기적인 콘텐츠 업데이트를 통해 교육 내용의 질을 유지한다.

이후 GE는 온라인 교육 플랫폼 제공업체인 노보애드(NovoEd)를 도입하여 전 세계 직원들의 상시 교육을 지원하고 있다. 노보애드의 특징은 롤플레이(role play) 등의 직원 경험과, 토론 및 소셜 피드백 기능을 제공하는 동시에 수강한 교육을 다각도로 분석하여 교육생들에게 시사점을 주는 강력한 분석 기능을 갖고 있다는 것이다. 온라인 기반이고 모바일로도 지원된다.

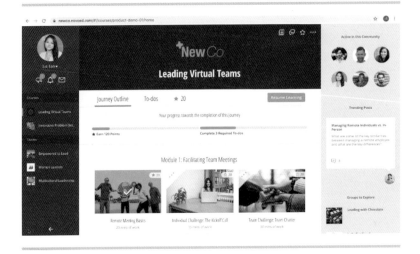

온라인 교육 플랫폼 노보애드 시스템 화면.
자료: "NovoEd Learning Experience Tutorial" (2020. 4. 28). <https://www.youtube.com/watch?v=n4qvUOJOXyo>.

마이크로소프트도 2012년부터 자체 개발한 온라인 학습 플랫폼인 인 포피디아(Infopedia)를 운영하고 있다. 개인별 니즈에 따라 학습할 수 있도록 테마, 부서, 직급별로 교육과정을 구성하고 모든 교육 프로그램을 하나의 로드맵으로 구축하여 임직원에게 제시한다. 데이터 분석(data analytics), 코딩, 서비스, 소프트웨어, 영업 등으로 분야를 나누어 온라인 학습을 제공하며, 콘텐츠는 주로 외부 전문기관에 위탁하여 개발하고 과정 수료 시 수료증을 발급하고 있다. 내부 제작이 필요한 콘텐츠는 교육 부서가 아닌 90여 명 규모의 현업 전문가로 구성된 준비팀(readiness team)에서 직접 개발하여 제공한다. 클라우드, 데이터 분석 등 사업 변화에 따라 새롭게 요구되는 테크 교육은 외부 온라인 교육기관과 연계하여 인증서(certification)를 발급한다. 비디오 학습을 한 후에 운영진으로부터 구술 점검(voice instruction)을 받고 시험에 통과하면 수료증을 받는 식이다. 영업 교육의 경우, 인시아드(INSEAD)와 연계하여 경영 전략, 재무 등의 콘텐츠를 제공하고 과정 이수시 수료증을 발급한다. 많은 과정에서 교육생 간 상호 학습 촉진을 위해 스카이프(Skype)에 커뮤니티를 개설하고, 안내자 역할을 하는 퍼실리테이터(facilitator)를 참여시켜 교육생 간 온라인 토론을 유도한다.

✎ 직원들의 성장이 곧 기업의 경쟁력

기업이 직원 개개인에게 최적화된 성장 경로를 제시하고, 이에 필요한 교육 콘텐츠를 적시에 제공하는 것은 더 이상 선택이 아닌 필수다. 지식의 반감기는 급격하게 짧아지고 있고, 과거에 배운 지식만으로는 경쟁력을 유지할 수 없는 시대가 되었기 때문이다. 직원들의 경쟁력이 곧 회사의 경쟁력이자 영속성의 기반이다. 빠르게 변화하는 기술과 시장에 적응해야 기업도 생존할 수 있기에 인적 역량도 지속적으로 변화할 수 있도록 단단히 준비해야만 한다. 기업은 이를 위해 실시간으로 업데이트되는 최신 지식을 다양한 경로를 통해 적시에 수집하고 교육 콘텐츠로 제작하여 직원들에게 제공해야 한다. 또한 직원들에게 조직 내에서 성장할 수 있는 다양한 경력 경로를 제시하고, 본인이 향후 발전해나가기를 원하는 직무나 역할에 대한 맞춤형 교육을 지원해야 한다. 그렇게 된다면 직원들은 스스로 동기부여가 되어 교육에 적극적으로 참여할 것이고 기업도 더욱 민첩하게 체질을 변화시킬 수 있을 것이다.

조직 구성원들에게도 새로운 지식을 학습할 의지를 갖고, 잘 이해하며 현실에 적절히 적용하는 능력인 학습 민첩성(learning agility)이 요구된다. 학습 민첩성은 구성원들이 보유해야 하는 기본 자질이자 필수 역량으로 강조되어야 하며, 채용 시 해당 역량의 보유 여부를 검증할 필요가 있다.

2장

테크가 이끄는
온라인 교육 혁신

대면 교육, 온라인으로 대체할 수 있을까?

기업의 인재 양성 담당자들은 교육의 효율성과 효과성을 따져가며 대면 교육과 온라인 교육을 적절히 배분해왔다. 예를 들어 비용을 따지기보다 확실한 효과를 얻어야 하는 리더십이나 핵심 기술 교육은 가능하면 대면으로 진행하고, 교육의 효율성과 보편성이 좀 더 요구되는 어학이나 기본 소양 교육은 온라인으로 개설하여 다수가 교육의 혜택을 누릴 수 있도록 지원하였다. 하지만 직원들이 모두 출퇴근하던 기존의 근무 방식에서 재택근무, 원격지 근무가 혼재되는 하이브리드 근무 문화가 등장하면서 리더십이나 핵심 기술 양성에서도 대면 교육이 점점 더 어려워졌다. 최근에는 팬데믹으로 인해 온라인 교육이 대면 교육을 완전히 대체할지 모른다는 압박을 받고 있다. 하지만 교육 담당자는 고민한다. '과

연 온라인 교육이 대면 교육을 완전하게 대체할 수 있을까?' HR 테크기업들은 이 고민에 대한 해법을 알고 있지는 않을까?

✒ 온라인으로 교실을 옮긴 '가상 교실'

팬데믹 이전의 온라인 교육 플랫폼은 대면 교육을 대체하기보다는 이를 지원하는 형태로 발전해왔다. 하지만 팬데믹으로 인해 사람들이 모일 수 없게 되자, 온라인 교육 플랫폼은 대면 교육을 완전히 대체하는 수단으로 급부상하게 된다. 인류가 재난이나 전쟁을 극복하며 급격하게 발전했듯이, 온라인 교육 플랫폼이 전면에 나서야만 하는 환경이 조성되자 대면 교육의 물리적, 시간적 접근성의 한계를 뛰어넘어 더욱 발전된 형태로 재구성되고 있다. 그중 하나가 가상 교실(virtual classroom)이며, 대표적인 솔루션으로는 구글 클래스룸*이 있다.

구글 클래스룸은 대면 교육에서 일어나는 모든 활동을 인터넷이 연결된 환경이라면 어디에서든 실시간으로 수행할 수 있도록 만들어준다. 실시간 영상으로 강의를 듣고, 교재를 공유하며, 화상으로 회의를 하면서 협동 과제를 진행할 수 있다. 또한 부정행위를 방지할 수 있는 환경에서 시험을 치르거나 그 결과를 받아볼 수도 있으며, 학부모에게 학습 진도를 요약하여 메일로 보내줄 수도 있다. 온라인 교육 플랫폼 사용에 부담을 느끼는 선생님들을 위해 매우 친절한 사용자 매뉴얼까지 제공하고 있

---

* 구글이 학교를 위해 개발한 무료 웹 서비스로, 교육과 학습 과정을 온라인에서 모두 수행할 수 있도록 지원한다. 종이 없이 과제 작성, 교육 자료 배포, 점수 매기기 작업들을 구현하여 환경을 보호한다는 목적도 있다.

구글 클래스룸을 사용하는 학생들.
자료: <https://edu.google.com/intl/ALL_kr/why-google/case-studies/>.

다. 그렇기 때문에 현재 국내 초·중·고등학교와 같은 공교육 기관과 대학교들도 구글 클래스룸을 적극적으로 사용하는 추세다.

사실 구글 클래스룸의 초기 서비스 무료 정책은 교육시장의 선점을 위해 전략적으로 시행되었지만, 최근 들어 인류가 접한 팬데믹이라는 대재난 속에서 수익보다는 지속 가능한 성장과 기업의 사회적 공헌의 성격을 갖게 되었다. 구글 클래스룸을 잘 살펴보면 그러한 면모가 여실히 드러난다. 구글 클래스룸에서는 시각장애인을 위해서 텍스트 정보를 음성으로 변환하는 기술을 사용할 수 있으며, 청각장애인에게는 자막을 생성해주는 기술을 제공한다. 이는 모두 기존의 대면 교육 환경에서는 과도한 비용과 비효율로 불가능에 가까웠던 작업들이다.[20] 다만 구글 클래스룸은 기업을 대상으로 사업을 진행하지는 않는다. 하지만 실망할 필요는 없다. 구글 워크스페이스(Workspace), 마이크로소프트 팀즈

(Teams), 슬랙(Slack) 등을 통해 구글 클래스룸과 유사한 가상의 교실을 운영할 수 있다.

최근에는 메타버스 형태의 가상 교실도 부상하고 있다. 메타버스 플랫폼으로는 미국의 개더타운과 국내의 제페토가 유명하며, VR을 지원하는 인게이지(Engage)와 같은 솔루션도 활발하게 사용되고 있다. 기존의 가상 교실은 화상회의 기능의 확장판 형태인데, 이는 교육 공간 측면에서는 다소 효과적이지 못하다는 평이 있었다. 현실에서는 교육을 받는 사람들의 집중도를 유지할 수 있도록 상호작용을 많이 하는데, 화상회의 환경에서는 상호작용할 수 있는 방법이 매우 제한적이기 때문이다. 그러나 메타버스에 구현된 가상 교실에서는 현실과 거의 동일한 상호작용이 가능하다. 예를 들면 수업 중에 소규모 팀 과제를 한다든가, 단상 앞에 나가 문제를 풀고 발표를 하거나 상황극을 펼칠 수도 있다.

메타버스 교육 플랫폼 인게이지로 구현한 가상 교실.
자료: <https://zephyrnet.com/vr-education-platform-engage-raises-10-7m-to-build-oasis-metaverse-for-business/>.

◢ 현지화를 돕는 교육 플랫폼과 솔루션

온라인 교육 플랫폼과 다양한 콘텐츠를 준비하는 것도 중요하지만, 만약 직원들의 국적이 단일하지 않다면 한 가지를 더 고려해야 한다. 바로 현지화다. 최근 기업들은 해외사업을 위한 법인 운영뿐만 아니라 다양한 국적의 직원들을 고용하여 생산성을 제고하려는 시도를 하고 있다. 이를테면 한국에 본사를 둔 IT기업이 지구 반대편의 개발자를 고용하여 24시간 시스템 운영체제를 구축한다거나, 인건비가 상대적으로 낮은 국가의 개발자들을 고용하여 인건비를 절감할 수도 있다. 심지어 온라인으로 연결된 구인구직 플랫폼을 통해 하루 일당을 주고 전 세계 인력들에게 일감을 주기도 한다. 이렇게 기존의 정형화된 고용체계가 아닌 긱 이코노미(gig economy)가 활성화된 세계에서는, 직원의 국적과 위치에 상관없이 업무에 필요한 교육 콘텐츠를 기업이 빠르게 현지화하여 전달할 수 있어야 한다. 하지만 본사의 소수 인원이 이에 대응하기에는 아무래도 한계가 있다. 번역 서비스를 이용하여 콘텐츠를 제작하기도 하지만, 콘텐츠 제작 속도와 비용을 생각하면 최선의 해법이라고 보기 어렵다. 이러한 고민을 해결하기 위해 HR 테크가 어떻게 개선을 시도하는지 살펴볼 필요가 있다.

우선 전 세계에서 가장 많이 활용되는 오픈소스 학습관리시스템(Learning Management System, LMS)인 무들(Moodle)*을 살펴보자. 무들의 오픈소스를 활용하면 누구나 온라인 교육 플랫폼을 제작할 수 있는데, 무료임

---

* 무들은 교육자의 온라인 학습을 지원하고 관리하는 것에 초점을 맞춘 대표적인 오픈소스 교육 플랫폼이다.

에도 불구하고 현재 100개 이상의 언어로 변환 가능한 교육 플랫폼 환경을 제공하고 있다.

무들을 활용하여 온라인 교육 플랫폼을 제작하면, 영어 기반으로 제작된 플랫폼에서 사용되는 3만여 단어와 문장들을 각국의 인사 담당자들이 자국의 언어로 쉽게 번역하여 사용할 수 있다. 무들 플랫폼에 구글 번역 기능을 플러그인(plug-in)으로 탑재하면 콘텐츠를 자동으로 번역하는 기능도 추가하여 사용할 수 있다. 콘텐츠 제작자는 자동 번역된 결과와 원문을 비교할 수 있고, 자동 번역 수준이 기대에 미치지 못할 경우 직접 수정하여 다시 배포할 수도 있다.

이처럼 교육 콘텐츠에 대한 현지화 서비스를 더 빠르고 정확하게 제공하기 위한 테크기업들의 노력이 계속되고 있다. 안도바(andovar)는 텍스트 정보를 80여 개 언어로 자동 번역하는 내부 기술을 바탕으로, 기업

오픈소스 교육 플랫폼 무들은 전 세계 사용자들이 학습시킨 언어별 현지화 수준을 통계 화면으로 제공한다.
자료: <https://lang.moodle.org/>.

용 온라인 교육 콘텐츠를 빠르게 현지화시켜주는 기업이다. 하얏트호텔과 힐튼호텔은 안도바의 현지화 서비스를 사용하여 글로벌 임직원 교육 서비스들을 제작, 운영하고 있다.[21] 또한 AI를 활용하여 온라인 비디오 콘텐츠에 대한 현지화 과정을 혁신하려는 기업도 있다. 페이퍼컵(Papercup)은 특정 언어로 제작된 비디오 콘텐츠의 음성을 해당 지역 언어로 현지화하는 기술을 개발하여 제공한다. 이 회사는 현재 영어로 제작된 동영상 콘텐츠를 스페인어, 포르투갈어, 이탈리아어 등으로 자동 변환해주는 서비스를 하고 있다. 동영상 교육 콘텐츠의 양이 지속적으로 증가하는 현실을 보았을 때, 단순히 텍스트가 아닌 영상 자체를 빠르게 현지화하는 해당 기술은 확장 가능성이 매우 높으며, 직원 양성 분야에도 접목되어 기업의 경쟁력으로 작용할 것이라 예상된다.[22]

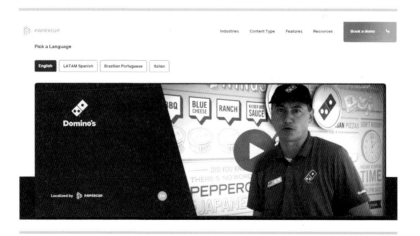

페이퍼컵은 영어로 제작된 영상을 현지 언어로 자동 더빙하는 서비스를 제공한다.
자료: <https://www.papercup.com/content-type/employee-training>.

온라인 교육, 어떻게 동기부여할까?

온라인 교육 플랫폼을 도입할 때 인사 담당자의 또 다른 고민은 온라인 교육에 대한 직원들의 참여율 제고다. 모바일로도 교육을 받을 수 있게 하여 접근성을 높이고, 다양한 교육 콘텐츠를 제공하는 등의 노력을 기울임에도 불구하고 플랫폼에 접속하는 직원들이 기대했던 것보다 많지 않을 수 있다. 또한 접속했던 직원들마저 사이트에 오래 머무르지 않고 TV 채널 돌리듯 몇 가지 콘텐츠를 빠르게 탐색하고는 떠나버리는 경향도 보인다. 플랫폼 도입에 많은 비용을 투자한 회사 입장에서는 온라인 교육에 대한 회의론과 함께 투자를 줄여야 한다는 얘기가 나올 법도 하다. 이에 인사 담당자는 생각한다. '직원들이 온라인 교육에 적극적으로 참여하게 만드는 방법은 없을까?'

사람들은 현재 상황에 크게 문제가 되지 않는다면, 미래를 위해 적극적으로 투자하지 않는다. 미래를 위해 투자하겠다고 다짐을 하더라도 지금 하고 있는 일의 가치와 시급성에 밀려서 시간을 내지 못하는 경우가 많고, 노력에 비해 그 결과가 불확실할 경우 몰입하여 과제를 수행하기 어렵다. 경력 관리에 꼭 필요한 교육이라 하더라도 마찬가지일 것이다. 따라서 직원들에게 충분한 동기부여와 몰입할 수 있는 환경을 제공하는 것이 무엇보다 중요하다. 사실 이때 인사 담당자는 손쉬운 방법을 사용할 수도 있다. 직원들의 자율보다는 책임과 성과에 온라인 교육과정을 강제적으로 연결하는 방법을 채택하는 것이다. 이는 마치 모델이나 스포츠 선수가 체중을 매우 엄격히 관리하는 상황과 같다. 체중 관리는 그들의 역량과 성과에 직결되기 때문이다. 또한 동기부여가 이미 잘 되어 있는 승진 대상자 또는 고성과자를 대상으로 교육과정을 마련함으로써 안정적인 결과를 기대할 수도 있다.

물론 이 방법으로도 기업이 주도적으로 관리하고자 하는 몇 가지 주요 양성 지표들은 철저히 관리할 수 있을 것이다. 하지만 직원들이 시장의 변화를 이끌 만한 기술을 스스로 배워본다거나, 기업이 주도하는 양성 방향과는 다소 결이 다르지만 장기적으로는 기업의 이익에 도움이 되는 세부적인 기술을 골고루 양성하는 측면에서는 아쉬움이 남는다. 이에 인재 양성 관련 HR 테크기업들은 비대면 교육이 기업 내 양성 체계의 중심축이 되어가는 최근의 환경 변화 속에서, 기업들이 직원 개개인의 니즈에 맞게 동기부여를 시켜줄 수 있는 방법들을 고안하여 적용하고 있다.

동기부여 요소를 찾아 슬쩍 알려주는 서비스

온라인 교육 플랫폼을 보유한 기업들은 다양한 콘텐츠를 담아 양적으로 풍부한 서비스를 직원들에게 제공하려고 노력한다. 이를 위해서 무크 형태로 제작된 다양한 온라인 강의를 연결해주기도 한다. 하지만 풍부한 교육 콘텐츠에 접근이 용이해졌다고 해서 직원들이 학습까지 자발적으로 하길 기대하는 것은 무리가 있다. 일례로 무크 형태의 콘텐츠는 사용자가 접속하여 끝까지 수강을 완료하는 비율이 3~6% 수준에 불과한데, 이는 그만큼 사용자가 끝까지 교육을 이수할 동기를 얻지 못했음을 의미한다.[23]

직원 교육 플랫폼으로 각광받고 있는 코너스톤(Cornerstone)에 따르면, 2017년 노벨 경제학상을 수상한 행동경제학자 리처드 탈러(Richard Thaler)의 '넛지(Nudge) 이론'이 기업의 양성 체계에서도 사람들의 동기를 부여하는 데 도움이 될 수 있다고 주장한다.* 여기서 주의할 점은 넛지는 정말로 은근하게 자극을 주어야 하며 거칠게 지시하거나 강요받는다는 인식을 대상자에게 주는 것은 진정한 형태의 넛지라고 볼 수 없다는 것이다.

예를 들면 코너스톤에서는 그동안 교육을 등한시했던 직원에게 "당신은 올해 한 번도 교육에 참석하지 않았네요."라고 말하는 대신, 본인과 유사한 기술과 경력을 가진 우수 직원들이 주로 선택한 교육 리스트를 분석하여 제공하거나 특정 교육을 수강하여 업무적으로 개선된 사례들을 이메일로 제공한다. 또한 사용자의 목표 설정을 돕고 진행 과정을 모니터링해주며, 목표를 달성하면 적절한 보상으로 전환 가능한 배지나 포인트를 줌으로써 학습 활동을 독려하고 성취감을 얻을 수 있게 해준다.

그 밖에도 코너스톤은 고객사의 사업 방향에 따라 최신 트렌드를 반영한 교육 커리큘럼을 직원들에게 제안하거나, 긴 분량의 콘텐츠를 5분이나 10분짜리 마이크로 러닝(Micro Learning)** 방식으로 제공한다. 또한 플랫폼상에서의 교육 이수 현황을 향후 계획된 경력과 연계하여 포트폴리오를 제공해준다. 이러한 넛지 장치들은 단순히 교육을 단발성으로 듣고 끝내는 것이 아닌 성장 이력의 일부로 인식되게 함으로써 동기를 부여하고, 바쁜 직원들의 시간적 부담을 줄여주어 관심 있는 콘텐츠에 접

---

* 넛지란 '팔꿈치로 슬쩍 찌르다' 또는 '주의를 환기시키다'라는 뜻으로, 리처드 탈러 교수는 '타인의 선택을 유도하는 부드러운 개입'으로 정의하였다. 적절한 정보를 제공하는 등의 개입을 통해 사람들을 원하는 방향으로 행동하게 할 수 있다는 것이 그의 이론이다. ["Nudge, nudge, wink, wink: why HR should consider nudge economics" (2017. 11. 22). Cornerstone Blogs.]

** 한 번에 소화 가능하도록 10분 남짓한 짧은 시간에 1~2개 개념을 전달하는 교육 콘텐츠다. 만약 한 시간 분량의 교육 콘텐츠가 10개의 내용을 전달한다면, 마이크로 러닝은 10분짜리 5~6개 콘텐츠로 제작되어 언제 어디서든 원하는 정보를 취사선택해 접근할 수 있도록 하여 학습률을 높이는 효과가 있다.

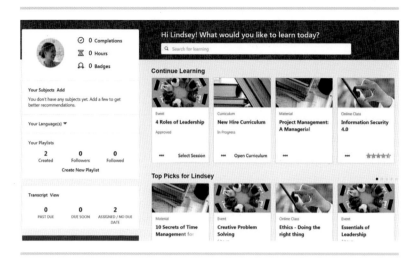

직원 교육 플랫폼 코너스톤의 학습 콘텐츠 추천 화면. 코너스톤은 사용자 맞춤형 교육 콘텐츠를 추천해주고 교육을 끝까지 수료할 수 있도록 돕는 넛지 기능도 제공한다.
자료: <https://help.csod.com/help/csod_0/Content/User/Learning/Learner_Home/Learner_Home_-_End_User_View.htm>.

근할 가능성을 높이기 위한 장치라고 볼 수 있다.

자발적 참여도를 높이는 코호트 학습 지원

코너스톤은 또한 넛지의 한 방편으로, 직원들이 함께 교육과정에 참여하고 수료할 수 있도록 학습 커뮤니티를 만들어 운영하는 기능도 제공한다. 직원들은 자발적으로 어떠한 문제를 해결하거나 새로운 기술을 학습하기 위한 커뮤니티를 만들고 홍보할 수 있다. 커뮤니티 내부에서 학습자들끼리 활발하게 소통하면서 서로에게 긍정적 자극을 주기도 하고 협력하기도 하며 수료 시점까지 든든한 동반자가 될 수 있다. 필요하다면 전문가를 섭외하여 가르침을 구할 수도 있다. 이러한 온라인상의 강의 그룹 및 학습 방법을 '코호트 학습(cohort-based learning)'이라고 하는데, 개인이 혼자 수행하는 교육보다 수료에 성공하는 비율이나 교육 만족도가 압도적으로 높다고 한다.[24]

사실 학습을 함께함으로써 몰입을 강화하려는 방법은 최근에 갑자기 나타난 현상은 아니다. 공통의 직무나 관심사에 대해 비공식적으로 모여 토론하며 학습하는 방식(Community of Practice, CoP)은 꽤 오래전부터 있었고, IBM은 2000년대 초반부터 집단 지성을 통해 문제를 함께 해결하는 게시판을 시스템으로 만들어 사용한 바 있다. 다만 코호트 학습을 현 시점에서 다시 주목해볼 필요가 있는 것은 비대면 환경에서도 자발적 교육 참여도를 높이는 데 그 효과가 증명되었기 때문이다.

코호트 학습은 또한 여성 리더와 같이 조직 내 구성원 중 상대적으로 소수에 해당하는 인력들의 경력 개발에도 효과적인 것으로 나타났다. 한 조사에 따르면 최근 2~3년간 500여 개의 코호트 학습 과정 중에 여성 리더가 되기 위한 교육의 효과가 가장 높았다는 것을 알아냈다. 그 이유로는 커뮤니티에서 공통적인 문제를 가진 소수의 인력들이 강한 유대감을 가지고 함께 리더십, 워라밸(work-life balance),* 행동 패턴 등을 진단하고 개선할 수 있었다는 점을 들었다.[25] 그 외에도 코호트 학습 방법은 개발자들이 특정 문제를 함께 해결하기 위한 용도로 쓰이거나 장기간 공통의 목표를 위해 협력하기 좋은 방법으로도 알려져 있다. 직원들의 학습에 대한 동기를 높이기 위해 코호트 학습이 용이하도록 온라인 교육

---

* 일(work)과 사생활(life)에 쓰이는 시간을 구분하고, 이에 대한 균형(balance) 정도를 묘사하는 용어이다. '워라밸이 좋다'는 것은 일을 마치고도 사생활에 투자할 시간을 충분히 가질 수 있는 상태라는 것을 의미한다.

플랫폼을 설계하는 것도 좋은 방법이다.

⫟ 스스로 만들어가는 크리에이터 교육 플랫폼

기존의 기업 교육 콘텐츠 제작 방식은 본사에서 주관하거나, 콘텐츠 전문 제작업체에 의뢰하는 등 중앙 통제식 방법이 주를 이루었다. 이러한 방식은 한 번에 생산 가능한 콘텐츠의 양도 많지 않을뿐더러, 개발에 소요되는 시간으로 인해 콘텐츠가 배포되는 시점에는 이미 구식이 되어버리는 일이 종종 발생한다. 또한 콘텐츠의 형태가 대부분 주입식으로 되어 있어 이를 수용하는 직원들이 적극적으로 교육에 참여하거나 교육 내용에 개입하기 어려웠다. 이에 새롭게 등장한 방식이 크리에이터 교육 플랫폼이다. 대표적인 크리에이터 플랫폼은 유튜브(Youtube)인데, 이를 교육에 접목시킨 방법이라고 생각하면 이해하기 쉽다. 이러한 방식은 직원들이 교육에 능동적으로 참여함으로써 여러 가지 장점을 얻을 수 있다.

360러닝(360Learning)은 토요타, 펩시, 아마존, 피자헛 등 1,500개 글로벌 기업이 사용 중인 대표적인 크리에이터 교육 플랫폼이다. 이 기업들은 360러닝을 사용하여 전 세계에 고용된 현지 전문가들이 그들의 언어로 업무 노하우 관련 콘텐츠를 배포할 수 있도록 지원한다. 이렇게 직원 누구나 콘텐츠를 제작, 공유할 수 있는 360러닝은 4가지 차별화된 특징을 가지고 있다. 첫째, 누구나 손쉽게 콘텐츠를 제작, 편집하고 관리할 수 있어 새로운 교육 정보를 생성하고 배포하는 데 걸리는 시간이 상대적으로 적게 든다. 둘째, 중앙에서 관리하지 않으므로 현장 리더 및 직무 전문가가 주도하여 콘텐츠를 적시에 제작, 배포할 수 있어 현장의 호

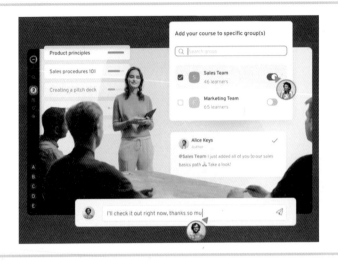

360러닝 교육 플랫폼 사용자들은 자발적으로 손쉽게 교육 콘텐츠를 만들어 배포할 수 있으며, 구독자들은 자유롭게 콘텐츠에 대한 의견을 남길 수 있다.
자료: <https://360learning.com>.

응도가 높다. 셋째, 학습자들이 플랫폼상에서 자율적으로 피드백을 주고 받으며 콘텐츠를 스스로 업그레이드하는 문화가 조성된다. 넷째, 직원들의 교육 참여에 대한 동기를 부여하고 결과적으로 학습 성취도도 높일 수 있다. 교육 콘텐츠를 스스로 제작하거나, 비판을 수용하며 타인과 함께 콘텐츠를 만들어가는 작업은 학습에 대한 몰입도와 효과를 높인다고 알려져 있다.[26]

몰입하고 빠져들게 하는 VR·AR 교육

인사부서에서 직원들에게 제공하는 교육은 무척 많다. 성희롱 예방, 장애인 인식 개선, 공정거래 및 하도급 교육 등 법정 필수 교육들이

구글 직원들이 자발적으로 만드는 양성 프로그램 G2G[27]

구글은 직원들이 자발적으로 교육 프로그램을 만들어 동료들을 가르치거나 함께 학습할 수 있는 시스템인 G2G(Googler to Googler)를 마련하였다. 강의는 리더십, 협상 같은 일반 교육부터 데이터 분석, 파이썬 개발언어 교육 등 기술 교육까지 광범위하다. 구글에 따르면 전체 교육 프로그램의 80% 정도가 G2G를 통해 이루어지고 있으며, 6천 명 이상의 직원들이 G2G 학습 프로그램에 자발적으로 참여하고 있다. G2G 프로그램을 개설하여 가르치는 직원은 'G2Ger'라고 한다. 이들은 회사에서 선정한 인물들이 아니라, 자신의 지식을 타인에게 전수하는 데 성취감을 느껴 자발적으로 지원한 우수 직원들이다.

구글이 이처럼 G2G 양성 체계를 공고히 하기 위해 실시하는 조직문화 활동은 아래와 같다.

1. 학습이 일의 중요한 부분이라는 믿음을 직원들과 공유한다.
2. 학습을 조직의 미션이나 핵심 가치와 연결시킨다.
3. 신입 온보딩에서부터 즉각적으로 학습문화를 연결시킨다(온보딩 시 'G2Ger' 교육 프로그램 선택 입과).

있고, 신입사원에게는 입문 교육을, 승진자 또는 매니저를 대상으로는 리더십 프로그램을 제공한다. 상황에 따라 직원이 직무를 이동하였을 때 수강하는 직무 전환 교육을 운영하기도 한다. 하지만 인사팀의 교육 콘텐츠 개발 담당자는 때때로 보고 싶지 않은 장면을 목격한다. 자신이 열심히 준비한 교육 콘텐츠에 '플레이' 버튼을 눌러놓고는 다른 일을 하는 직원들의 모습이다. 수업을 듣는 척만 하고 교육 내용은 전혀 듣지 않았음에도 직원들의 온라인 교육 이력에는 '수료'라는 도장이 찍힌다. 물론 대면 교육으로 진행했더라도 졸음을 참지 못한 직원이 있었겠지만 이 정도는 아닐 것이다. '어떻게 하면 직원들이 더 효과적으로 집중해서 온라인 교육을 받을 수 있을까?'라는 고민이 머릿속에 맴돈다.

미국의 교육심리학자 에드가 데일(Edgar Dale)의 '학습 원추이론(Cone of Learning)'에 따르면, 읽기 학습의 경우 10%, 듣기는 20%, 영상은 50% 정도 기억에 남지만 스스로 행동하며 배우는 능동학습의 경우 거의 대부분을 기억할 수 있다고 한다. 직접 경험하고 체험하면서 학습하는 수업이 가장 몰입도가 높고 효과적이라는 뜻이다.[28]

최근 테크기업들은 가상현실(Virtual Reality, VR)과 증강현실(Augmented Reality, AR)을 활용하여 현장감을 높인 실습교육 서비스를 제공하고 있다. 또한 현실을 대체할 수 있는 가상의 공간인 메타버스에서 능동형 교육을 진행하는 방법도 속속 등장하고 있다. 이런 가상현실 속의 교육은 운영 비용이 합리적이면서도 대상자에게 높은 몰입감과 능동적인 학습 환경을 제공함으로써 교육 효과를 극대화할 수 있다. 실제 글로벌 컨설팅 기업 PwC가 진행한 조사에서는 가상현실을 활용한 교육은 기존의 대면, 온라인 교육 방식에 비해 교육 수료 후 자신감, 콘텐츠에 대한 공감, 집중력, 현장 활용 속도가 2~4배 개선되었다는 결과를 얻었다.[29] 이에 따라 상대적으로 학습 몰입도와 동기부여가 더욱 필요한 초·중·고등학교 학생들의 교육에 구글 익스페디션(Expedition) VR 서비스 등이 이미 도입되어 활발히 사용 중이다.

기업 내 VR 교육은 실전 대응이 필요한 직무교육에 매우 효과적이다. 현장의 돌발 상황에 대처해야 하는 영업·판매직, 설비관리직 등에 적용이 가능하다. 월마트는 2017년부터 최대 할인이 벌어지는 블랙프라이데이(Black Friday)에 몰려드는 대규모 고객을 효과적으로 응대하기 위해 미국 전역 187개 교육센터에서 각 매장의 판매 직원과 고객센터 직원을 대상으로 VR 훈련을 실시하고 있다. 월마트는 360도 카메라를 사용하여 각종 돌발 상황에 대한 다양한 장면들을 촬영한 후 올바른 대응과 하지 말아야 할 행동들을 함께 교육하였는데, 직원들의 교육 만족도가 기존 방식보다 30% 향상되었고, 배운 지식을 유지하는 비율도 15% 개선되었다고 한다.[30]

호주의 최대 부동산 거래기업인 도메인 그룹(Domain Group)과 호주 해군의 경우, 대화 무시, 차별 등의 피해 상황을 체험하는 교육을 VR로 구현하여 실행하였다. 참여자의 98%가 직원 간 상호 존중에 대한 이해도가 높아졌고, 89%는 향후 행동 개선 지침을 확실히 알게 되었다고 조사되었다.[31] VR은 기업 내 성희롱 예방교육에도 효과적으로 활용될 수 있다. 빈티지포인트(Vantage Point)라는 솔루션은 성추행과 성희롱 상황을 피해자 관점과 목격자 관점에서 VR로 간접 체험하는 교육을 기업에 제공한다. 피해자가 당황하지 않고 적절하게 대응할 수 있도록 가상현실에서 훈련하고, 목격자도 방관하거나 침묵하지 않고 적극적으로 개입하고 신고하도록 교육받는다. 기존 교육과는 달리 시나리오 방식으로 대응 방안을 시뮬레이션한 후 그 결과를 피드백하여 실제로 적용할 수 있게 하는 데 목적을 두고 있다.

복잡하고 위험한 직무교육에도 VR 영상 기반의 체험학습은 효과적이다. 실전과 흡사한 교육이 제공되면서도 전혀 위험하지 않고 비용도 상대적으로 저렴하기 때문에 중공업, 건설 및 의료 현장을 중심으로 도입하는 회사들이 늘어나고 있다. VR을 통한 현장감 있는 실습교육이 실전의 긴장감과 실수를 최소화하는 데 도움이 많이 된다고 한다.

AR의 경우 VR과는 조금 다르게 현실과 가상을 중첩하여 보여주는 방식의 인터페이스를 사용자에게 제공함으로써 현실과 가상의 영상이 상호작용하는 교육 프로그램을 개발할 수 있다. 독일 3대 자동차 회사 중하나인 BMW는 AR의 이러한 기술적 특징을 살려 자동차의 제조 공정에서 효과적인 훈련 방법을 제시하는 데 성공하였다. 자동차 제조 과정을 살펴보면, 사용되는 부품이 보통 1만~2만 개로 매우 많으며, 공정 또한 정교하고 복잡하다. 또한 차량 모델에 따라 사용되는 부품도 각기 다르기 때문에 BMW는 VR보다는 AR을 활용하여 현실의 복잡성에 대응하는 교육 프로그램을 마련하게 되었다.

이렇게 개발된 솔루션을 BMW 엔지니어들이 AR 고글과 태블릿 등의 디바이스를 사용하여 현실의 작업 공간을 비추면, 현실에 중첩된 업무 매뉴얼이 제공되었다. 또한 부품의 하자 여부와 생산된 제품의 완성도를 테스트하면서 작업자들의 업무를 도와주기도 하였다. 이를 엔진 조립 과정의 훈련 세션에 사용한 결과 생산 속도가 유의미하게 빨라졌다는 것을 확인한 BMW는 제조 공정뿐만 아니라 차량 설계, 물류 등의 영역으로 AR 교육 훈련 방식을 확대하고 있다.[32]

이처럼 VR과 AR을 활용한 교육은 신입사원을 위한 현실적 직무 소개 교육뿐 아니라 복잡하고 위험한 직무 훈련, 그리고 상황 대응력을 키우

복잡한 자동차 제조 공정에 AR 교육 훈련 방식을 도입한 BMW.
자료: <http://press.bmwgroup.com>.

기 위한 교육에 유용하게 활용된다. 기술 발달로 헤드셋 등 관련 기기 가격이 하락하고 있는 것도 해당 교육의 확산에 일조하고 있다. 2020년 이후 기업 VR 교육용 기기로 활용이 가능한 태블릿, 헤드셋, 컨트롤러 세트의 도입 비용이 1천 달러 이하로 떨어져 PC 가격과 차이가 거의 없는 수준이다.

교육에 재미를 더하는 게이미피케이션

학습의 효과성을 높이기 위해서는 교육이 지루하지 않아야 한다. 교육에 게임 요소를 가미한 게이미피케이션(gamification)은 재미와 교육 효과를 동시에 충족하는 도구로 알려지며 기업들이 앞다퉈 도입하고 있다. 직원들이 게임을 즐기며 자신이 '학습'하고 있다는 것을 느끼지 못하는 사이에 교육이 이루어지기 때문에 억지로 직원들을 교육에 참여하도록 유도하거나 독려할 필요가 없다. 더불어 혼자만 하는 게임이 아니라 팀 간 게임, 동료와의 게임으로 재미있는 경쟁을 통해 학습하면서 성취감을 얻게 되는 형태가 많아 팀 소통과 분위기 개선에도 도움이 된다고 한다.

글로벌 컨설팅 회사 KPMG는 게임 요소가 포함된 교육의 효과성을 내부적으로 분석해보았다. 호주에서 근무 중인 5천여 명의 임직원을 대상으로 고객 서비스 과정에서 발생할 수 있는 이슈에 대한 적절한 대응교육을 퀴즈형 게임으로 제공하였다. 약 3개월간의 게임 진행을 모니터링한 결과 800여 명이 약 6만 건의 퀴즈를 풀며 게임을 즐긴 것으로 나타났다. 또한 이 중 80%가 게임 형식의 교육이 흥미로웠다고 응답하였으며, 84%는 게임이 실제 업무 환경에 적절하게 활용된다고 생각했다.[33]

타이어 제조기업 미쉐린 역시 교육에 게임을 적극적으로 도입하는 회사 중 하나다. 미쉐린은 온라인으로 운영 중인 다양한 직무교육의 참여율이 매우 저조한 고질적인 문제를 가지고 있었다. 특히 타이어를 납품하는 영업사원은 대체로 경력이 짧아 실수가 잦은 편이었는데, 이를 경력이 많은 제품 조달 관리자들이 모니터링하며 바로잡아줄 필요가 있었다. 그러나 관리자들의 온라인 교육 이수율이 매우 낮았다. 이에 미쉐린은 제품 품질 및 브랜드 관리 교육을 게임 형식으로 제작했고, 이후 제품 조달 관리자들의 직무교육 이수율이 70% 이상으로 크게 향상되면서 영업사원들의 실수도 줄어들었다.[34]

온라인 교육 혁신, 이제는 선택이 아닌 필수

온라인 교육을 바라보는 인사 전문가들의 시선은 그리 좋지 않은 편이다. 현장에서는 온라인 교육의 효과성에 대한 의문이 끊임없이 제기되어왔기 때문이다. 하지만 팬데믹이 바꾸어버린 근무 형태와 사회적 분위기는 비대면 온라인 교육을 선택이 아닌 필수로 만들었다. 이제 기업은 온라인 교육을 제공할 것인지가 아니라, 어떻게 하면 더 효과적으로 수행할 수 있을지 고민해야 한다.

신기술이 난립하는 현재와 미래에는 시장우위를 지키기 위한 기업들의 인재 양성 전쟁이 계속될 것이다. 그리고 기업들은 전쟁에서 승리하기 위한 도구로서 앞서 언급한 온라인 교육 시스템들을 더욱 적극적으로 이용할 것으로 예상된다. 그러나 이 시점에서 우리가 간과해서는 안 되는 것이 하나 더 있다. 인재 양성은 훌륭한 시스템만 갖춰서는 결코 원하는 성과를 얻을 수 없다는 점이다.

20세기 미국과 일본이 격돌했던 태평양전쟁을 회고해보자. 드넓은 태평양을 무대로 일어난 전쟁에서 항공전은 승패의 향방을 가르는 핵심 전투였다. 전쟁 초기 양국 전투기의 성능 차이가 크지 않아 접전이 벌어질 때, 일본군은 실전 경험을 중시하며 파일럿들을 전장에서 소모품처럼 사용하였던 반면, 미군은 우수한 성과를 보인 파일럿을 과감히 후방으로 보내 신규 파일럿을 양성하는 데 활용하였다. 미국은 눈앞에 보이는 단기 전투의 승리에 취하기보다는 전쟁의 궁극적인 승리를 위해 장기적 안목으로 인적 자원 양성에 투자를 한 것이고, 그 결과는 모두가 아는 대로다.

향후 HR 테크를 활용한 효과적인 온라인 교육은 현대전의 전투기와 같이 기업이 보유해야 할 필수 요소가 될 것이다. 여기에 인재 양성에 대한 장기적인 안목과 철학을 동시에 갖춘 기업만이 지속 가능한 성장을 이루고, 21세기 시장을 놓고 펼쳐지는 총성 없는 전쟁에서 승리할 수 있을 것이다.

3장

리더십을 업그레이드하는 기술들

고군분투하는 리더를 돕는 방법은 없을까?

글로벌 기업 A물산의 오 프로는 어느덧 50여 명의 부하직원을 관리하는 그룹장이 되었다. 오 그룹장은 입사 후 20년간 현장에서 성과를 내기 위해 쉴 새 없이 달려왔고, 굵직한 사업을 여럿 따내는 업적도 쌓을 수 있었다. 이렇게 사람들과 부대끼는 동안 그는 주변 사람의 생각과 마음을 어느 정도 읽을 수 있게 되었다고 자부하는 바였다.

하지만 50여 명이나 되는 직원들을 일일이 챙기기에는 역부족임을 느낀다. 그룹장이 되기 전에는 아무래도 전문적인 리더십 교육을 받은 적이 없다 보니, 부임 초기 책도 많이 읽고 매일같이 직원들과 함께 식사나 면담을 하며 그들이 하는 일과 고충을 헤아려보려고 애를 썼다. 하지만 막상 직원이 업무에 몰입하게 하기 위해 어떤 부분을 지원하고, 어떻게 커리어를 이끌어줄지 막막했다. 쉽지 않은 환경 속에서 때로 직원들을 채근하며 조직을 다소 무리하게 이끌다 보니, 부서 내 일부 젊은 인력들로부터 성장할 기회를 주지 않고 부려먹기만 한다는 뒷말을 듣기도 하였다. 이런 상황에서 오 그룹장은 다양한 성향을 가진 수십 명의 부하직원들을 어떻게 슬기롭게 이끌 수 있을까?

오 그룹장과 같이 현실에서 관리자나 리더의 역할을 담당해야 하는 직원들이 많지만, 의외로 회사는 직원 개개인의 리더십에 지나치게 의존하는 경향이 있다. 일례로 딜로이트에서 30개국 1만여 명의 임직원들을 대상으로 조사한 기업 내 리더십 만족도는 41% 수준밖에 되지 않는다.[35] 마찬가지로, 국내 기업을 대상으로 진행한 리더십 만족도 설문조사에 따르면 조직의 리더십 수준에 '만족한다'라고 답한 응답자는 40%에도 미치지 못하였고, 회사가 사내 리더십 양성을 위해 충분한 투자를 진행하는가에 대해서는 응답자 중 29%만이 만족한다고 답하였다.[36]

이렇듯 말단 직원부터 시작하여 관리자 또는 리더가 되었다고 해서 저절로 훌륭한 리더십을 보유하기도 어렵고, 아무리 경력이 출중하더라도 도전적인 과제나 환경을 만날 경우 상황에 맞는 리더십을 발휘할 시간적 여유는 부족할 수밖에 없다. 최근에는 급변하는 기술과 세계화로 인해 필요한 인적 역량에 변화가 생겼을 뿐만 아니라 세대, 인종, 성별 등 다양성도 한층 높아져만 가고 있다. 이렇듯 격무에 지친 상태에서 고군분투하는 리더들을 위해 HR 테크가 어떤 방법으로 도움을 제공할 수 있는지 소개하고자 한다.

마음까지 헤아리는 직원 보상 및 인정 서비스

리더는 늘 시간에 쫓긴다. 그렇기 때문에 상사를 보필하고 성과를 관리하면서 동시에 부하직원들을 세심하게 관리할 여력은 부족하기 마련이다. 그렇다고 이런 문제에 대해 어쩔 수 없는 일이지 않느냐며 손을 놓을 수는 없다.

예를 들어 계속되는 야근에 시달리는 한 직원의 마음에 사표를 낼 생각이 자리 잡을 즈음, 리더가 그 상황을 파악하고 업무 조정 등 고충을 해결해주지 못하면 자칫 우수한 사원을 잃을 수 있다. 한편 성과가 점차 낮아지는 직원의 업무 상태를 적절한 시점에 지적하지 못한다면 해당 직원은 자신이 일을 잘하고 있다고 착각할 수도 있다. 그러다 결국 객관적인 평가를 받게 되면, 그 직원은 평가의 공정성보다는 분명 '그동안 아무 말도 안 하다가 평가를 앞두고 이게 뭔가' 하는 식으로 리더의 소통 방식에 의문을 던질 것이다.

더욱 곤란한 것은 리더가 미처 챙기지 못한 이런 소소한 문제들이 하나씩 모여 조직문화를 저해하고 나아가 생산성까지 크게 떨어뜨릴 수 있다는 것이다. 리더십 컨설팅 기관인 DDI(Development Dimensions International)의 조사에 따르면 리더인 임원의 빠른 의사결정, 뛰어난 기획력뿐만 아니라, 직원들과의 소통, 동기부여, 설득 역량에 따라 기업의 매출과 이익이 45%까지 차이가 난다고 한다.[37]

결국 리더는 적절한 타이밍에 직원들과 소통하여 직원들의 성과를 향상시키고 동시에 마음도 헤아릴 수 있어야 한다. 그렇지만 물리적 시간이 부족해 이런 일들을 적시에 할 수 없는 리더들이 많은 것이 현실이다. 이에 이들을 돕기 위한 기술이 등장하고 있다. 슬랙 또는 마이크로소프트 팀즈와 같은 협업 플랫폼과, 여기에 연동하여 사용하는 하이쓰라이브 (HiThrive) 같은 보상 및 인정(reward and recognition) 서비스가 그것이다.

이름만 보면 뭔가 어려운 기술 같지만 실제로는 생각보다 단순하다. 앞에서 언급한 협업 플랫폼에서는 메신저 대화 및 파일 공유 등 소통 및 협업 도구를 사용하면서 발생하는 양방향 소통 정보를 기록하게 되는데, 이런 정보를 수집 분석하여 리더가 직원들과 얼마나 소통을 잘하고 있는 지를 알려준다. 리더가 개인적으로 아무리 소통을 공정하게 했다고 생각 하더라도, 통계적으로 측정해가면서까지 관리하기는 불가능할 것이다. 하지만 협업 플랫폼에서 얻은 객관적인 소통 데이터는 리더의 조직 관리 상태를 모니터링하는 데 충분한 정보가 될 수 있다. 하이쓰라이브는 나 아가 협업 플랫폼상에서 리더가 직원들에게 업무에 대한 칭찬과 인정을 할 수 있게 해준다. 예를 들면 지시한 업무를 직원이 훌륭하게 완수했거 나 생일이나 결혼기념일 같은 날인 경우, 리더가 축하 메시지 또는 상품 권 등을 자동으로 보내는 기능을 활용해 잊지 않고 선물을 보내거나 보 상을 해줄 수 있도록 돕는다.

사실 칭찬이나 미션에 대한 보상을 자동화하는 기술은 HR 테크가 도 입된 초기 단계에서 개발된 서비스다. 현재는 단순한 알람 수준을 넘어 지시 업무에 대해 미흡한 부분, 예컨대 잘못된 파일을 올렸다거나 납기 준수를 하지 않는 등의 피드백이 필요한 경우 자동으로 응답 메일을 보 내주는 기능도 사용할 수 있다. 또한 부서원들이 눈에 띄는 성과를 냈을 때, 예를 들어 목표를 달성했거나 표창을 받았을 경우에 리더가 직접적 으로 홍보하기에는 자화자찬하는 것 같아 조금 낯부끄러울 수 있는데, 이런 때에도 시스템이 자동으로 사내 게시판이나 SNS에 홍보를 해주어

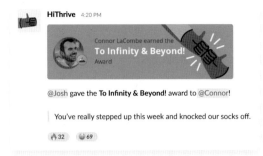

하이쓰라이브를 통해 직원에게 보상이 담긴 칭찬과 인정 메시지를 보낼 수 있다. 보상을 받은 직원들은 원하는 상품을 구매하거나 기프트카드로 교환할 수 있으며, 기부를 해도 된다.
자료: <https://www.hithrive.com/rewards>.

부서원들의 자기 효능감을 높여줄 수 있다.[38]

이러한 사소한 피드백을 시스템이 도와준다고 해서 리더십에 얼마나 긍정적 영향을 줄까 반문할 수도 있을 것이다. 하지만 한 연구에서는 리더가 얼마나 적절한 타이밍에 직원들의 성과를 인정하고 피드백하는지에 따라 직원 몰입과 이직률에서 유의미한 차이가 나타남을 확인하였다.[39] 또한 직원들 대다수는 리더가 일상적 업무에서 '고맙다'라는 피드백을 해주었을 때 리더에게서 인정받는 느낌을 받았다. 특히 임원 레벨의 일상적인 인정 멘트의 효과가 직속 부서장보다 강했으며, 여성의 경우 남성보다 글로 감사 표현을 하는 것을 더욱 선호하였다.[40]

직원 간 관계를 밝혀주는 조직관계망 분석

A물산의 오 그룹장이 주도하는 핵심 사업에 빨간불이 켜졌다. 해당 사업에 중심 역할을 하는 프로젝트 매니저와 기술 담당자들 중 일부

인력이 서로 다툰 것이다. 알고 봤더니 당사자들은 이전의 프로젝트에서도 서로 의견이 맞지 않아 갈등을 일으키고는 했는데, 이번에 시한폭탄이 터진 것이라는 소문을 듣게 되었다. 오 그룹장은 현 상황이 벌어지고 나서야 많은 것들이 후회되었다. 첫째, 왜 나는 이들의 갈등을 미리 알지 못하였는가? 둘째, 왜 나는 이들의 갈등을 나에게 얘기해줄 만한 사람을 미리 알지 못하였는가? 마지막으로 왜 이들은 상황이 이 지경에 이르기까지 나에게 미리 말을 하지 않았을까?

이처럼 조직 내 갈등이 수면 위로 올라와 버리면 이를 봉합한다 하더라도 리더십에는 큰 타격을 입는다. 이를 방지하기 위해서는 리더가 부서원 간 상호관계를 사전에 파악해야 하지만, 부단한 노력과 시간을 소모해야 할 것이다. HR 테크기업 소셜라이저(Socilyzer)와 트러스트피어(TrustSphere)는 이런 상황에 놓인 리더들이 쉽게 활용할 수 있는 조직관계망 분석(organizational network analysis) 서비스를 제공한다. 이들은 우선 조직 내 관계 정보를 수집한다. 예를 들어 어떤 사람에게 보고를 하는지, 어떤 사람에게 정보를 듣는지, 어떤 사람이 자신에게 영향을 주는지 등을 설문으로 물어본다. 설문 결과가 수집되면 조직 구성원 중 영향력이 높은 인력, 소외된 인력, 소통이 결여된 집단 등을 도출하여 그 결과를 리더가 활용할 수 있도록 제공한다.

리더는 이 결과를 다음과 같이 활용할 수 있다. 첫째, 리더는 조직 네트워크의 중재자 역할을 할 수 있다. 조직의 연결망을 보며 상대적으로 연결이 약한 관계를 강화하거나 필요할 경우 관계를 임의로 차단하는 등 적재적소에서 브로커 역할을 하며 업무가 수월히 진행될 수 있도록 돕는다. 리더가 이렇게 네트워크의 중재자가 되면 단기적으로는 직원들의 업

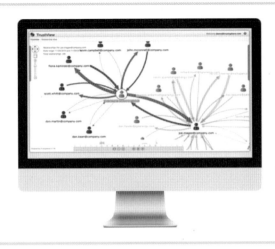

트러스트피어는 특정 기간 동안 동료들 사이에 발생한 관계 정보를 시각적으로 나타내 보여준다.
자료: <http://www.trustsphere.com>.

무 효율이 개선되고, 장기적으로는 직원 네트워크를 통해 새롭고 유용한 정보를 얻을 수 있어 리더의 정보력과 영향력이 동시에 강화되는 효과를 얻을 수 있다.

둘째로는 직원들이 활용 가능한 새로운 네트워크 채널을 확장시켜줄 수 있다. 회사 내에서 고성과 직원들이 활용하는 네트워크 채널이 무엇인지 파악하고, 소수가 사용하지만 유용한 채널이 있다면 다른 직원들에게도 그것을 공유하고 활용할 수 있도록 하는 것이다.

마지막으로 리더는 조직관계망 분석 결과를 활용하여 조직 내의 잠재적인 리더 후보자를 탐색하고 양성하거나, 조직 내에서 호감도가 높아 커뮤니케이션의 허브 역할에 적합한 인력을 조직문화 개선 책임자로 임명하는 등 적절한 권한 위임도 가능해진다.

심리학을 활용한 갈등 관리 서비스

조직 내의 관계를 파악하기 위해 심리학을 활용하는 경우도 있다. 사람들 간의 관계에는 기질이나 성격 차이로 인한 갈등도 심심치 않게 벌어진다. 이는 상대를 나의 기질이나 성격의 기준에 맞춰두고, 나와 성격이 '다르다'가 아닌 '잘못됐다' 또는 '틀렸다'라고 판단할 때 발생한다. 또한 이런 일종의 고정관념은 교육의 정도가 높고 경험이 많을수록 강력해지는 경향이 있다고 한다.[41] 그렇다면 상대방이 나와 얼마나 다른 성격을 가지고 있는지 어떻게 미리 알 수 있을까?

크리스탈(Crystal)은 심리학계에서 자주 사용하는 성격 진단 모델들을 종합적으로 활용하여 직원들의 성격 차이와 팀워크를 분석해주는 솔루션이다. Big-5, DISC, MBTI, 애니어그램* 등의 검사를 수행하며, 커뮤니케이션 상대가 나와 얼마나 성격이 다른지를 이해시켜주고 갈등을 미연에 방지할 수 있도록 섬세한 가이드를 제공한다. 성격 유형 진단을 통한 조직 네트워크 분석은 이미 아마존, 구글, 디즈니 등 많은 기업에서 활용 중이다.[42]

하지만 리더는 과연 직원들의 성격에 적합한 직무를, 서로 어울리는 팀원들끼리만 하게 할 수 있을까? 물론 채용 과정에서 필요한 직무에 맞는 성격 유형의 인력을 우대하여 채용할 수는 있을 것이다. 그러나 이미 팀이 구성되었다면 성격에 맞는 일만 할당하는 것은 현실적으로는 불가능한 이야기다. 가능하면 성격에 맞는 업무를 맡기는 것이 좋겠지만, 설

---

* 심리학에서 인간의 성격 특성 연구 및 심리검사 용도로 사용하는 대표적인 분석 모델들이다. 내향-외향형, 조력형, 신중형 등의 성격 유형을 분류하는 기준을 제시한다.

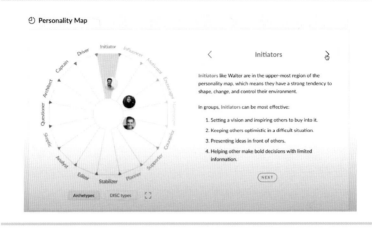

크리스탈에서는 개인의 성격 유형을 분류한 다음, 성격이 다른 동료들과 우호적인 관계를 맺는 데 도움이 되는 가이드라인을 제시한다.
자료: "Group Report Tutorial - Crystal Knows" (2019. 10. 1). <https://www.youtube.com/watch?v=uGOKAjhGI3I>.

령 그렇지 않더라도 직원들이 현재 자신에게 맞지 않는 일을 하고 있다는 것을 리더가 인지하고 그에 맞는 인정이나 피드백을 해주어야 한다.

리더도 본인의 성격을 진단함으로써 직원들과의 갈등 요소를 사전에 파악할 수 있다. 만약 갈등 상황이 발생하더라도 이미 상대방과 다를 수 있음을 인지하는 리더는 훨씬 포용적인 자세로 문제를 해결해나갈 수 있게 된다.

또 팀 내에 특정 성격이 과도하게 편중된 상황인 경우, 예를 들어 특정 업무를 맡은 직원들이 대부분 목표지향적인 성격일 경우 협업 과정에서 갈등이 생길 가능성이 높아지는데, 이때 리더가 이를 중재할 만한 성격을 가진 직원을 포함시켜 팀을 구성하겠다는 혜안도 얻을 수 있을 것이다.

마이크로소프트의 소통 관계망 분석

팬데믹으로 인해 재택근무가 확산되면서 언제나 당연할 것 같았던 대면 회의가 어려워지고 매일 함께 업무를 수행하는 동료 직원들의 얼굴을 몇 주 동안 못 보는 일이 현실이 되었다. 이와 같은 전례 없는 상황에서 조직이 서로 소통하며 팀워크와 생산성을 유지하고 있는지는 많은 리더가 궁금해하는 부분일 것이다. 이에 마이크로소프트는 소통 관계망 분석을 통해 리더들의 궁금증과 불안감을 해소시켜주고 있다.

분석팀은 우선 직원들의 회의, 이메일, 인스턴트 메시지와 함께 통화 수발신 정보를 수집하여 상호 협업하며 형성되는 연결 패턴을 분석했다. 분석팀에 따르면 9만여 명 이상의 직원이 공유하는 187만 개 네트워크 정보를 사용하였다.

분석 결과 전체 네트워크의 62%는 재택근무 여부와는 상관없이 안정적으로 유지됨을 검증할 수 있었다. 또한 네트워크가 줄어든 조직이 있다면, 유사한 업무를 하면서 훌륭하게 이를 극복하는 다른 조직의 사례를 전파하여 이를 참고로 해결할 수 있도록 도와주었다. 재미있는 점은 재택근무의 증가로 인해 직원들의 전체 네트워크 양이 오히려 14% 증가한 것인데, 이는 물리적으로 모여 있을 때보다 원격 상태에서의 네트워크 생성이 더 쉽다는 것을 시사하고 있다.[43]

데이터 분석을 통해 본 성공한 리더의 특성

새해가 되면 기업은 상황에 따라 조직개편을 단행하며, 새로운 비전과 함께 새로운 리더가 조직을 이끌어나가게 된다. 그 리더들은 신입사원 때부터 내부에서 양성된 인재일 수도 있고 외부에서 어렵게 모셔온 리더일 수도 있다. 어느 쪽이든 탁월한 성과 관리와 리더십을 보여주었다고 판단하여 선발한 인재들임은 분명하다. 하지만 인사 담당자의 고민은, 업무 스케일과 환경이 달라진 탓인지 새로운 리더들이 항상 과거와 같은 결과를 보여주지는 못한다는 점이다. 더 큰 문제는 1년에 한 번 실시하는 평가나 리더십 진단으로는 그것을 알아채는 시기가 너무 늦다는 것이다.

기업에 있어서 리더십 역량은 얼마나 중요한 것일까? 인적 자원을 가장 혁신적으로 운영한다고 평가받는 구글에서도 리더십은 상당히 추상적인 지표였던 것 같다. 한때 구글 내에서는 중간관리자의 리더십은 별로 고려할 만한 가치가 없다고 여겨지기까지 했다. 하지만 데이터 분석 기반의 의사결정을 핵심 가치로 여겼던 당시 인사팀장 라즐로 복(Lazlo Bock)은 리더십을 "산소처럼 일상에서 그 존재가 느껴지지는 않지만 생존에 꼭 필요한 것"이라 생각했다. 그리하여 2009년 발족한 리더십 재발견 프로젝트의 이름은 '산소 프로젝트(Oxygen Project)'가 된다.[44]

산소 프로젝트에서는 구글 내 팀장급 이상 리더에 관해 100여 가지가 넘는 자료를 1만 건 이상 수집하여 꼬박 1년간 분석하였다. 그 결과를 바탕으로 기업 내 생산성이 좋은 상위 25%의 팀과 하위 25%의 팀을 결정짓는 관리자의 탁월한 리더십 행동을 도출하였다. 처음에는 8가지를 도출하였으나 해당 분석 모델을 지속 활용하면서 2018년 다시 분석한 결과는 다음의 10가지로 변경되었다.

구글에서 선정한 관리자 핵심 리더십 10가지

1. 좋은 코치이다.
2. 팀원들에게 권한을 부여함으로써 사소한 일까지 통제하고 관리하는 마이크로 매니지먼트를 하지 않는다.
3. 성공과 복지에 대한 관심을 나타내는 팀 환경을 조성한다.
4. 생산적이고 결과 중심적이다.
5. 좋은 커뮤니케이터이다. 경청하고 정보를 공유한다.
6. 경력 개발을 지원하고 성과에 대해 논의한다.
7. 팀에 대한 명확한 비전과 전략을 갖는다.
8. 팀에 도움이 될 수 있는 핵심적인 기술을 갖는다.
9. 회사의 누구와도 협업할 수 있는 능력이 있다.
10. 강력한 의사결정자이다.

아시아에 본사를 둔 글로벌 기업 A사의 경우 자체적으로 제작한 리더십 다면진단을 전사적으로 실행하고 있다. 리더가 확고한 비전을 가지고 직원들을 이끄는지, 업무와 성과를 얼마나 효율적으로 관리하는지, 학습 민첩성은 얼마나 우수한지 등을 평가하는 이 진단을 통해 전반적으로 우수한 리더를 선별할 수 있었지만, 직무 또는 상황별로 어떠한 리더십 요소가 더 중요한 역량인지를 특정하기는 어려웠다. 이에 따라 A사 연구팀은 직무별로 우수한 성과를 보인 리더와 일반적인 성과를 보인 리더를 결정하는 요인을 다양한 상황적 요인과 인사 관련 데이터를 활용하여 분석하는 시도를 하였다.

분석 결과, 우수 리더는 그렇지 않은 리더에 비해 대체로 고객에 대한 관심과 목표 달성을 위한 승부 근성이 남달랐음을 파악할 수 있었다. 또한 신제품 개발 등의 특정 상황에서 리더가 본인 능력을 과신하거나, 성과 만능주의에 빠져 동료의 의견에 공감하는 능력이 결여되는 경우 성과를 저해하는 중요한 요인이 됨을 확인하였다. 또한 미처 예상하지 못했던 특징은 우수 리더의 경우 모든 역량에서 타인보다 스스로를 겸손하게 평가하는 경향을 보인다는 것이었다. 리더가 자기성찰적인 덕목을 가지고 있는 것이 바람직하다는 통념을 데이터로 증명한 흥미로운 결과였다.

이러한 분석 결과는 리더의 상황과 직무에 맞는 피드백과 코칭 프로그램을 기획할 수 있는 근거로 사용될 수 있었으며, 신규 부서장 및 후임자 선발 시 적합도를 계산하는 모델을 만드는 데에도 활용됐다.

리더십을 상시 진단하는 펄스 서베이

최근 글로벌 구직 및 채용 사이트 링크드인은 부서장의 리더십 역량에 따른 직원 성과 및 몰입도를 상시 진단할 수 있는 플랫폼인 글린트(Glint)를 인수하였다. 이를 바탕으로 링크드인은 리더십 진단을 365일 언제든지 리더가 원하는 때 실시할 수 있는 리더십 펄스 서베이(pulse survey)를 운영하고 있다. 그동안 직원들을 대상으로 리더십 진단을 시행할 때에는 대규모로 1년에 한 번 정도 하는 것이 일반적이었는데, 이는 분명 중요한 활동임에 틀림없지만 가장 효과적인 방법은 아니었다. 예를 들어 많은 사람이 주기적으로 건강검진을 하지만 이미 몸의 어딘가에서 이상 징후가 나타났는데 다음에 돌아올 건강검진을 기다리는 것은 합리적이지 않은 것과 같다.

링크드인이 판단하기에 기업의 리더십은 조직문화와 임직원 몰입에 영향을 미치는 가장 중요한 요인 중의 하나였다. 하지만 리더십 진단을 정기 검진에만 의존하는 것은 바람직하지 않다는 결론에 도달하였다. 이에 따라 링크드인은 상시 리더십 진단 플랫폼 글린트를 통해 리더가 현재 리더십과 관련한 조직의 상황을 진단하고 싶을 때 즉각적으로 실행할 수 있도록 하였다. 또한 리더가 진단이 필요한 시점을 제때 파악하지 못하는 경우를 대비하여 리더십 위기가 발생하는 순간에 대한 반복적인 데이터 학습 경험을 바탕으로 인공지능 알람을 울리는 서비스를 개발하였다. 이 서비스는 부서 개편, 핵심 인력의 퇴직, 프로젝트 결성, 승격 발표 전후 등 리더가 리더십 위기를 감지하거나 진단이 필요한 적절한 시점을 판단할 수 있도록 돕는다.

글린트는 펄스 서베이를 통해 리더십과 조직문화 수준을 진단하고, 조직 내 갈등이나 핵심 인력 퇴직 등 리더십 위기 발생 시 위험도 등급을 나눠 리더에게 알림으로 제공한다.
자료: <http://www.glintinc.com>.

진단이 끝난 직후에는 현 상황을 개선하기 위한 교육과 함께 실천 방안을 체크리스트 형태로 제공하는 맞춤형 처방도 제시하여 실질적 코칭으로 연계될 수 있도록 서비스를 구성하였다. 이로써 리더들은 필요한 시점에 리더십 진단을 수행하고 그 결과에 따른 처방도 받을 수 있게 되었다.

🖋 리더십의 상향 평준화를 이끄는 모바일 코칭

리더의 능력과 소양을 키우기 위해 기업들은 이미 많은 투자를 하고 있다. 신규 리더에게 교육도 실시하고, 잠재 리더들을 양성하며, 현재 리더십 수준을 진단하고 피드백하는 업무가 반복적으로 진행되고 있을 것이다. 하지만 이런 일반적인 리더십 관련 교육은 보통 대면 방식으로 진행되다 보니 장소와 시간에 제약이 있고, 교육 내용을 반복적으로 상기할 수도 없다는 한계가 있다. 또한 비용 문제로 소수 고위 임원에게만 제공될 뿐 중간관리자에게는 제공되지 않는 경우도 많다. HR 테크는 기업 내 리더십 양성 교육이 필요한 사람 모두가 손쉽게 언제든지 사용할 수 있는 모바일 솔루션을 제안한다. 비용 부담도 적은 것은 덤이다.

500개 이상의 호텔과 리조트를 보유한 힐튼(Hilton)은 《포춘(Fortune)》이 선정하는 '일하기 좋은 100대 기업(100 Best Companies to Work For)'에서 매년 수위를 차지하고 있다. 그 배경으로 CEO 크리스토퍼 나세타(Christopher J. Nassetta)는 근래 리더십 양성 패러다임의 변화를 꼽았다. 힐튼은 리더십 양성 및 코칭 효과를 극대화하기 위해 2018년부터 언제 어디서든 접속 가능한 모바일 코칭 서비스를 구축하였는데, 이는 비용 문제나 시공간적 제약을 해소하여 임원뿐만 아니라 중간관리자의 리더십도 함양하기 위해서였다. 그 결과 코칭을 경험한 65% 리더들로부터 피드백이나 오너십, 동기부여 측면의 역량이 향상되는 동시에 부서원 관리로 인한 번아웃이나 스트레스가 줄었다는 응답을 얻을 수 있었다.[45]

힐튼의 리더십 변화를 이끌어낸 모바일 코칭이란 무엇이고, 일반적인 오프라인 코칭과는 어떤 점이 달랐던 것일까? 모바일 리더십 코칭은 모바일 앱으로 리더와 전문 코치들을 연결해주고, 메시지나 영상 통화, 유선 통화, 비디오클립, 게시판 등을 활용하여 1:1 코칭 과정을 진행할 수 있게 도와주는 프로그램이다. 기존 오프라인 코칭의 경우 리더십 코칭의 효과성을 인정받고 있음에도 불구하고 인당 코칭 비용이 비싸고, 각 리더에게 딱 맞는 코치를 구하는 것도 쉽지 않아 회사가 1:1 코칭을 제공하기가 힘들었다. 하지만 모바일 코칭 시스템은 이러한 오프라인 코칭의 단점을 보완하기에 충분하였다.

모바일 코칭의 장점은 합리적인 비용이다. 미국을 기준으로 오프라인 코칭의 비용은 시간당 약 300~500달러이며, 리더의 직급과 회사 규모에 따라 비용은 더 높아진다. 더욱이 코칭 과정은 매주 혹은 적어도 월 2회 이상 주기적으로 3~6개월 정도 이어져 1인당 코칭 비용이 상당히 부담스럽다. 그렇다 보니 리더십 코칭은 중소기업보다는 대기업에서, 그리고 중간관리자보다는 고위 임원 위주로 진행되곤 한다. 반면 모바일 코칭은 동일한 예산으로 훨씬 많은 리더들에게 코칭을 제공할 수 있어 다양한 규모의 회사들이 관심을 보이고 있다.

합리적인 비용과 더불어 모바일 리더십 코칭의 또 다른 장점은 맞춤형 코치를 제공한다는 점이다. 사실 오프라인이나 온라인 모두 코칭 효과를 극대화하기 위해서는 리더와 코치가 서로 조화롭게 소통해야 하는데, 아무리 회사에서 심혈을 기울여 코치를 선정한다고 하더라도 리더 개인의 선호도나 니즈와 맞지 않는다면 그 효과는 반감될 수밖에 없다. 모바일 리더십 코칭의 경우 코칭 과정이 시작되면 리더의 심리, 성향, 니즈 등과 관련된 질문지를 제공해 현재 리더의 상태나 욕구를 정확히 파악하고, 이를 근거로 세계 각국에 분포한 다양한 전공의 코치들 가운데 후보군을 추려 추천해준다. 그 후 매칭이 성사되면 머신러닝 기술을 활용하여 리더에게 필요한 학습 자료나 리서치 자료들을 코치에게 제공하여 시의적절한 코칭이 진행될 수 있도록 돕는다.

그러나 적합한 매칭이 성사되기 위해 반드시 선행되어야 하는 것은, 바로 다양하면서도 수준 높은 코치진을 보유하고 있어야 한다는 점이다. 이를 위해 모바일 코칭 서비스 제공업체들은 엄격한 기준으로 코치들을 선발하고, 주기적으로 고객 만족도나 성과를 점검하여 코치 관리에 신경 쓰고 있다. 특히 모바일 리더십 코칭을 지원하는 대표적인 솔루션 기업인 베터업(BetterUp)은 1천 시간 이상의 수련을 거친 코치에게만 자격을 주며, 업무적인 분야 외에도 수면, 영양, 커뮤니케이션 스킬 등 리더의 삶 전반에 대한 유용한 조언을 제공할 수 있도록 코치들을 지속적으로 트레이닝한다.

모바일 코칭은 무엇보다도 리더의 시간과 장소에 맞추어 코칭을 진행할 수 있어 바쁜 리더들의 부담을 줄여준다. 오프라인 코칭은 정해진 시간과 장소에서 이루어지기 때문에 리더에게 생긴 갑작스러운 일정이나 출장 등으로 인해 취소되거나 지연되는 경우가 많고, 리더가 당장 코치의 도움이나 조언이 필요해도 다음 약속까지 기다릴 수밖에 없다. 이에 반해 모바일 코칭은 원하는 상황에서 짧은 시간이라도 코치와 대화할 수

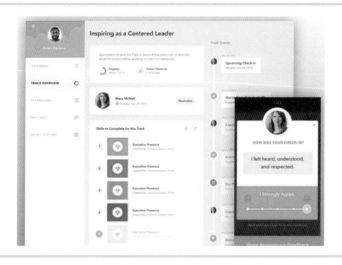

베터업의 모바일 코칭 화면. 베터업을 통해 리더는 언제 어디서나 모바일로 리더십 코칭을 받고 코치와 소통할 수 있다.

자료: <https://dribbble.com/shots/3612588-BetterUp-Dashboard-Feedback>.

있고, 시간과 장소에 제한이 없다 보니 유능한 코치가 타국이나 먼 곳에 있어도 거리에 상관없이 진행이 가능하다.

　마지막으로 모바일 코칭은 과정과 결과를 모니터링할 수 있다. 일반적인 코칭의 경우 코칭 현황이나 효과성을 직접 파악하기가 쉽지 않았는데, 모바일 코칭은 코칭 일정과 과정 진행, 과제, 학습, 결과들이 시계열적으로 기록되기 때문에 참여 전후가 확연히 비교되며, 추후에 어떤 방향으로 코칭을 발전시켜야 하는지도 정확히 알 수 있다.

리더들에게 HR 테크가 필요한 시대

요즘 우리는 온라인에서 물건을 구매하면 24시간이 채 지나지 않아 소파에 앉아서 물건을 받아볼 수 있는 세상에 살고 있다. 그 과정에는 과거에 불가능했던 일을 가능하게 만든 수많은 기술이 집약되어 있다. 이렇듯 고객을 위해, 시장 경쟁에서 살아남기 위해 회사 밖에서는 최첨단 기술이 빠르게 접목되고 있지만 회사 내부에서 결정적 역할을 수행하는 리더들에게는 다양한 기술 지원이 아직 부족한 것이 현실이다. 특히 현재의 리더는 과거의 리더에 비해 몇 배에 달하는 정보를 받아들이고 처리하는 동시에 의사결정까지 해야 한다. 더 많은 업무를 더 적은 자원으로 관리해야 하는 경영 효율화에 대한 요구도 어느 때보다 높다. 더욱 중요한 사실은 지금 이 순간에도 시장 변화의 속도가 더욱 빨라지고 있어 리더에게 요구되는 기대치 또한 계속 높아지고 있다는 것이다.

그렇기에 아직 초기 단계라 볼 수 있지만, 코칭부터 비서 역할까지 리더십을 지원하는 다양한 서비스가 개발되고 있다. 이러한 HR 테크의 발전이 리더가 미처 깨닫지 못하고 있는 부분까지 분석하고 발견하여 리더를 지원하는 세상을 열어줄 것이라 기대한다.

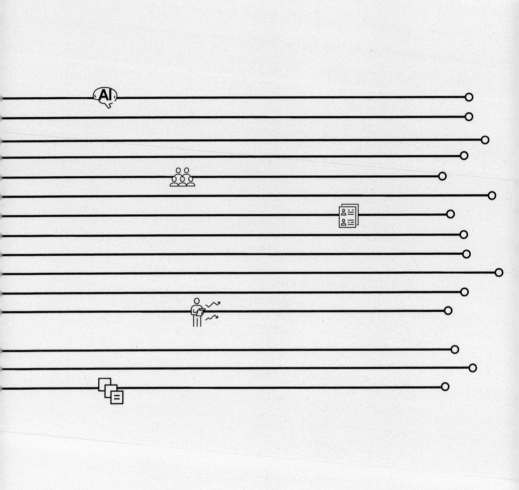

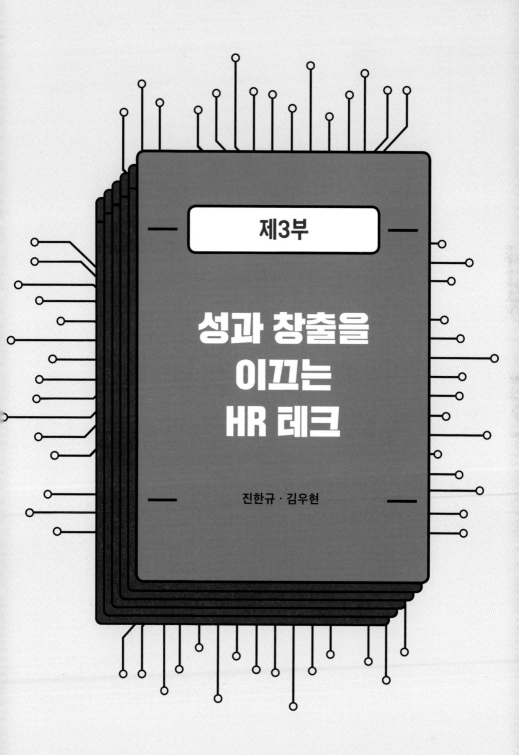

제3부

성과 창출을
이끄는
HR 테크

진한규 · 김우현

Intro

'회사'를 뜻하는 영어 단어 'Company'의 어원은 라틴어로 '함께'의 뜻을 가진 'com'과 '빵'을 뜻하는 'Panis'의 합성어로 알려져 있다. '동반자, 동지'의 영어 단어인 'companion' 역시 'company'와 동일한 어원을 가지고 있다. 어찌 보면 'company'라는 단어는 함께 음식을 나눠 먹는 사람이라는 뜻을 가진 '식구(食口)'와 일맥상통하는 면이 있다. 그러나 지금의 회사에 대해 사람들이 가지고 있는 이미지는 '식구'와는 조금 거리가 있는 것 같다. 그 이유를 어느 한 가지로 특정해서 말할 수는 없겠지만, 아마도 성과를 중시하는 '경쟁사회'로의 변화와 갈수록 치열해지는 경쟁의 강도를 그 원인 중 하나로 꼽을 수 있을 것이다.

물론 성과는 여전히 기업의 명운을 결정하는 가장 중요한 요소이고, 경쟁은 산업화와 세계화, 정보화를 거치며 현대 사회를 만든 동력이라 할 수 있다. 그러나 문제는 우리의 일상 속에 크고 작은 경쟁이 너무나도 많이 존재하게 되었다는 것이다. 경쟁은 필연적으로 낙오자를 만들고 낙오자는 상처를 입는다. 이렇게 경쟁 환경에서 입은 상처가 직장 생활 속에서도 늘어나면서 정신적 피로감을 호소하고, 이것이 오히려 동기부여를 저해하는 상황에까지 이르렀다. 경쟁이 격해질수록 그 결과인 성과 평가를 두고 공정성과 객관성에 대한 논란도 끊이지 않고 있다.

최근 많은 기업이 이러한 딜레마를 타개하기 위해 '성과'의 의미와 그 조건을 재조명하기 시작했다. 다 같이 빠르게 성장하던 과거에는 내부 경쟁을 통해 분명 더 나은 성과를 기대할 수 있었다. 하지만 성장 속도가 둔화된 현재도 경쟁의 효용이 여전한지는 의문이다. 기업들 또한 직원 개개인의 성과에 대한 객관적인 측정과 비교가 사실상 불가능한 상황에서 무조건 직장 내 경쟁을 부추기는 것이 장기적인 관점에서 회사에 도움이 되지 않을 것이라 판단하기 시작했다.

일찍이 마이크로소프트에서는 내부 경쟁과 순위 매기기에 따라 평가와 보상을 결정하는 과도한 서열식 인사제도에 한계를 느끼고 인사제도를 대폭 개편한 바 있다. 구글은 대부분의 기업이 아직까지 활용하고 있는 MBO(Management By Objectives, 목표에 의한 관리)* 기반의 평가를 폐기하고, 직원 개인별로 목표 달성을 위한 구체적인 계획을 세우고 성과를 관리하도록 하는 OKR(Objectives and Key Results, 목표와 핵심 결과)** 을 도입했다. 많은 기업이 평가제도 개선뿐 아니라 직원들이 잠재력을 최대한 발휘하고 업무에 몰입하여 최고의 성과를 창출할 수 있는 업무 환경을 조성하기 위해 노력하고 있다. 이러한 움직임 속에서 HR 테크의 등장이 성과 관리 운영 방식의 고도화를 가속화할 수 있을 것으로 기대된다. 실제로 글로벌 컨설팅 기업 PwC가 2020년에 실시한 설문조사 결과, HR 테크 도입이 필요한 인사 분야 중에서 '직원의 성과 향상'이 '채용' 다음으로 높은 순위를 차지했다.[1]

---

* 업무 관련 최종 목표를 설정하고, 정기적(반기 또는 1년 단위)으로 진행 상황을 점검하여 실적 향상을 도모하고자 하는 경영관리 기법으로, 1954년 미국의 경영학자 피터 드러커가 제시한 이론. (예: 연간 퇴직률 1% 이하 관리, 우수 신입사원 100명 영입 등)

** MBO와 시행 목적은 유사하나, 상위 목표(Objectives)를 달성하기 위해 직원이 도출해야 할 도전적인 핵심 결과물(Key Results)을 자율적으로 정하고, 이를 주 단위로 관리하는 방식. (예: 1분기 내 퇴직 위험군 50명 면담, 8월 내 대학 10곳 리크루팅 행사 실시 등)

그렇다면 과연 기업이 성과를 창출하고 향상시키는 데 HR 테크가 어떻게 도움을 줄 수 있을까? 3부에서는 잠재력 있는 직원을 고성과 직원으로 이끄는 HR 테크 솔루션과 이를 활용한 기업들의 사례를 소개한다.

1장에서는 기업이 최고의 성과를 달성하기 위해 직원을 활용하는 방법을 최적화한 사례들을 소개한다. 많은 기업이 이미 각자의 필요에 맞게 체계화된 절차를 통해 우수 인력을 채용하고 있다. 하지만 아무리 우수한 인재를 영입했더라도 이를 적재적소에 활용하지 못한다면 성과 창출에 도움이 될 리 만무하다. 실제로 생각보다 많은 곳에서 인력을 제대로 활용하지 못하는 경우가 발생한다. 전자부품 제작에 들어가는 원재료를 생산하는 기업에서 고액의 연봉을 주고 신소재 개발 분야의 우수 인력을 채용했다고 하자. 수년간 열심히 개발에 매진하며 성과에 한 걸음씩 가까워지는 듯했지만, 어느 날 갑자기 사업 방향이 전환되며 해당 신소재 개발이 취소되었다면, 이 우수 인력은 앞으로 어느 부서에서 어떤 일을 해야 할까? 또 전에 해본 적 없던 신규 사업을 이끌 프로젝트 팀원은 조직 내부에서 어떻게 확보하고 구성해야 할까? 최근 등장한 HR 테크는 기업의 인력 현황을 한눈에 볼 수 있게 해줄 뿐 아니라, 특정 프로젝트 수행을 위해 최적의 인력을 직접 추천해주고 팀을 구성해줄 수도 있다. 기업의 사업 특성에 따라 차이는 있겠지만, 대부분 수많은 프로젝트 단위로 업무를 운영하는 만큼, 특정 기술을 보유한 인재를 적재적소에 활용할 수 있게 하는 이러한 HR 테크 수요가 갈수록 증가할 것이다.

2장에서는 HR 테크를 통해 직원들이 업무에 몰입하고 집중할 수 있게 만들어주는 환경 조성에 대해 알아본다. '업무 몰입'에 대한 기업들의 관심 증가는 세계적인 트렌드다. 특히 우리나라는 주 52시간 근무제와 재택근무의 본격적인 확산으로 그 관심이 더욱 높아졌다. 과거에는 밤늦게까지 사무실에 남아 일하는 직원을 높게 평가하는 것이 관례처럼 행해져 왔다. 그러나 이제는 근면성보다는 '스마트'하게 일하는 직원들이 더 우수한 인력으로 인정받는 시대가 되었다. 그런데 '스마트 워크'는 빠른 퇴근 종용 등의 단순한 방식으로는 달성되기 어렵다. 기업에서 처리해야 하는 업무는 직원 개인이 선택할 수 있는 경우가 극히 드물고, 대부분의 업무는 직원 혼자 처리하는 것이 아니라 부서 내부 및 유관 부서와 협업을 통해 진행된다. 하지만 개인마다 부서마다 업무를 처리할 수 있는 능력에도 제각각 차이가 있다. 그 원인은 개인의 역량 수준일 수도 있고, 업무의 양이 될 수도 있다. 이처럼 다양한 제약이 존재하는데 '왜 아직까지 퇴근을 하지 않고 있느냐'는 상사의 질문은 직원에게 엄청난 부담감을 줄 수밖에 없다.

HR 테크는 이러한 상황에서 직원들의 생산성을 높일 수 있는 환경을 조성하는 역할을 수행한다. 직원들의 업무 패턴을 분석해 조직 운영 방식에 대한 인사이트를 주기도 하고, 회의 일정 수립이나 담당 업무 외에 처리해야 할 단순 업무들을 대신 처리해주기도 한다. 또 굳이 대면 회의를 통하지 않고도 타 부서와의 프로젝트 진행에 어려움이 없도록 협업을 도와준다. 업무 환경 조성에 활용되는 이러한 HR 테크 솔루션들은 직원들이 실제로 그 효과를 체감할 수 있는 만큼, 근무 문화의 변화를 만드는 가장 효과적인 방법이 될 것으로 기대된다.

3장에서는 HR 테크를 통해 직원들의 성과를 어떻게 측정하고 관리할 것인지를 알아본다. 기업은 직원들에게 '협업'이나 '시너지' 같은 가치를 강조하지만, 매년 평가 시즌이 되면 여지없이 이러한 가치와 정면으로 배치되는 듯한 서열식 평가와 승격을 진행한다. 당연하게도 이러한 인사제도는 협업보다는 인간 내면에 깊숙이 자리한 이기주의의 본성을 먼저 자극한다. 더 큰 문제는, 이러한 평가를 진행하는 데 명확한 성과 측정의 기준이 존재하지 않는 경우가 많다는 것이다. 기준이 명확하지 않다면, 상위 평가를 받지 못한 직원들은 '나의 노력을 제대로 알아주지 못한다'거나, '연초에 수립한 목표를 달성했는데도 좋은 평가를 받지 못했다'라면서, 평가 결과의 공정성과 객관성에 대해 의심과 불만을 품을 수 있다.

실제로 잡코리아가 2020년 직장인을 대상으로 실시한 설문조사에서 응답자의 36.2%가 현재 본인이 다니고 있는 회사의 인사평가 제도를 '불합리하다'고 평가했다. 그 이유로는 '인맥 위주의 주관적인 평가여서(44.1%)', '평가제도가 허술하고 미흡해서(39.0%)', '직군/업무 특성을 무시하고 획일화된 기준으로 평가를 진행해서(27.6%)' 등을 꼽았다.[2]

최근에는 HR 테크를 활용하여, 유연하고 민첩한 상시 목표관리 방식, 동료 간 정보 공유와 인정을 통한 평가, 데이터 수집을 통한 객관적인 보상 책정 등 성과 관리를 고도화하고 있다. 또한 이를 통해 평가의 신뢰성을 높이기 위한 다양한 시도가 이루어지고 있다.

1장

적재적소의 인재 활용, 데이터는 알고 있다

이 일에 가장 적합한 사람은 누구일까?

기업은 사람들로 구성된 집합체이며, 사람들은 주어진 역할을 담당하며 관계를 형성한다. 이 과정에서 사람과 사람, 사람과 부서, 그리고 사람과 직무가 항상 잘 맞아떨어지는 경우는 드물다. 직원, 리더, 인사부서 모두가 각자에게 가장 잘 맞는 조직과 직무에서 일을 하는 '적재적소(適材適所)'의 인재 활용을 기대하지만, 현실은 서로의 기대 수준과 성과, 역량이 엇갈리는 '동상이몽(同牀異夢)'에 가까운 경우가 많다. 2020년 한국갤럽이 직장인 1,200명을 대상으로 실시한 설문조사에서 '현재 나의 직무는 내 적성에 맞다'라는 문항의 점수는 100점 만점에 56점에 불과했다.[3]

이러한 상황이 발생하지 않게끔 일과 가장 적합한 사람을 연결해주는 것은 인사 담당자들의 큰 숙제다. 직무와 개인의 적성, 선호가 일치하는 정도가 조직 내 구성원들의 성과와 만족도 등에 미치는 영향은 실무적, 학술적으로 많은 관심을 받아왔다. 산업조직심리학에서는 개인과 직무의 특성이 일치하는 정도를 '개인-직무 간 부합(person-job fit)'이라 정의한다. 미국 심리학자 크리스토프 브라운(Amy Kristof-Brown) 등의 연구에 따르면, 개인-직무 간 부합이 높을수록 자신의 직무, 동료, 상사에 대한 만족도가 높아지고, 조직에 대해 더욱 높은 몰입과 애착을 보이며 전반적인 작업 수행 성과도 높아지는 것으로 나타났다. 또한 직무 스트레스는 감소하고, 이직 의사 또한 현저히 낮아지는 것으로 확인되었다.[4] 따라서 직원들을 적성과 선호에 부합하는 직무에 배치하는 것은 기업 입장에서도 생산성을 높일 수 있고 지속 가능한 성장을 견인하는 핵심 요건이 된다.

최근 전 산업 분야에 걸쳐 확산되는 디지털 트랜스포메이션은 내부 인재 활용에도 새로운 흐름을 일으켰다. 전 세계적으로 IT 인재에 대한 확보 경쟁이 심화되면서 인재 품귀현상이 나타나고 몸값이 급등했다. 기업들은 이러한 상황을 타개하기 위해 내부 채용(internal recruiting)으로 관점을 전환했다. 즉 조직 내에 숨어 있는 인재들을 발굴하여 적재적소에 활용하고 리스킬링(reskilling)을 통해 체계적으로 양성하는 데 주력하기 시작한 것이다.[5] 이 과정에서 수천 수만 명이 넘는 직원들의 역량, 스킬을 체계적으로 관리하고, 최적의 직무를 매칭하는 데 AI와 데이터 분석 기술이 적극 활용되고 있다. 최적의 인재 활용을 위해 글로벌 기업들이 어떻게 HR 테크를 활용하는지 그 사례들을 살펴보자.

데이터가 제안하는 최적의 프로젝트팀 구성

시스템 통합(System Integration, SI), 건축, 플랜트와 같은 산업에 속한 기업들은 기본적으로 발주처로부터 사업을 수주하면 일정 기간 동안 담당팀을 꾸려 프로젝트를 수행하는 방식으로 운영하고 있다. 이 경우 프로젝트의 특성에 따라 팀의 규모, 구성, 기간 등은 다를 수 있지만, 정해진 기간 내에 성과를 내야 하는 요건은 동일하므로 최적의 인원을 선정하여 투입하는 것이 프로젝트의 성패를 좌우하는 핵심 요소다.

통신 및 네트워크 사업의 세계 1위 기업인 시스코(Cisco)의 사례는 프로젝트팀 구성을 어떻게 최적화할 수 있는지를 보여준다. 시스코는 고객사로부터 발주를 받아 네트워크 시스템이나 사물 인터넷(IoT) 서비스를 구축하는 프로젝트팀을 상시 운영하고 있다. 고객사의 특성과 니즈에 따라 프로젝트팀에 요구하는 수준이 달라지므로, 매번 필요한 인력의 규모와 기술 분야, 경험 수준 등에 차이가 있다. 이렇게 새로운 프로젝트가 시작될 때마다 7만 명에 달하는 직원 중 각 역할을 수행할 수 있는 최적의 인재를 찾기 위해 많은 노력을 기울여야 했다. 한편 직원들은 자신의 능력과 기대에 잘 맞는 프로젝트에 참여하기를 희망하며, 투명하고 객관적인 기준에 따라 배치받기를 원했다.

시스코는 '탤런트 클라우드(Talent Cloud)'라고 하는 시스템을 통해 데이터에 기반한 AI 인재 매칭 프로세스를 도입했다.[6] 이 시스템은 크게 2가지 요소로 구성된다.

첫째, 직원들이 스스로 자신의 스킬과 경력, 관심 분야를 등록하고, 역량이나 경력 경로 등을 진단할 수 있는 기능이다. 기존의 HR 데이터에도 기본적인 발령 내역과 역량 등이 기록되지만, 여기서는 직원들이 직접 자신의 생각과 관심사까지 반영해 입력하기 때문에 그 범위와 깊이에서 차이가 크다. 시스코는 이 시스템이 인력 배치에 활용됨을 알리고 직원들의 자발적인 참여를 유도해 풍부한 데이터를 확보할 수 있었다.

둘째, 각 프로젝트에서 필요로 하는 인력 구성의 세부 요건을 입력하면, 그에 맞춰 최적의 인재를 매칭해주는 기능이다. 즉 프로젝트에서 취급하는 제품, 필요한 기술과 경험, 고객사, 지역 정보 등을 기준으로, 직원들이 사전에 탤런트 클라우드의 사내 인재 풀에 입력해둔 스킬, 역량, 경력과 해당 프로젝트에 필요한 인력 수준 간의 적합도를 산출하여 최적의 인재를 제안한다. 이때 직원들이 이전에 수행한 프로젝트에 대한 리더와 동료들의 평판도 참고하여 예측의 정확도를 높였다. 탤런트 클라우드에는 단지 인재 매칭에서 그치지 않고, 만약 내부 인재 풀에 후보자가 부족한 경우 채용 후보자 데이터베이스를 연계하여 영입을 제안하는 기능도 포함되어 있다.

시스코는 탤런트 클라우드를 활용한 프로젝트팀 구성을 통해 인력 배치를 신속하고 효과적으로 결정할 수 있게 되었으며, 이에 대한 투명하고 객관적인 근거를 제시함으로써 직원들의 지지도 받을 수 있었다. 그뿐만 아니라 프로젝트 계약 체결을 준비하는 과정에서 팀 구성을 사전에 예측할 수 있어 비용 및 일정 관리 측면에서도 효과적인 대응이 가능해졌다. 탤런트 클라우드를 활용한 프로젝트 배치가 확산되자, 직원들이 이 시스템에 자신의 정보를 더 주의 깊게 등록하게 되었고, 결과적으로 AI의 예측 정확도가 더욱 높아지는 선순환 구조를 만들어낸 것도 큰 성과라고 할 수 있다.

시스코는 《포춘》이 선정하는 '일하기 좋은 100대 기업'에 20년 연속 선

시스코의 탤런트 클라우드 개념도. 통합된 인력 데이터를 AI가 분석하여 다양한 시사점을 제공하는 탤런트 인사이트가 중심에 위치하며, 이를 기반으로 인력 계획, 성과 관리, 평가 보상 등의 기능별 시스템이 통합된 구조를 보여주고 있다.

자료: "Reimagining the Career Experience Through Digital Skills Management" (2017). Cisco Live.

정되어왔으며, 2020년에는 4위, 2021년에는 1위를 차지하는 등 직원들의 만족도가 매우 높은 기업으로 꼽힌다.[7] 회사가 자랑스럽다고 응답한 직원이 98%, 경영진이 공정하고 정직하게 경영을 한다고 응답한 직원이 97%에 달할 정도로 회사와 직원 간의 높은 신뢰가 형성되어 있다. 탤런트 클라우드를 활용한 투명하고 객관적인 인력 배치도 이러한 신뢰 구축에 큰 기여를 했을 것이라 짐작할 수 있다.

부서 간 인력 순환을 돕는 카멜레온 프로젝트

앞서 살펴본 시스코의 사례는 전사적인 인재 플랫폼을 운영하여 최적의 인재 활용을 보여주는 좋은 사례다. 하지만 '헤쳐 모여'를 반복하는 프로젝트팀이 아닌, 안정적이고 고정된 조직에서는 적용하기 어려운 한계가 있다. 이 경우 직원이나 부서장이 적극적으로 나서지 않는 한 인력 순환이나 직무 이동 기회를 얻기는 쉽지 않다.

직무 이동이 어려운 가장 큰 이유는 바로 정보의 부족이다. 개인이 어떤 역량과 스킬, 경력 계획을 가지고 있는지, 그리고 각 부서의 직무에서 구체적으로 하는 일과 필요 역량에 대한 정보가 충분히 제공되지 않기 때문이다. 그렇다 보니 직원들은 막연하게 '더 나은 무언가'에 대한 갈증을 느끼며 회사 생활을 하게 되고, 부서장들은 혹시라도 자기 부서 사람들을 빼앗길 수 있다는 우려에 방어적인 태도를 취하게 된다.

이처럼 인력 순환이 잘 이루어지지 않고 고착화되는 상황은 기업 전체의 인적 경쟁력을 약화시킬 수 있다. 따라서 여러 기업에서 사내 공모(job posting)나 FA(Free Agent) 제도 등을 활용하여 직무나 부서 이동의 기회를 제공하지만, 기회가 제한적이고 한시적이어서 실제로 적용 대상이 되는 사람은 많지 않다.

구글의 지테크(gTech) 사업 부문이 2016년부터 실행하고 있는 '카멜레온 프로젝트(Project Chameleon)'는 이런 틀을 깨고 내부 인재 재배치를 활성화시킨 사례다.[8]

지테크는 구글의 검색, 광고, 구글맵 등을 고객사의 시스템에 구축하고 기술 지원을 담당하는 조직으로, 5~20명 단위로 구성된 팀이 고객사를 맡아 수개월간 프로젝트를 진행한다. 얼핏 보면 프로젝트에 따라 계속해서 팀이 새롭게 구성될 것 같지만, 실제로는 각 팀의 전문 분야와 투입 시기에 따른 제약이 많아 각 팀 간의 이동 기회가 드물었다. 인력이 추가로 필요한 경우에는 그때마다 새롭게 채용을 하거나 사내 공모를 실시하기도 하였지만, 기회가 제한적이어서 큰 효과를 보지 못했다. 계속해서 반복되는 작업에 직원들의 불만이 누적되었고, 더 나은 기회를 찾아 퇴직하는 사례도 증가하였다.

이에 경영진들은 인재 배치에 대한 실험적인 프로젝트에 착수했다. 주위 환경에 맞춰 몸 색깔을 바꾸는 카멜레온에서 영감을 받았기에 '카멜레온 프로젝트'라 명명했다. 이 프로젝트는 3단계로 구성되어 있다.

1단계는 '정보 입력'으로, 직원들이 자신의 프로필에 경험, 스킬, 관심 분야 등을 등록하고, 각 팀의 관리자들 역시 자신의 팀에 속한 모든 직무에 대해 상세한 업무 내용과 필요 지식, 기술 등을 등록한다.

2단계는 '선택' 단계로, 모든 직원은 공개되어 있는 각 팀의 직무 정보를 보고, 본인이 배치를 희망하는 팀과 직무의 우선순위를 정해 시스템에 입력한다. 동시에 각 팀의 관리자들 역시 자신이 배치하고 싶은 직원들의 우선순위를 정해 선택한다. 이 단계에서는 1단계에서 입력한 각 개인의 정보와 팀의 직무 정보를 비교하여 녹색-황색-적색(Green-Yellow-Red)으로 삼색등을 제시해줌으로써 직원과 관리자가 각각 적합도를 판단할 수 있도록 도움을 주었다.

3단계는 가장 핵심이 되는 '매칭' 단계다. DA 알고리즘(Deferred Acceptance algorithm)*이라고 하는 로직을 활용하여 각 직원을 팀과 직무에 자동으로 배치하였다. 이는 특정 팀과 직무를 1순위로 선택한 직원들 중에서, 관리자가 높은 우선순위를 준 직원부터 순차적으로 배치되는 방

---

* 1962년 데이비드 게일(David Gale)과 로이드 섀플리(Lloyd Shapley)가 수립한 이론으로, 서로 다른 두 집합의 경제 주체들이 상대방 집합의 주체들에 대해 개별적인 선호를 갖고 있을 때, 두 집합의 주체들을 하나씩 쌍으로 맺어주는 최적의 매칭 방법을 제시하였다. 2012년 노벨 경제학상을 수상하였다.

식이다. 만약 1순위로 선택한 직원들 중 관리자가 순위를 부여한 사람이 한 명도 없다면 2순위로 선택한 직원들 중에서 대상자를 찾게 되고, 2순위에도 없으면 3순위로 넘어가는 식으로 로직을 반복하여 모든 직원의 팀과 직무가 결정된다. 이렇게 배치가 결정된 직원들은 지정 기간 동안 해당 직무에서 일하게 되고, 기간이 종료되면 다시 카멜레온 프로젝트에 참여할 기회를 얻게 된다.

이해를 돕기 위해 이 알고리즘을 통한 배치 사례를 오른쪽 그림과 같이 간단히 도식화해보았다. 1~2단계에 해당하는 표는 직원과 각 팀의 팀장들이 배치를 희망하는 우선순위를 등록한 내역이다. 브라이언은 1순위로 A팀, 2순위로 C팀, 3순위로 B팀을 희망한다. 한편 A 프로젝트의 팀장은 배치 희망 직원으로 1순위 브라이언, 2순위 클로이, 3순위로 벤저민을 제출하였다. 이와 같이 모든 직원과 팀장들이 각기 우선순위를 등록하며, 이 과정은 모두 블라인드로 진행된다.

3단계에 해당하는 표는 직원과 팀의 우선순위에 따라 매칭이 진행되는 과정을 보여준다. 먼저 ①과 같이 직원이 1순위로 선택한 팀과, 그 팀들이 1순위로 선택한 직원이 일치하는 경우를 최우선으로 배치한다. 브라이언과 A팀, 올리비아와 B팀, 클로이와 C팀이 서로 1순위로 짝이 맞아 팀 배치가 결정되었다. 그다음 ②에서는 직원의 1순위와 팀의 2순위를 매칭하며, 샬롯과 C팀의 선택이 일치하여 배치가 결정되었다. 하지만 ③, ④의 경우와 같이 직원이 선택한 우선순위와 팀의 선택이 서로 일치하는 경우가 없어 매칭이 불발하는 경우도 발생한다. 이 경우에도 인위적으로 매칭을 조정하지는 않으며, 다음 우선순위로 넘어가 매칭이 완료될 때까지 반복한다. ⑤, ⑥에서 모든 직원의 배치가 완료되며, 벤저민과

・카멜레온 프로젝트 배치 로직 예시 ・

1~2단계: 정보입력 및 우선순위 등록

[직원 : 팀 우선순위 등록]

	1순위	2순위	3순위
브라이언	A팀	C팀	B팀
알렉스	A팀	B팀	C팀
샬롯	C팀	B팀	A팀
올리비아	B팀	A팀	C팀
벤저민	C팀	B팀	A팀
클로이	C팀	C팀	B팀

[팀 : 직원 우선순위 등록]

	1순위	2순위	3순위
A팀	브라이언	클로이	벤저민
B팀	올리비아	벤저민	알렉스
C팀	클로이	샬롯	알렉스

3단계: 매칭 실시

① 직원 1순위 × 팀 1순위

② 직원 1순위 × 팀 2순위

③ 직원 1순위 × 팀 3순위

④ 직원 2순위 × 팀 1순위

⑤ 직원 2순위 × 팀 2순위

⑥ 직원 2순위 × 팀 3순위

최종 배치결과

A팀	브라이언		
B팀	올리비아	벤저민	알렉스
C팀	클로이	샬롯	

알렉스는 본인이 2순위로 선택한 팀으로 배치가 결정되었다.

이 로직을 통하면 모든 직원과 팀의 선호도를 최대한 존중하여 배치를 결정할 수 있다. 만약 자신이 기대한 것과 다른 결과가 나오더라도 우선 순위에 따라 결정된 것이기 때문에 납득할 수 있게 된다. 또한 우수한 인력을 빼앗기기 싫어했던 관리자들도 이 프로젝트를 통해 나오는 결과에 대해서는 수용할 수밖에 없다.

예시에서는 직원과 팀의 숫자가 적어 이상적으로 배치가 되었지만, 실제 사례에서는 이보다 훨씬 복잡한 케이스가 많이 발생한다. 때로는 특정 팀에 아무도 지원하지 않거나 특정 직원을 어떤 팀에서도 바라지 않는 경우도 있다. 예시에서도 A팀은 팀원을 1명밖에 배치받지 못했으나 B팀은 3명을 배치받은 것을 볼 수 있다.

구글은 이러한 상황에 가급적 개입하지 않고, 다소 진통이 있더라도 자연스레 해결되도록 시간을 주었다. HR 부서의 역할 또한 매우 중요하다. 선택과 매칭 과정에 HR 부서는 일절 관여하지 않고 알고리즘의 판단에 따랐으며, 직원들이 입력한 내용도 철저히 비밀로 유지하여 눈치 보지 않고 솔직한 응답을 할 수 있도록 하였다.

언뜻 보면 단순해 보이지만, 이 프로젝트가 가져온 효과는 상당히 컸다. 결과적으로 1년간 전체 지테크 직원의 10%가 카멜레온 프로젝트를 통해 직무를 변경했으며, 이는 기존에 사내 공모 등을 통해 이동하는 인원이 1% 미만이었던 것에 비하면 괄목할 만한 성과였다.

한편 이렇게 직무를 변경한 임직원 중 89%가 본인이 1순위로 희망했던 곳으로 배치받았고, 관리자의 86%가 1순위로 희망했던 직원을 배치받아 서로 윈윈(win-win)할 수 있는 결과를 보였다. 또한 직원과 관리자가 서로에게 선택받기 위해 더욱 노력하게 되었으며, 활발한 인력 이동과 지식 공유를 통해 조직 전체의 역량이 강화되는 효과도 얻을 수 있었다.

구글의 카멜레온 프로젝트는 특별한 기술이나 고도로 축적된 데이터 가 없이도 충분히 HR 운영을 혁신할 수 있음을 보여주는 좋은 사례다. 특히 '선호도'라는 매우 직관적인 기준에 기반한 알고리즘을 통해 인재 활용의 극대화와 직무 만족도 제고라는 두 마리 토끼를 함께 잡은 사례 로도 주목할 필요가 있다.

HR 테크가 불러온 내부 인재 시장의 혁신

시스코와 구글의 사례는 직원의 최적 배치와 활용에 기술이 어떻 게 도움을 줄 수 있는지 보여준다. 두 회사 모두 직원들이 가진 경험, 적 성, 선호도, 성과 등을 데이터로 축적한 뒤, 알고리즘을 이용해 최적의 직무나 팀으로 매칭하는 방식을 사용하고 있다. 이를 통해 기존에 HR 담 당자나 각 부서장들의 경험과 감에 의존하던 인력 배치를 보다 과학적으 로 수행할 수 있다.

최근에는 HR 테크의 활용이 이러한 과학적 인력 배치를 넘어 기업의 업무 방식과 조직 구성을 근본적으로 변화시키는 사례도 나타나고 있다. 모든 직원의 소속 부서와 담당 업무가 정해져 있는 전통적인 '1인 1소 속' 개념을 탈피하여, 각 직원과 팀의 리더들이 개인의 능력과 시간을 자 유롭게 거래하며 팀을 꾸리고 업무를 수행하는 일종의 '내부 인재 시장 (internal talent market)' 개념이 도입되고 있는 것이다.

기업들이 필요에 따라 계약직이나 프리랜서를 디지털 시장을 통해 소 싱하여 활용하는 노동 형태를 의미하는 '긱 이코노미(gig economy)'에 비유하여, 이러한 현상을 '내부 긱 이코노미(internal gig economy)'라고 부르기도 한다. 각각의 직원이 마치 프리랜서처럼 여러 부서와 계약을 맺고 업무를 수행하는 방식이다.

이스라엘에서 설립된 글로트(Gloat)는 이러한 내부 인재 시장 솔루션을 제공하는 대표적 기업이다. 글로트는 '탤런트 마켓플레이스(Talent Marketplace)'라는 플랫폼을 통해 인재 배치, 조직 구성, 경력 개발, 멘토링, 채용 등을 포괄하는 서비스를 제공한다. 이 플랫폼의 핵심은 기업 내에 존재하는 모든 직원과 모든 프로젝트, 모든 직무가 투명하게 공개되고 거래되는 '시장'에 있다. 직원들은 자신의 재능과 시간을 이 시장을 통해 판매하며, 리더들은 자신의 프로젝트에 필요한 직원의 재능과 시간을 시장에서 구입하여 활용한다. 프로젝트의 특성에 따라 기간, 집중도, 수행 위치 등에 제약이 있을 수 있지만, 기본적으로 모든 직원과 모든 프로젝트에 참여 기회가 열려 있는 개방성을 원칙으로 삼는다.

직원들은 자신의 지식, 스킬, 경험과 앞으로의 경력 개발 계획 등을 포함한 프로필을 작성한다. 이때 가능한 한 많은 정보를 담고 있는 프로필일수록 인재 시장에서 효용성이 높아지므로, 프로필에 포함된 정보를 AI가 분석하여 완성도를 평가하고 보완할 사항을 제시해준다. 또한 현재의 역량을 단순히 나열만 하는 것이 아니라, 목표로 하는 직무나 역할에 비해 부족한 부분과 개선 방안을 분석하여 함께 제시함으로써 더욱 객관적으로 직원의 수준을 파악할 수 있는 지표를 제공한다. 이렇게 등록된 프로필은 누구나 확인할 수 있게 공개된다.

한편, 리더들은 프로젝트에 필요한 직무의 정보를 탤런트 마켓플레이스에 등록한다. 각 직무에 요구되는 스킬과 경험, 프로젝트 기간과 투입

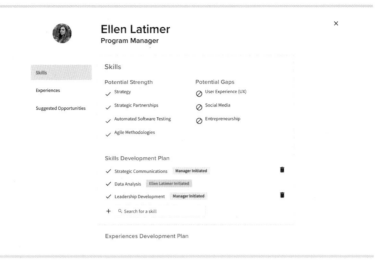

글로트 탤런트 마켓플레이스의 개인 프로필 예시.
자료: <https://www.g2.com/products/gloat/reviews>.

시간 등에 대한 상세한 정보가 개인 프로필과 마찬가지로 전 직원에게 공개되며, 각 직무에 현재 담당 직원이 투입되어 있는지 여부도 알려준다. 프로젝트 리더는 이 자리를 채우기 위해 외부 채용과 내부 충원을 모두 선택할 수 있다. 탤런트 마켓플레이스는 외부와 내부의 인재 풀을 검색하여 적합한 후보자들을 제시해주며, 리더는 이 중 원하는 후보자를 선택하여 바로 참여 제안을 할 수 있다. 물론 직원들도 여러 프로젝트를 검토하여 자신이 희망하는 곳에 참여를 신청할 수 있다. 양측이 모두 동의해야만 매칭이 성사되므로, 직원과 리더들의 판단을 돕기 위해 탤런트 마켓플레이스에서는 다양한 데이터 분석을 통해 서로의 적합도를 예측하고 최적의 조합을 추천해주는 기능을 제공한다.

글로트의 솔루션을 활용하여 인력 배치를 획기적으로 개선한 사례로,

영국의 생활용품 기업인 유니레버(Unilever)와 프랑스의 에너지 솔루션 기업 슈나이더 일렉트릭(Schneider Electric)을 들 수 있다. 유니레버는 비누부터 아이스크림까지 7만여 개에 달하는 제품을 전 세계 수천 개 법인에서 판매하는 대표적인 다국적기업이다. 생활용품 산업은 매우 경쟁이 치열하고, 지속적인 변화와 창의적인 아이디어가 없으면 생존하기 어려운 산업이다. 이를 위해서는 하나의 분야나 지역에만 익숙한 사람보다는 다양하고 새로운 시각을 갖춘 사람들이 필요하다. 유니레버는 직원들에게 자사 내의 다양한 브랜드, 제품, 지역을 폭넓게 경험하고 유연하게 이동하는 기회를 주는 것이 개인 역량을 성장시킬 수 있을 뿐 아니라 회사 차원의 경쟁력도 높이는 방안임을 인식했다. 하지만 13만 명의 직원들이 일하고 있는 수천 수만 개의 프로젝트와 팀에 대한 정보를 효과적으로 공유하기 어려운 상황에서 내부 인재 이동은 많은 제약을 안고 있었다.

이에 유니레버는 글로트의 탤런트 마켓플레이스 솔루션을 활용하여, '플렉스(FLEX)'라는 이름의 내부 인재 시장을 도입하였다. 플렉스를 통해 전 세계에서 진행되는 프로젝트와 직원들의 정보가 공유되면서, 유니레버의 직원들은 고정된 조직과 직무에 얽매이지 않고 자율적으로 자신에게 가장 적합한 일을 찾아갈 수 있게 되었다.

또한 기존의 업무 영역을 넘어서는 혁신적이고 창의적인 프로젝트 수행이 수월해졌다. 과거에는 아이디어가 있어도 각자 자기 업무에 매몰되어 엄두를 내지 못했지만, 플렉스를 통해 전 세계에 있는 유니레버 직원들이 힘을 모아 수행할 수 있게 된 것이다. 코로나19로 인해 원격근무가 일상이 된 상황은 플렉스의 활용도를 극대화하였다.

유니레버는 플렉스를 통해 생산성이 41% 증가했고, 50만 시간에 달하

Data Analysis Landscape Assessment

Created by Kevin Jones

Roles

IT Manager	3 weekly hours	✓
Development Team Leader	6 weekly hours	✓
Finance Manager	2 weekly hours	

글로트 탤런트 마켓플레이스의 프로젝트 정보 예시.
자료: <https://www.g2.com/products/gloat/reviews>.

는 '해제된 시간(unlocked hours)'을 확보했다고 발표했다. '해제된 시간'
이란, 직원들이 원래 업무 이외에 플렉스를 통해 파트타임으로 프로젝트
를 수행하는 데 투입한 시간을 의미한다. 기존에는 무의미하게 버려졌던
자투리 시간이 직원들이 자발적으로 아이디어를 제안하고 역량을 키우
는 시간으로 변화한 것이다. 이렇게 수행된 프로젝트의 70%는 여러 사
업부와 직무가 참여하는 형태로 이루어져서 자연스럽게 조직 간의 경계
를 낮추고 직원들의 교류도 촉진할 수 있었다.

 에너지 기술 분야의 세계적 리더 기업인 슈나이더 일렉트릭의 사례도
매우 유사하다. 이 회사는 퇴직 사유의 50%가 '회사 내의 경력 개발 기회
부족'으로 나타난 결과를 확인한 후, 내부 인재들에게 더 많은 경력 개발
기회를 제공하는 방안으로 내부 인재 시장의 가능성에 주목하였다. 이

에 글로트의 탤런트 마켓플레이스 솔루션을 도입하여, 프로젝트, 공석 충원, 멘토링의 3개 영역에서 직원들을 서로 연결하는 '오픈 탤런트 마켓(Open Talent Market)'을 구축하였다. 직원들은 이 플랫폼을 통해 자유롭게 자신의 스킬을 활용할 수 있는 프로젝트에 참여하고, 정식 충원 기회가 있을 때 지원할 수 있으며, 역량 개발을 위해 멘토링을 요청할 수도 있다.

오픈 탤런트 마켓을 도입한 지 2개월 만에 전 직원의 60%가 프로필을 등록하고 전체 직무의 70%가 등록되어, 단순 인재 배치를 넘어 업무 수행의 핵심 플랫폼으로 자리 잡을 수 있었다. 프로젝트 배치를 통해 12만 6천 시간을 추가로 활용하여 생산성을 높이는 효과를 얻었고, 직원들의 만족도도 크게 올라가는 성과를 거둘 수 있었다.

최고의 인재는 우리 안에 있다

모든 기업은 항상 인재를 갈망한다. 어딘가에 숨어 있는 고수가 혜성같이 나타나 산적한 문제들을 해결해주는 상상을 하며 많은 시간과 노력을 기울여 인재를 찾는다. 인재 채용은 기업이 성장하는 데 반드시 필요한 투자이지만, 만족할 만한 성과를 거두기는 쉽지 않다. 조직 밖에 있는 사람에 대한 정보가 부족할 뿐 아니라, 단기간에 객관적으로 평가하는 데에도 한계가 있기 때문이다.

하지만 기업 내에 재직 중인 직원들은 그러한 제약에서 상대적으로 자유롭다. 직원들의 역량은 다양한 데이터를 통해 심도 있게 평가할 수 있고, 자유롭게 소통할 수 있으며, 장기간 시간을 투자하며 체계적으로 양성할 수도 있다. 또한 기업 문화와 프로세스에 익숙한 만큼 새로운 일을 맡기더라도 훨씬 빠르게 적응하여 성과를 낼 수 있다. 외부 채용의 가장 큰 위험 요인이 초기 적응 실패임을 고려할 때, 내부 인재 활용이 가지는 장점은 분명하다.

기업이 진정 인재를 원한다면 지금 함께하고 있는 직원들에 대해 충분히 이해하고 있는지를 먼저 돌아볼 필요가 있다. 직원 개개인의 강점과 약점, 스킬과 경험, 적성과 선호, 비전과 경력 계획에 대해 얼마나 확실히 이해하고 있는가? 이러한 데이터가 효과적인 플랫폼을 통해 축적되고 있는가? 이 질문들이 충족될 때, 데이터는 적재적소의 인재 활용에 대한 답을 제공해줄 것이다.

2장

업무 생산성 혁신,
이제는 스마트하게

실적과 성과의 차이

최근 몇 년 새 올림픽이나 월드컵과 같은 스포츠 이벤트를 보는 사람들의 시선이 사뭇 달라졌다. 불과 얼마 전까지만 하더라도 사람들은 메달을 획득하지 못한 선수에게 격려나 위로보다 아쉬움 섞인 질책을 먼저 쏟아내곤 했다. 사람들의 관심도가 낮은 비인기 종목에서 선전한 선수들에 대한 관심은 스포츠 뉴스에서조차 찾아보기 어려웠다.

그런데 최근에는 단순히 경기 결과보다 그 선수가 경기를 위해 준비해온 과정이나, 비인기 종목 선수가 열악한 지원 속에서도 고군분투하는 모습을 미디어를 통해 많이 접할 수 있다. 승패와 무관하게 이러한 환경에서 얻어낸 결과 자체를 성과로 보는 것이라고 해석할 수도 있겠다.

기업 입장에서 '성과가 향상되었다'라는 말은 다양한 상황에 쓰이고 있다. 단순하게는 전년, 전월 대비 매출이나 영업이익 등의 재무지표가 개선된 것부터, 업무 시간을 단축하고 불량률을 낮춰 기업의 이익 제고에 기여하는 것을 우리는 흔히 '성과'라고 표현한다.

그런데 만약 경쟁사 제조공장의 갑작스러운 화재 사고로 우리 회사의 주가와 영업이익이 상승하는 반사 효과를 누리게 되었다면, 이것은 우리 회사와 직원들의 성과가 향상된 것으로 볼 수 있을까? 이런 경우 '실적이 개선되었다'라고 할 수는 있겠지만, 이것을 '성과'라고 표현하지는 않는다.

우리는 많은 상황에서 '실적'과 '성과'에 큰 차이를 두지 않고 있다. 실적이 단순히 현재의 상태를 나타낸다면, 성과는 그 실적을 내기 위한 수단과 방법, 과정, 능력 등을 포괄하는 개념에 가깝다. 특정 시점의 실적이 기존보다 개선된 것만으로 기업과 직원의 성과가 향상되었다고 단언할 수는 없다. 반면에 직원이 어떠한 경험을 통해 지속적인 실적 향상을 이뤄낼 수 있는 역량을 가지게 되었다면 비록 올해의 실적이 목표에 미치지 못했더라도 유의미한 성과를 이뤄냈다고 보는 것이 타당할 것이다. 물론 목표까지 달성했다면, 이는 반론의 여지가 없는 탁월한 성과다.

기업에서 오랜 시간 고민해온 '생산성 향상'이라는 숙제가 바로 이 지점에서 '성과'와 만나게 된다. 과거에는 생산성을 '최소 투입, 최대 효과'로 정의되는 '효율성'에 가까운 개념으로 이해했지만, 최근에는 좀 더 중장기적인 시각을 가지고 직원들이 향후에도 지속적으로 유의미한 가치를 창출할 수 있는 방법을 고민하는 방향으로 바뀌어가고 있다.

최근 등장한 '직원 경험', '직원 몰입', '애자일(agile) 조직'*과 같은 새로운 개념은 바로 이러한 고민의 대표적인 산물이라고 할 수 있다. 이미 일부 기업들은 이러한 트렌드에 HR 테크를 접목하여 그 속도를 더욱 높여 가고 있다. 이번 장에서는 기업들이 과연 실적만이 아닌, 성과 향상을 위해 어떠한 HR 테크에 주목하고 있는지 확인해본다.

'감'에 의존한 조직개편이 위험한 이유

많은 국내 기업들이 연말 임원 인사 발표와 함께 조직개편을 실시한다. 꼭 연말이 아니더라도, 기업의 수장이 교체되거나 사업의 방향성 쇄신이 필요한 경우에 단행하기도 한다. 조직의 구조는 곧 사업과 인력의 구조와도 같고, 조직의 체계는 소통과 의사결정의 절차와 방식을 결정짓는 만큼, 조직개편은 기업 경영에 매우 중요한 의미를 갖는다. 그런데 문제는 대부분의 조직개편을 검토하는 과정에서 새로운 조직의 운영 효과성에 대해 과학적인 접근보다는 그간의 경험에서 비롯한 '감'에 의존하는 경향이 크다는 것이다.

A기업은 최근 업계 내의 기업들이 너 나 할 것 없이 ESG[**] 경영을 화두로 제시하는 트렌드에 발맞춰 'ESG 경영혁신팀(가칭)'을 부랴부랴 신설했다. 그런데 사실 A기업에는 법적, 사회적 이슈에 대응하기 위해 '안전환경팀', '사회공헌팀' 등의 조직을 이미 운영해오고 있었다. 'ESG'라는

---

[*] 부서 간 경계를 허물고 위계적 보고 체계에서 탈피하여 조직 외부 환경 변화에 유연하고 민첩하게 대응하기 위한 유기적 구조의 조직 형태로, 소프트웨어 개발 방식의 변화를 추구하며 엔지니어들이 발표한 '애자일 소프트웨어 개발 선언'에서 유래되었다. 해당 선언에 담긴 '상호작용', '협력', '변화 대응' 등의 내용을 조직 설계에 적용하는 개념이다.

[**] ESG는 'Environmental, Social and corporate Governance(환경, 사회, 기업 지배구조)'의 약어로, 사회적 책임(CSR)에 이어 기업의 지속 가능성과 사회적 영향력을 가늠하는 새로운 개념의 평가 요소로 주목받고 있다.

키워드를 전면에 내세운 조직 신설은 대외 홍보 측면에서는 그럭저럭 괜찮은 이벤트가 될 수 있겠지만, 실제 조직 내 구성원들의 관점에서는 기존에 존재하던 조직을 단순히 하나의 이름으로 합치고, 'ESG 경영혁신 팀장'이라는 의사결정 단계를 추가한 것에 불과하다. 조직 내부의 인력 쇄신이나 조직 운영 혁신을 위한 과학적인 분석과 대안이 동반되지 않는 한, 경영자의 의지나 트렌드에만 집중한 이와 같은 조직 운영은 직원들의 업무 효율성 향상에 도움을 주기는커녕 오히려 비효율을 심화하는 원인이 될 수 있음을 기억하고 경계할 필요가 있겠다. 그렇다면 글로벌 기업들은 어떻게 조직 운영 혁신을 이루고 있을까?

네트워크 분석을 통한 마이크로소프트의 조직 운영 혁신

마이크로소프트는 2010년대에 들어서 사업 방향에 큰 전기(轉機)를 맞이했다. 윈도우, 오피스 등의 단발성 소프트웨어 라이센스 판매가 주요 수익을 차지했던 과거와 달리, 클라우드 컴퓨팅 기술의 본격적인 도입으로 서버 관리와 보안성 유지 등 지속적인 고객 사후관리를 통한 수익 창출이 새로운 사업 모델로 떠오르고 있었기 때문이다. 이처럼 사업의 근본적인 패러다임이 바뀐 대전환기에 결론적으로 마이크로소프트는 성공적으로 변화에 적응하며 시장에서 살아남았을 뿐 아니라, 시장 영향력을 더욱 확장했다.

실제로 마이크로소프트의 매출에서 윈도우 제품이 차지하는 비중은 2009년 26.6%에서 2021년 13.8% 수준으로 낮아진 반면, 서버 및 클라우드 컴퓨팅 관련 매출 비중은 같은 기간 동안 25.1%에서 31.3%로 상승하며 현재는 마이크로소프트 전 제품군 중 가장 높은 비중을 차지하고

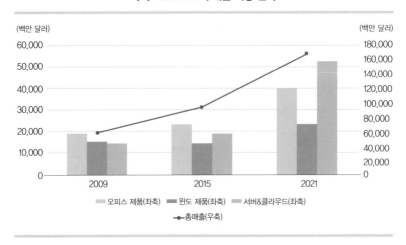

· 마이크로소프트의 매출 비중 변화 ·

(백만 달러) / (백만 달러)

오피스 제품(좌축) ▬ 윈도 제품(좌축) ▬ 서버&클라우드(좌축)
●— 총매출(우축)

자료: <Microsoft Annual Report>.

있다.* 이러한 성공적인 시장 안착의 배경에는 마이크로소프트가 단행한 데이터 기반의 영업 조직 혁신이 있었다.

마이크로소프트는 조직 운영의 방향성을 재정비하기 위해 가장 먼저 영업 담당자들의 업무 스케줄과 이메일 데이터를 수집했다. 이를 통해 직원들이 하루에 얼마만큼의 시간을 고객에게 투자하고 있는지 확인하고, 이 데이터를 판매 실적, 고객 만족도 평가 이력과 조직 내부의 협업 데이터를 연계해 추가 분석을 실시했다. 이를 통해 고성과를 창출하는 직원들이 어떤 방법으로 내부 협력을 진행하고, 고객과의 관계를 유지하는지에 대한 업무 노하우를 도출했다.

데이터를 통해 마이크로소프트가 발견한 사실 중 하나는 영업사원의

---

* 마이크로소프트 회계연도(전년 7월~금년 6월) 기준 매출.

대내외 네트워크가 크고 포괄적일수록 실적이 높다는 것이었다. 실제로 고성과 영업사원들의 경우, 본인이 소속된 조직의 동료와 상사뿐 아니라 엔지니어, 마케팅, 지원팀 등 다른 기능 조직의 구성원과도 많은 상호작용을 하고 있었다. 이 상호작용 네트워크의 크기는 재직 기간에 비례하고, 성과 창출을 위한 최소한의 네트워크 형성을 위해 평균 12개월의 시간이 소요된다는 결과도 얻을 수 있었다. 마이크로소프트는 이와 같은 분석 결과를 바탕으로 직원들의 네트워크 확장을 지원하기로 결정하고, 신입사원처럼 네트워크가 부족한 직원들을 위해 인맥 정보를 제공했다. 또한 관리자들이 신입사원의 네트워크 확장을 지원하기 위해 쓰는 시간을 단축할 수 있도록 별도의 코칭 프로그램을 신설했다.

이뿐만 아니라 빠르게 자사의 매출을 증가시켜주는 고객의 경우 영업사원과의 소통 빈도와 시간이 일반 고객의 평균 2배 이상에 달하는 것으로 나타났다. 이러한 결과를 바탕으로 마이크로소프트는 기존에 저평가되었던 고객사에 대한 재분류를 실시했고, 영업사원들이 고객사에 충분한 시간을 할애할 수 있도록 직원 1인당 담당 고객사의 수를 축소했다.

특히 영업조직뿐 아니라 개발, 마케팅 등 관련 부서에 대해 진행한 분석에서도 같은 결과가 나온 점에 착안, 기존의 치열한 내부 경쟁을 통한 실적 중심의 동기부여 문화에서 벗어나, 고객 중심의 협업을 독려하는 비즈니스 프로세스와 인사평가 기준 등을 수립했다.

또한 영업사원의 영업 활동 기록, 대내외 네트워크, 판매 실적 등 100여 개의 데이터를 활용해 미래의 고객만족도를 예측하는 '고객만족도 사전 예측' 모델을 만들었다. 이를 통해 중도에 이탈할 우려가 있거나 지역적인 특수성으로 인해 지속적인 소통이 필요한 고객사를 직원들에게 알려주고, 영업사원들의 스케줄 관리까지 도와주는 식으로 직원들의 성과 향상을 지원했다.

2008 회계연도 기준 600억 달러 수준이던 마이크로소프트의 매출은 2021 회계연도에 3배 가까이 증가한 1,681억 달러를 기록했다.[9] 산업 환경의 변화에 따라 수많은 기업이 급부상하거나 사라지고 또 냉정하리만큼 변화무쌍하게 바뀌는 미국의 시가총액 순위에서 마이크로소프트는 20년 가까이 Top3의 자리를 굳건하게 지키고 있다. 마이크로소프트의 사례는 '감'이 아닌, 과학적 데이터 분석 기반의 조직 운영이 갖는 중요성을 보여주는 좋은 사례다.

단순 운영성 업무를 대신 해주는 AI, 챗봇

개발팀 A과장은 매주 수요일만 되면 출근길 발걸음이 천근만근이된다. 바로 매주 목요일에 실시하는 개발팀 진척 현황 점검회의 때문이다. A과장의 평소 본업이라고 할 수 있는 연구개발 업무만으로도 바쁜데, 각 부서의 일정을 일일이 확인하여 회의실을 예약하고 이를 회의 참석자에게 공지해야 한다. 그뿐만 아니라 회의시간에도 모든 발언을 받아적는 회의록을 작성해야 하다 보니 일주일 중 이틀은 밥 먹을 시간까지 쪼개 써야 할 정도로 바빠진다.

개발 과정에 문제가 발생하거나 고객으로부터 독촉 전화라도 한 통 받는 날이면, 그날은 퇴근을 포기하다시피 하고 업무에 매달려야 한다. 실적이 개인의 성과와 역량이 되는 조직 생활에서 A과장은 본래 업무도 아닌 일 때문에 성과가 떨어지고, 남들보다 뒤처질지도 모른다는 불안감때문에 큰 스트레스를 받고 있다.

이런 상황으로 인해 개인 시간을 거의 포기하며 야근이 일상화되어버린 A과장에게 과연 '업무에 몰입하고 있다'라는 평가를 내릴 수 있을까? 업무에 대한 책임감이 투철하다고는 할 수 있겠지만, 이러한 책임감을 무조건 업무 몰입과 동일하게 여기기는 어려울 것이다. 생각보다 많은 직장인들이 이렇게 하루 업무 시간을 부가가치를 창출하지 못하는 '운영성 업무' 수행에 소비하고 있다. 이는 야근을 많이 하는 것으로 유명한 한국이나 아시아권 국가에만 국한된 이야기가 아니다.

한 연구 결과에 따르면 전 세계 직장인의 하루 근로시간 중 평균적으로 약 30%에 이르는 시간이 회의 문서 작성, 회의실 예약, 개인 용무 등 단순 운영성 업무에 소비되고 있다.[10] 하루 8시간 근무를 한다면 이중 생산적인 업무에 쓰이는 시간은 5시간 남짓에 불과하다는 것이다. 비슷한 내용으로 미국에서 500여 명의 관리자급 직원을 대상으로 실시한 설문조사에서는 응답자의 36%가 업무현황 관리나 비용 처리 등에 하루 3~4시간을 소비하고, 심지어 23%는 하루 업무 시간 중 절반이 넘는 5시간 이상을 비생산적 업무 수행에 보내고 있다고 응답했다.[11] 최근 많은 기업이 이러한 비생산적인 단순 반복 업무를 줄여 직원들의 업무 몰입을 유도하고, 궁극적으로 생산성과 성과 향상에 기여할 수 있도록 AI 기술을 적극 활용하고 있다. 그 대표적인 사례가 바로 챗봇이다.

챗봇은 진화 수준에 따라 기초적인 질의응답에 대응 가능한 'FAQ 챗봇', 자연스럽게 대화하듯이 질문을 이해하고 정보를 제공할 수 있는 '대화형 챗봇', 사용자의 니즈를 파악하여 최적의 대안까지 제시하는 'AI 챗봇'으로 나뉜다. 이중 현재는 '대화형 챗봇'이 가장 활발하게 쓰이고 있다. 2019년 IT 시장조사 전문업체인 가트너(Gartner)[12]는 2022년까지 사

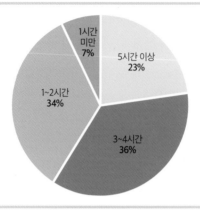

· 하루 중 단순 운영성 업무에 할애하는 시간 ·

- 5시간 이상 23%
- 3~4시간 36%
- 1~2시간 34%
- 1시간 미만 7%

주: 미국 컨설팅 사 웨스트 몬로에서 실시한 관리자 500명 대상 설문 (2018).
자료: <https://www.westmonroe.com/perspectives/report/companies-are-overlooking-a-primary-area-for-growth-and-efficiency-their-managers>.

무직 근로자의 70%가 대화형 챗봇을 매일 일상적으로 사용할 것으로 예측했다.

최근 국내 기업들도 AI 기반의 다양한 업무 어시스턴트 챗봇을 소개하고 있다. 카카오는 자사의 메신저 기반 업무 플랫폼 '카카오워크'[*]에 대화형 챗봇 '캐스퍼'를 탑재했다. '캐스퍼'는 사내 시스템과 연동하여 기존의 운영성 업무에 소비되는 시간을 줄여준다. 캐스퍼를 통해 회의실 예약을 요청하면 회의 참석자들의 일정과 해당 시점에 사용 가능한 회의실 현황을 파악하여 사용자에게 제안하는 식이다.

---

[*] '카카오워크'는 '카카오엔터프라이즈'의 AI 기반 기업용 업무 플랫폼으로 일반 기업에서도 이용 상품에 따라 무료 또는 유료로 이용할 수 있다.

네이버에서는 음성인식 기술을 활용하여 회의록 작성을 대신해주는 '클로바노트'를 선보인 바 있다. 클로바노트는 현재, 발언자를 분리하여 각각의 발언 내용을 '받아 적는' 수준의 회의록 작성 기능을 수행하고 있지만, 향후 발언 내용을 다듬고 회의 내용을 요약하는 기능까지 추가할 예정으로, 기업에서의 활용도가 매우 높아질 것으로 기대된다.

그런가 하면 인사 관련 문의에 특화된 챗봇도 있다. 독일 최대의 종합 엔지니어링 기업 지멘스(Siemens)는 IBM과 공동 개발한 챗봇 '칼(CARL)'*을 사용하고 있다. 칼은 휴직, 휴가 등의 근태와 보상, 복리후생에 대한 개인화된 정보를 사용자의 문의에 따라 즉시 제공하고, 별도 시스템 접속 없이도 메신저에서 대화하는 방식으로 휴가 일정 변경과 같은 시스템 연계까지 가능한 '원스톱 HR 서비스'를 제공하는 챗봇이다. 이를테면 갑작스레 병가를 사용할 때, 담당자에게 연락하여 사정을 설명하고, 기준을 확인하고, 결재 문서를 작성하여 상신해야 하는 번거로운 절차를 획기적으로 단축시킨다. 또한 시간과 공간에 대한 제약이 없기 때문에 직원이 언제 어디에 있건 간에 즉시 대응할 수 있으며, 이를 통해 인사 담당자의 업무 부담을 덜어주는 데에도 기여했다. 칼은 2017년 독일과 오스트리아를 시작으로 현재는 30여 개 국가의 지멘스 직원들이 사용하고 있으며, 한 달 평균 150만 건에 달하는 직원 문의를 처리하고 있다.

챗봇을 통한 업무 처리 기술은 아직 도입 단계에 가깝다 보니 몇몇 한

---

* '상호작용형 사용자 관계 및 지속적인 학습을 위한 인지형 어시스턴트(Cognitive Assistant for Interactive User Relationship and Continuous Learning)'의 약자로, 지멘스 창업주 에른스트 베르너 폰 지멘스(Ernst Werner von Siemens)의 아들 칼 하인리히 폰 지멘스(Carl Heinrich von Siemens)의 이름에서 착안하여 붙인 명칭이기도 하다.

지멘스에서 활약하고 있는 챗봇 칼(왼쪽)과 카카오워크의 대화형 챗봇 캐스퍼(오른쪽). 기업에서 꼭 필요하지만 번거롭고 생산성이 떨어지는 업무를 대신해주고 있다.
자료: <https://deutscher-personalwirtschaftspreis.de/projekt-hr-organisation/>; <https://www.kakaowork.com/demo>.

계점도 보인다. 챗봇을 통해 직원들의 접근성은 대폭 향상시킬 수 있지만, 처리하지 못하는 업무들은 결국 담당자에게 전달된다. 그 때문에 챗봇의 처리 능력이 원활하지 못하다면 이것이 오히려 담당자의 업무 부담을 가중시키는 요인이 될 수 있다. 또한 현재 시중에서 가장 많이 활용되는 키워드 인식 형태의 챗봇과 달리, 복잡한 문장 구조나 대화 속에서도 사용자의 의중을 정확하게 파악할 수 있게 하려면 자연어*에 대한 인식률을 향상시켜야 하는데, 이를 위해서는 주기적인 업데이트가 필수

---

* 사람들이 일상적으로 사용하는 언어를 뜻하는 개념으로, 예를 들면 '내일 날씨'라는 문구보다는 '내일도 우산 가지고 출근해야 할까?'라는 질문이 자연어에 가깝다.

적이다. 직원들의 활용 빈도가 높아 충분한 데이터 축적이 가능한 분야부터 우선적으로 챗봇을 도입하고, 점진적으로 그 활용 범위를 확대해나가는 것이 좋은 선택이 될 것이다.

HR 애널리틱스, 시간과 성과의 상관관계를 밝히다

2018년 장시간 근로 관행을 개선하기 위해 근로시간 단축 개정법, 이른바 '주 52시간 근로제'를 도입하면서 근무시간과 성과와의 관계가 큰 화두로 떠올랐다. 기업의 경영진들은 근무시간 감소가 생산성 하락에 따른 기업 경쟁력 하락으로 연결될 것이라며 우려를 표한 반면, 노동계에서는 직원들이 주어진 시간 내에 집중해서 일하고 충분한 휴식을 통해 더 높은 생산성을 낼 수 있을 것이라 기대했다. 최근에는 주 4일 근무의 필요성까지 대두되며 이를 시범적으로 도입하는 글로벌 기업들이 늘어나고 있는 추세다. 이제는 본격적으로 근무시간을 단축하면서도 생산성을 제고할 수 있는 방안을 과학적으로 고민해야 하는 이유다.

삼성글로벌리서치는 글로벌 하이테크 기업 A사의 사례를 통해 고성과를 창출하는 조직(부서)의 시간관리(time management) 특성을 다각도로 분석하고 성과 향상을 위한 개선 방안을 도출하였다. 이를 위해 부서장과 부서원의 근무시간 패턴, 결재 및 이메일 패턴, 근무시간 편중도 등이 조직의 성과에 미치는 영향을 분석하였다.

그 결과, 부서원 및 부서장의 일평균 근무시간 및 평균 퇴근 시간은 성과에 강한 영향을 미치는 것으로 나타났다. 그러나 주목할 점은 일평균 근무시간 및 퇴근 시간에 적정 수준이 존재한다는 것이다. 너무 짧게 일하거나 과도하게 오래 일하는 것 모두 조직 성과에는 부정적으로 나타났다. 적정 시간은 직군별로 차이가 있었고, 연구개발 직군의 적정 근무시간이 타 직군보다 조금 더 길게 나타났다. 이는 주 52시간 근로제 준수에만 집중하여 획일적으로 '하루 몇 시간 이내로 근무하라'라고 규정하는 방식의 관리적 마인드가 위험할 수 있음을 시사한다.

또한 분석 결과 부서원의 근무시간 패턴보다는 부서장의 근무시간 패턴이 성과에 더 높은 영향력을 미치는 것으로 나타났다. 부서장이 일찍 출근하고 늦게 퇴근한다면 부서원은 부서장의 눈치를 볼 수밖에 없다. 부서장의 비효율적인 근무시간 패턴은 부서원의 근무시간 패턴에도 영향을 미치고 궁극적으로 조직 성과에도 연쇄적으로 부정적인 영향을 미칠 수 있다. 따라서 부서장이 솔선수범하여 효율적으로 근무시간 관리를 하는 것이 중요하다고 해석할 수 있겠다. 한 가지 더 재미있는 결과는 출근 시간이 조직 성과에는 큰 영향을 미치지 않는 것으로 나타났다는 점이다. 개개인마다 최적의 생산성을 내는 시간이 있는 만큼, 부서원의 출근 시간을 조금 더 유연하게 바라볼 필요가 있겠다.

그렇다면 적정 근무시간은 어떻게 유지할 수 있을까? 일평균 적정 근무시간이 ○시간 이내이니, 무슨 수를 써서라도 ○시간 내에 업무를 끝내라고 강제라도 해야 하는 것일까? A사 역시 같은 고민을 가지고 일평균 근무시간에 영향을 미치는 선행요인이 있을 것이라 판단하여 추가 분석을 실시하였다. 그 결과, 부서장이 부서원들에게 업무 지시를 할 때 이 업무가 왜 중요한지, 과제 전체에서 어떤 기여를 하는지 구체적으로 이야기하면서 '업무에 대한 의미'를 부여하면, 부서원이 자신의 목표를 더욱 적극적으로 수용하고 집중함으로써 근무시간 감소에 영향을 미치는 것으로 나타났다. 이러한 근무시간 감소는 궁극적으로 조직 성과 향상으로까지 이어졌다.

성과에 영향을 미치는 것은 근무시간만이 아니다. 분석 결과, 이메일 및 결재 패턴도 조직 성과에 유의미한 영향을 주고 있었다. 결재 시간의 경우, 오후 1시 이전에 빨리 결재를 올릴수록 조직 성과에 긍정적인 영향을, 오후 6시 이후 심야 시간에 결재를 많이 올릴수록 조직 성과에 부정적인 영향을 미쳤다. 결재를 빨리 올릴수록 당일 결재 완료 가능성이 높아지고, 빠른 의사결정으로 이어져 업무 생산성을 높이는 효과가 있는 반면, 심야 시간대의 결재는 부서장이 빠르게 결재 진행을 하지 않을 가능성이 높고, 결국 부서원들은 부서장의 결재가 이루어질 때까지 업무 대기를 할 가능성이 높아지기 때문이다. 결재 건수도 중요하다. 평일, 심야 관계없이 결재 건수가 많아질수록 그로 인한 스트레스가 심화되고, 업무 집중에 방해를 받아 조직 몰입과 부서 성과에 모두 부정적인 영향을 미치는 것으로 나타났다.

이메일 역시 결재와 유사하게 상위 조직의 부서장(임원)이 심야 또는 휴일에 많은 이메일을 발송할수록 조직 성과에 부정적 영향을 미치는 것을 확인할 수 있었다. 상위 조직 부서장이 심야 또는 휴일에 이메일을 보내고 심지어 빠른 답변을 요청한다면, 하위 리더와 부서원들은 그 후에도 언제 이메일을 보낼지 모른다는 긴장감 속에서 상시 대기하고 즉시 대응해야 한다는 부담감을 가지게 된다. 일부 경영진급 임원들의 경우, 평일에 밀린 업무를 주말에 여유 있게 살펴보고 필요한 업무 지시를 이메일로 보내는 경우가 있는데, 이는 하위 리더와 부서원들의 업무 긴장도를 불필요하게 높이고 충분한 휴식을 방해하며, 궁극적으로 평일 업무 집중도 및 업무 생산성에 영향을 미칠 수 있음을 잊지 말아야 한다.

A사는 이러한 분석 결과를 부서장 리더십 교육 콘텐츠에 반영하여 지속적으로 교육하고, 효율적인 근무 문화 정착을 위해 꾸준히 노력하고 있다. A사의 연구 결과는 누군가에게는 기존의 고정관념을 깨는 의외의 내용일 수도 있고, 지레짐작했던 내용들에 대한 확신을 심어주는 근거 자료가 될 수도 있을 것이다. 하지만 한 가지 달라지지 않는 결론은 개인 또는 조직의 성과에 '시간'이 주는 영향이 적지 않다는 것이다. 과거에는 빠른 시간 안에 물건을 하나라도 더 생산해내는 것을 '효율성' 내지는 '생산성'으로 정의하고, 지표 향상만을 목표로 하는 기업들이 많았다. 하지만 단순히 짧은 시간에 더 많은 일을 효율적으로 하는 개인의 역량이나, 야근을 해서라도 하루 업무를 반드시 처리하겠다는 책임감과 열정만으로는 지속 가능한 고성과 창출을 기대하기 어렵다. 조직이 필요로 하는 인력을 필요한 곳에 필요한 만큼 배치하여 적절하게 활용하고, 직원 개인뿐 아니라 조직 차원에서 효율적인 업무 수행이 가능한 제도나 기준과 같은 업무 환경을 구축할 때, 비로소 지속성을 가진 성과 향상의 가능성을 높여나갈 수 있다.

지속 가능한 성과 향상의 열쇠, 시간관리를 돕는 HR 테크

경영학의 아버지라고 불리는 피터 드러커(Peter Drucker, 1909~2005)는 저서 《피터 드러커의 자기경영노트(*The Effective Executive*)》의 2장 '당신의 시간을 알라(Know Thy Time)'에서 이렇게 말했다.

"효과적으로 일하는 사람들은 과업이 아닌, 시간에 먼저 집중한다. 그들은 업무를 시작하기 전에 계획을 수립하기보다는, 스스로 시간을 어떻게 활용하고 있는지 확인하는 것에서 출발한다. 그 후 그들은 시간을 관리하며 비생산적인 업무를 줄이기 위해 노력한다."

피터 드러커는 '시간'이 '성취'를 위한 활동에서 가장 희소성이 높은 자원이라고 말한 바 있다. 사실 특별한 마감 기한이 있는 일이 아니라면, 우리가 일상생활에서 느끼는 시간은 그 희소성을 인지하지 못할 정도로 끝없이 흘러가고 있다. 하지만 반대로 생각해보면 피터 드러커의 말처럼 시간은 어떻게 쓰느냐에 따라서 그 효용이 극단적으로 달라질 수 있는 유일무이한 자원이기도 하다.

앞서 살펴본 사례들에서 기업들은 직원의 성과 향상을 위해 공통적으로 '시간'이라는 키워드에 집중했다. 마이크로소프트는 고성과 영업사원들의 업무 패턴 분석을 통해 직원들이 고객과의 접촉 시간을 늘릴 수 있게 했고, 지멘스와 카카오는 직원들이 생산적인 업무 수행에 좀 더 많은 시간을 투자할 수 있는 환경을 구축하여 조직의 성과를 향상시키고자 했다. 그리고 삼성글로벌리서치의 연구 결과를 통해 시간을 어떻게 활용하는 것이 직원과 조직의 고성과로 연결되는지에 대한 내용 또한 확인할 수 있었다. 이처럼 많은 기업이 성과 향상을 위해 개인과 조직 관점의 시간관리에 주목하고 있다. 여기에 HR 테크가 좀 더 과학적이고 체계적인 시간관리를 돕는 역할을 수행하고 있다.

이미 직간접적인 방법으로 개인과 조직의 성과 향상에 기여하고 있는 HR 테크의 향후 활용 분야는 더욱 광범위해질 것으로 예상된다. 직원의 성과 향상을 체계적으로 지원하는 HR 테크 기반의 '신성과주의' 시대에는 우리가 '성과'라는 단어에 대해 막연히 가지고 있던 부정적인 선입견을 조금이나마 불식시킬 수 있지 않을까?

3장

'감'에서 '데이터'로, 테크를 활용한 성과 관리 혁신

모두에게 두려운 인사고과 시즌

성과 관리는 기업의 인사 담당자뿐만 아니라 현장에서 직접 업무를 앞장서 수행하고 부서원들의 성과를 평가하는 부서장과 관리자들, 나아가 기업 전체를 이끌어가는 CEO에게도 매우 중요한 과제다. 기업은 생존하기 위해 수익을 내야 하며, 각 부서나 직원들이 이에 얼마나 기여하고 생산적인 성과를 내었는지를 평가하는 일은 조직이 유지되는 한 반드시 필요하다. 하지만 성과 관리의 중요성은 누구나 인정하면서도, '성과 관리를 잘하고 있는가?'라는 질문에 선뜻 자신 있게 대답할 수 있는 이는 많지 않을 것이다. 오히려 '성과 관리 무용론'이 만연할 만큼 평가받는 부서원이나 평가하는 부서장 모두에게 큰 스트레스와 부담으로 다가오는 것이 현실이다.

컨설팅 기업 딜로이트의 한 경영자는 연례 평가에 투입되는 시간을 '비즈니스의 니즈와 전혀 맞지 않는 데 투입되는 180만 시간'이라고 비판하기도 했다. 가트너의 조사에서도 관리자 1명이 1년 동안 평가에 들이는 시간은 210시간, 약 5주에 달하는 것으로 나타났다. 이렇게 많은 노력을 들여 평가를 하고 있음에도 그 결과는 신통치 않다. 취업포털 사람인이 직장인 1,426명을 대상으로 실시한 설문조사 결과에 따르면,[13] 직장인 10명 중 8명이 충동적으로 퇴직하고 싶다고 느꼈던 경험이 있으며, 퇴직 충동이 언제 일어나느냐의 질문에는 '아무리 열심히 해도 제대로 평가, 보상받지 못할 때'라는 응답이 48.8%(복수 응답)로 가장 높은 순위를 차지했다. 이러한 퇴직 충동이 업무 의욕 상실로 이어진 경험이 75.4%에 달했다는 것을 볼 때, 성과 관리와 인사평가가 당초의 목표와는 다르게 조직 전체에 부정적인 영향을 미치고 있음을 어렵지 않게 짐작할 수 있다.

성과 관리에 대한 관점의 변화

이처럼 성과 관리의 어려움을 경험해온 기업들은 제도적, 문화적으로 성과 관리를 혁신하고자 끊임없이 시도해왔다. 학계에서도 성과 관리는 인적자원 관리의 핵심 영역으로, 평가제도의 설계, 척도의 개발, 공정한 프로세스 운영, 평가자의 태도와 편향의 개선 등 다양한 주제가 연구되었다. 이 중 성과 관리의 근본 철학을 완전히 새롭게 제시한 가장 큰 변화는 바로 강제 할당식 상대평가의 폐지다.

할당식 상대평가는 다음의 좌측 그림에 나타난 것과 같이 직원들의 성과가 정규분포(Normal Distribution)를 따르는 종형 곡선(The Bell Curve)을 보인다는 가정에 근거한 것이다. 이는 대다수의 직원들은 평균 수준

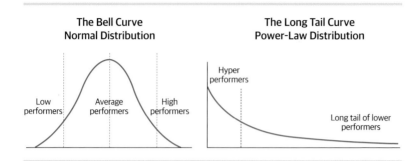

자료: O'Boyle Jr., E. & Aguinis, H. (2012). "The best and the rest: Revisiting the norm of normality of individual performance". *Personnel Psychology*. 65(1). pp. 79-119.

의 성과를 보이며, 양쪽 방향으로 고성과자와 저성과자가 동일한 비율로 분포한다고 보는 전통적 성과 관리의 기본 철학이다. 이 관점에 근거하여, 상위 10~20%의 고성과자에게는 성과급과 승진 기회를 주고, 하위 10%의 저성과자는 퇴출시키는 방식의 할당식 상대평가가 미국의 GE나 마이크로소프트 등을 필두로 전 세계적으로 유행하였다.

하지만 실제 사람들의 성과 분포가 종형 곡선을 따르지 않는다는 연구 결과가 다수 제시되면서 이러한 관점은 근본적 도전을 받았다. 2012년 산업조직심리학 분야 최고 권위 학술지인《퍼스널 사이콜로지(*Personnel Psychology*)》에는 198개 집단의 63만 명을 대상으로 성과의 분포를 분석한 연구가 게재되었다.[14] 이에 따르면 연구 대상의 94%가 종형 곡선을 보이지 않았으며, 오히려 오른쪽 그림의 곡선과 같은 롱테일 곡선(The Long Tail Curve)을 따르는 것으로 나타났다.

즉 정규분포와 같이 고성과자와 저성과자가 균등하게 분포하는 것이 아니라, 평균적인 직원보다 4배 이상 높은 성과를 보이는 초고성과자(hyper performers)가 상위 10~20%에 위치하고, 나머지 직원들은 대부분 대동소이한 성과를 보인다는 것이다. 따라서 종형 곡선에 기반해 상위-중간-하위를 배분하던 방식은 중간-하위 성과자에게는 불필요하게 과도한 부담과 스트레스를 주고, 초고성과자에게는 충분한 보상과 동기부여를 제공하지 못하기 때문에 폐기되어야 한다고 주장하였다.

위와 같은 관점에 기반한 성과 관리의 변화는 미국의 어도비(Adobe), 마이크로소프트 등 IT기업을 중심으로 확산되기 시작하여, 이제 국내 기업들에도 널리 받아들여지고 있다. 극소수의 초고성과자를 과학적으로 변별하여 이들이 역량을 극대화할 수 있도록 지원하는 한편, 나머지 대다수 직원들에게는 '순위 매기기'가 아닌 '일을 잘할 수 있게 도와주는' 목적을 강조함으로써 성과 관리가 불필요한 부담이 되지 않도록 하고 있다.

성과 관리와 HR 테크 활용의 4가지 흐름

최근 가장 두드러지게 나타나는 성과 관리의 변화는 크게 4가지로 볼 수 있으며, HR 테크 역시 이 4가지 흐름에 맞추어 성과 관리 기능을 강화하기 위해 활용되어왔다.

첫째, 조직의 성과와 개인의 성과를 연계한 유연한 목표 관리다. 반년이나 1년 단위로 목표를 수립하고 그와 비교해 실적을 평가하는 방식은 '줄 세우기'에는 적합할지 모르지만, 환경과 기술이 급속도로 변화하는 현실에 대응하기에는 적절치 않다. 이에 기업들은 업무 목표를 실시간으로 조정하고, 각 개인의 목표가 상위 조직의 목표와 연결되게 관리함으로써 성과 관리가 단지 사후적인 실적 평가가 아닌 실제 업무를 추진하는 중심축이 되도록 변화시키고 있다. 이러한 변화에 맞춰 실시간으로 목표와 성과를 관리하는 기능을 갖춘 성과 관리 시스템이 도입되고 있다.

둘째, 복합적 피드백(multi-source feedback) 시스템의 구축이다. 과거에도 평가에 대한 피드백은 이루어져왔지만, 주로 관리자의 주관에 따른 사후적 피드백에 해당했다. 즉 관리자로부터 연간 성과 평가 결과를 통보받는 방식이었기 때문에, 때로는 이의를 신청하고 조정하기도 하지만 이미 지나간 과거의 성과를 바꾸는 것은 불가능했다. 하지만 최근 강조되는 피드백은 사전적(事前的)이고 진행형인 실시간 피드백이다. 앞서 언급한 유연한 목표 관리와 연계하여, 실시간으로 목표와 성과를 체크하며 업무에 도움을 주고 성과를 높일 수 있도록 지원한다. 다양한 데이터 분석을 통해서 유용한 피드백을 할 수 있게 도와주고, 1:1 대면 미팅뿐 아니라 모바일 앱이나 간접적인 넛지 스킬을 제공하는 다양한 솔루션이 출시되어 관리자들이 효과적인 실시간 피드백을 할 수 있도록 지원한다.

셋째, 직원들 간의 정보 공유와 상호 인정의 강화다. 과거의 강력한 상대평가 체계는 더 높은 평가 등급을 받기 위한 치열한 내부 경쟁을 수반했다. 이러한 내부 경쟁은 동기부여를 강화시키는 긍정적 효과도 있었지만, 동료 간의 협업을 약화시키고 고립과 단절을 낳는 부작용도 만만치 않았다.

이에 기업들은 성과 관리 체계를 변화시킴과 더불어 내부 경쟁을 대체하고 협업을 강조하기 위한 도구로 '인정(recognition)'에 주목하였다. 즉 보상이나 승진과 같은 외적 요인 외에도, 업무 성과에 대한 동료들로부터의 인정과 전문성 향상과 같은 내적 동기부여가 성과 향상에 더 큰 영향을 미칠 수 있다는 점에 주목한 것이다.

기술의 발전으로 기존의 업무 영역이 갈수록 융합되고 있는 상황 역시 협업과 소통의 중요성을 높이는 데 일조하였다. 이에 SNS 형태를 차용한 다양한 조직 내부 네트워킹 솔루션이 등장해 직원 간의 지식 교류와 소통을 지원하고 있고, 이 안에서 다양한 인정 기능을 제공함으로써 내적 동기부여를 위한 틀을 제공하고 있다.

넷째, 객관적이고 과학적 판단을 지원하기 위한 데이터의 축적과 활용이다. 객관적인 근거 없이 관리자 개인의 판단에 의존하는 평가로는 효과적으로 성과를 관리할 수 없다. 특히 앞서 본 것과 같이 유연한 목표 관리와 상시 피드백이 확산됨에 따라, 개인의 성과에 대해 다양한 지표들을 측정하고 이렇게 축적된 데이터를 분석할 필요성이 높아졌다.

수치상으로 나타나는 업무 실적뿐만 아니라 피드백의 기록, 직원들 간의 네트워킹과 지식 공유, 상호 인정 내용과 같은 다양한 정성적 항목들에 대해서도 자연어 처리 기술 등을 활용하여 인사이트를 도출하고 있다. 이러한 데이터는 대시보드를 통해 시각화된 리포트로 제공됨으로써, 관리자와 직원들 모두에게 도움을 주고 있다.

이와 같은 4가지 큰 흐름에 기반하여, 각각의 사례를 보다 구체적으로 살펴보고, 성공을 거둔 기업들의 사례와 각 분야에서 두각을 보이는 솔루션의 특징을 살펴보도록 하자.

실시간으로 업데이트되는 유연한 목표 관리

HR 컨설팅 전문기업 머서(Mercer)의 조사 결과[15]에 따르면, 글로벌 기업의 83%가 기업 내의 각 조직과 직원들이 회사 전체의 성과 목표를 이해하고 그에 맞춰 자신의 목표를 예측하여 설정하는 것이 성과 관리에 가장 중요한 요소라고 응답하였다. 하지만 실제로 그러한 목표 관리 체계를 운영하고 있다고 응답한 기업은 45%에 불과해, 여전히 절반 이상의 기업이 형식적으로 업무 목표를 수립하고 있는 것으로 보인다. 유기적으로 연결되지 않은 목표 설정은 직원들이 자신의 업무가 회사에 어떻게 기여하는지 명확하게 알기 어렵게 만들어 동기부여를 저해하고 평가 결과에 대해서도 납득하기 어렵게 한다.

구글의 목표 관리 방법론으로 잘 알려진 OKR(Objectives and Key Results)은 목표 및 성과 관리의 새로운 패러다임을 제시한 것으로 평가받는다. 개인과 조직의 목표를 유기적으로 연결하고, 시시각각 변화하는 상황에 대응하여 지속적으로 보완하고 발전시키며 목표를 관리하는 것을 핵심으로 하는 OKR은 단지 평가 방식의 변화가 아닌 업무 수행의 철학과 체계를 새롭게 제시하였다. 구글뿐만 아니라 IBM, 트위터, 링크드인과 같은 IT기업은 물론 BMW, 디즈니 같은 전통 산업에 속한 기업들도 OKR을 도입하여 업무 체계를 혁신하였다. 국내에서도 SK그룹과 한화그룹 등이 OKR을 도입하여 성과 체계를 개선하기도 하였다.

OKR의 핵심은 상위 조직의 성과 목표가 하위 조직으로, 더 나아가 각 개인에게로 폭포가 내려오듯이 유기적으로 연결되게 함으로써 각 개인의 업무 수행이 기업 전체의 전략적 방향과 명확하게 연결되게끔 하는 것이다. 또한 이러한 목표를 한 번 세우고 끝나는 것이 아니라, 상황의 변화에 따라 지속적으로 갱신해나가는 것이 핵심이다. 소규모 기업이라면 이러한 운영이 어렵지 않을 수 있지만, 크고 복잡한 조직 구조를 가진 기업일 경우 이러한 유기적 연결과 조정을 하기 위해서는 정교하게 설계된 목표 관리 시스템의 존재가 필수적이다.

성과 관리 솔루션 전문 기업인 베터웍스(Betterworks)의 사례를 통해 구체적으로 어떻게 시스템이 활용될 수 있는지 살펴보자. CEO가 기업의 최고 수준 목표(Objectives)와 이 목표의 달성 여부를 측정하기 위한 이정표가 되는 핵심 결과(Key results)를 입력하면, 기업의 각 조직은 해당 핵심 결과를 달성하기 위한 세부적인 목표와 핵심 결과들을 수립하고, 이와 같은 절차가 반복적으로 실행되면 개별 직원까지 목표와 핵심 결과를 가지게 된다. 이처럼 하나의 흐름으로 연결된 목표는 전사적으로 모두 공유되며, 이를 통해 직원들은 자신이 수행하고 있는 업무가 전사적인 목표 달성과 어떻게 연결되어 있는지 한눈에 확인할 수 있다.

베터웍스는 이러한 목표 수립 과정에서 데이터 분석에 근거한 조언을

베터웍스의 목표 관리 예시. 상단의 CEO가 설정한 3개의 목표가 하단의 임원 3명에게 각각 연결되어 있으며, 각 목표의 달성도가 그래프로 표시되어 진척 상황을 확인할 수 있다.
자료: <https://www.betterworks.com/product/goals/>.

제공한다. 즉 지나치게 과도한 목표의 수립, 조직 간의 목표 중복과 충돌, CEO가 선정한 우선순위와 일치하지 않는 세부 목표 등이 발견되면 적절한 조정안을 제시함으로써 조직 내부의 비효율 발생을 미리 예방한다. 또 개별 직원이 기존의 성과와 역량 수준, 경력 개발 계획 등과 비교하여 적절하지 못한 목표를 수립하는 경우 대안을 제시하여 업무 수행과 개인의 성장이 효과적으로 연계될 수 있도록 지원한다.

목표는 한번 정했다고 불변하는 것이 아니므로, 베터웍스 솔루션에서는 실시간 성과 추적을 근거로 지속적인 목표 수정이 가능하다. 그리고 목표가 수정된 경우, 그 목표와 연계된 모든 조직 및 개인의 목표에 자동으로 실시간 반영되어 보다 민첩하게 조직이 변화에 대응할 수 있게 지원한다. 개인이 직접 정기적인 성과 입력을 통해 진척도를 관리하는 것 외에도, 기업 내에서 활용하는 업무 시스템과 연결하여 직접적인 성과 지표를 바로 반영할 수 있는 확장성을 갖춘 것도 특징이다. 즉 과거의 실적을 평가하는 것이 아니라 현재와 미래에 초점을 맞춰 목표를 달성하기 위한 실시간 관리를 가능하게 한다. 특정 직원의 성과가 떨어져 조직 목표 달성이 지연될 경우, 관리자가 적절히 개입하여 목표와 업무를 조정하거나 부족한 역량을 개선하기 위한 교육 기회를 부여할 수도 있다. 이러한 과정이 모두 투명하게 공개되므로, 무책임하게 업무를 미루는 무임승차자(free rider)가 발생할 여지를 줄일 수도 있다.

베터웍스 외에도 피프틴파이브(15Five), 카주(Kazoo), 래티스(Lattice) 등 여러 솔루션이 효과적인 OKR을 구현할 수 있는 다채로운 기능들을 선보이고 있다. 산업이나 기업의 특성에 따라 성과 체계와 측정 방식 등이 다른 만큼, 솔루션 도입을 검토한다면 기존 업무 시스템(ERP, CRM,

MES 등*)과의 연계와 확장성을 염두에 둘 필요가 있다. 업무 수행과 직접적으로 밀착되지 않는 목표 관리 시스템은 또 하나의 부가 업무처럼 인식되고 효용성이 급격히 떨어지기 때문이다. 목표 관리 시스템은 어디까지나 '일을 더 체계적으로 잘하기 위한 도구'이다.

관리자의 효과적 피드백을 도와주는 솔루션

딜로이트에서 제시한 성과 관리 성숙도 모델(Performance management maturity model)에 따르면, 효과적인 성과 관리를 수행하는 기업들은 직원의 평가와 피드백을 관리자 개인의 재량에 의존하지 않고, 다양한 관점의 정보를 최대한 활용한다는 특성을 가진다.[16] 관리자가 업무의 모든 성과와 내용을 정확히 알기도 어려울뿐더러, 판단 과정에서 여러 편견이 개입되어 왜곡되기 쉽다. 따라서 기업들은 함께 일하는 동료나 유관 부서와 같은 다양한 내부 관계자의 관점에서 의견을 수집할 뿐 아니라, 고객, 협력업체와 같은 외부 이해관계자의 의견까지 반영함으로써 최대한 효과적인 피드백을 제공하고자 한다. 또 한 가지 중요한 요소는, 이러한 피드백을 정기 평가 때에만 일회성으로 하는 것이 아니라, 실시간으로 적시에 제공함으로써 사후적인 반성의 차원을 넘어 현실의 문제를 극복하는 데 도움을 주게끔 활용한다는 점이다.

리더십 전문기관 DDI의 조사[17]에 따르면, 매일 지속적인 피드백을 받는 직원들은 1년 단위 피드백을 받는 직원들보다 업무 몰입도가 3배 이

---

* ERP(Enterprise Resource Planning: 전사적 자원관리 시스템), CRM(Customer Relationship Management: 고객 관계 관리 시스템), MES(Manufacturing Execution Systems: 생산관리 시스템).

상 높으며, 성과도 24% 높은 것으로 나타났다. 하지만 피드백에 필요한 다양한 데이터를 수집하는 데 기술을 효과적으로 활용하는 기업은 전체의 28%에 불과했다. 적절한 데이터와 기술의 지원 없이 관리자의 개인 능력에 의존하는 방식은 관리자에 따른 편차가 클 뿐 아니라, 왜곡이 발생할 우려도 높고 지속적으로 실행하는 데에도 어려움을 겪을 수 있다.

HR 테크의 활용이 필요한 부분은 바로 이 지점이다. 직원들의 성과를 지속적으로 추적하여 기록하고, 특이점이 발생하는 경우 알려줌으로써 관리자의 피드백이 필요한 시점과 내용을 안내해준다. 이때 해당 직원의 과거 성과, 동료들의 성과, 동료들이 남긴 피드백 등을 함께 분석하여 참고할 수 있게 제공하고, 과로나 야근, 지각과 같이 유의해서 살펴야 할 징후가 있는지도 보여준다. 이렇듯 직원에 대해 다각도로 진단한 데이터가 제공되면, 관리자는 자신의 경험과 인식에만 의존하지 않고 객관적인 근거에 기반한 피드백을 제공할 수 있다.

딜로이트는 내부 성과 관리 제도를 개편하면서 이러한 체계적 피드백 구축에 중점을 두었다. 기존에 딜로이트는 다른 회사와 유사하게 1년 단위의 평가를 실시하고 있었으며, 성과표 작성과 리뷰, 등급 조정 등에 연간 200만 시간을 투입했다.[18] 이러한 비효율을 개선하고 직원들의 성과 개선이라는 본 목적을 달성하기 위해, 1주 단위로 관리자가 직원과 1:1로 성과를 논의하는 체크인 세션을 실시하였다. 이러한 체크인* 방식은 어도비 등에서 큰 성과를 본 사례지만, 무계획적으로 운영되면 관리자와 직원 모두에게 큰 부담으로 다가오기 쉽다. 딜로이트는 성과 관리 플랫폼 임프레이즈(Impraise)를 활용하여, 매주 진행되는 1:1 세션의 논의 항목과 주요 성과, 동료들의 피드백을 통합하여 관리하였다. 이를 통해 시간 낭비를 줄이고, 객관적 데이터에 근거하여 효과적인 세션을 진행할 수 있었다. 또한 직접 대면이 아니어도 화상회의나 모바일 메신저 등을 통해 바쁜 업무 중에도 큰 부담 없이 진행할 수 있게 지원하였다.

IBM의 인재 조기경보 시스템(Cognitive Talent Alert System)은 직원들의 퇴직, 번아웃과 같은 부정적 신호를 사전에 감지하고 피드백을 할 수 있게끔 지원하는 솔루션이다. IBM은 직무 및 경력 정보, 근무 환경 정보, 직원 정서 정보를 분석하여 퇴직이 발생하는 패턴을 도출하였다. 예를 들어, 여러 차례의 승진 누락, 잦은 직무 변경, 과도한 초과근무, SNS에서의 잦은 불만 표출과 같은 요인들이 이직과 높은 연관성을 보이고 있었다. 개인적인 측면뿐 아니라, 같은 팀 내 동료와의 상호 비교도 활용하였다. 만약 동료가 승진하고 보너스를 받는 상황에서 본인만 승진이 누락될 경우, 부정적 영향이 더욱 심화될 수 있다. 생일이나 입사기념일같이 의미가 있는 시점에는 더욱 이직 의도가 강해진다는 점도 발견되었다.

IBM은 이 알고리즘을 통해 직원들의 부정적 정서와 이직 가능성을 예측한 뒤, 인재 조기경보 시스템을 통해 관리자들이 직원의 상태를 한눈에 알아볼 수 있게끔 제공하였다. 하지만 이러한 부정적 신호에 대해 직

---

* 체크인(Check-in)은 포토샵, 프리미어 등으로 잘 알려진 소프트웨어 기업 어도비사에서 2013년부터 활용하고 있는 평가제도의 명칭이다. 체크인의 가장 큰 특징은 평가서, 평가 기간, 등급, 순위와 같은 정형화된 프로세스를 최대한 지양하고 리더와 팀원 간의 유연한 1:1 대화를 기반으로 한다는 점이다. 리더와 팀원은 시스템을 통해 수시로 목표와 성과를 공유하고, 목표의 조정이나 성과에 대한 피드백이 필요한 경우 언제든(최소 분기별 1회) 체크인을 실시한다. 체크인의 결과는 점수나 등급이 아닌 서술형으로 시스템에 기재되며, 리더는 목표 달성 정도와 누적된 체크인 기록들을 참고하여 각 팀원의 성과급이나 연봉, 승진 등을 검토하게 된다. 체크인에 대한 상세한 내용은 어도비 홈페이지(www.adobe.com/check-in.html)에서 확인할 수 있다.

① 직무 및 경력 정보	인적 사항, 채용 정보, 직무, 승진, 고과 등
② 근무 환경 정보	사무실 위치, 통근 거리, 잔업 시간, 휴가 사용 일수 등
③ 직원 정서 정보	사내 SNS, 설문조사 결과, 동료 코멘트 등

접적으로 피드백을 하는 것은 오히려 역효과를 낳을 수 있으므로, 티를 내지 않으면서 문제를 해결해주는 넛지(Nudge) 전략을 활용하였다. 직원에 대한 분석 결과를 바탕으로 현재 이 직원에게 어떠한 어려움이 있는지, 그리고 그것을 해결해주기 위해서는 어떤 행동이 필요한지를 AI가 판단하여 조언해주었다. '누가 과다한 업무로 번아웃의 위험이 있는지', '누가 적절한 기술교육 이수를 필요로 하는지' 등에 대한 실질적이고 구체적인 조언들이 제공되어, 관리자가 직원의 업무를 관리하고 적절한 피드백을 하는 데 유용하게 활용되었다.

IBM은 이 시스템을 170개 국가의 12만 명 직원을 대상으로 확산시켜 나갔고, 그 결과 1년간 이직률 2% 감소, 비용 6천만 달러 절감이라는 성과를 얻을 수 있었다. 특히 중요 직무에 근무하는 핵심 인재의 이직률은 4년간 25%가 감소함으로써, 인재 유출에 따른 비용을 크게 절감할 수 있었다.[19]

이처럼 성과 관리의 핵심 축으로 자리 잡고 있는 관리자의 피드백을 지원하기 위해 다양한 기술과 데이터가 활용되고 있다. 물론 피드백은 기본적으로 사람이 하는 것이므로 기술에만 의존하는 것은 위험하며 휴먼 터치가 필요하다. 이는 관리자와 직원 간의 관계뿐만 아니라, 직원들 간의 상호관계에 있어서도 중요하다. 다음에서 바로 이런 휴먼 터치에 대한 내용을 살펴본다.

동료 간의 정보 공유와 상호 인정을 제공하는 플랫폼

성과 관리의 중심축이 내부 경쟁과 서열화에서 협업과 소통으로 전환됨에 따라, 동료 직원들과 효과적으로 소통할 수 있는 플랫폼을 제공하고 이를 통해 업무 성과를 향상시키기 위한 시도가 확산되고 있다. 이러한 접근은 보상이나 승진과 같은 외적인 동기부여보다, 자신의 성과나 전문성에 대한 사람들의 인정, 또는 자신이 가진 지식을 타인에게 제공하는 것 자체에서 얻는 보람과 같은 내적 동기부여가 보다 큰 효과를 가진다는 철학에 근거한다.

기업문화 연구기관인 그레이트 플레이스 투 워크(Great Place to Work)의 연구 결과[20]에 따르면, 직원들이 업무에 몰입하게 되는 요인 중 1위가 인정(37%)으로 나타나 보상(7%), 승진(4%)보다 훨씬 높은 비중을 차지하였다. 직장에서 인정을 받은 직원들의 경우, 그렇지 않은 직원들에 비해 혁신적 아이디어가 수용된다고 믿는 비율이 2.2배, 장기근속과 승진에 대한 의지가 2배 높은 것으로 나타났다. 흥미로운 점은 승진이 공정하다고 느끼는 비율도 2.6배 높게 나타났다는 점이다. 즉 외적 보상과 내적 보상을 별개의 것으로 접근하기보다 지속적인 인정을 통해 업무에 몰입하게끔 동기부여하고, 그로 인해 계속해서 좋은 성과를 내는 직원들에게 승진과 같은 외적 보상을 제공하는 것이 가장 효과를 극대화할 수 있는 방안임을 알 수 있다.

과거에도 고성과 직원에 대한 수상이나 표창 등은 많이 활용되어왔다. 보통 1년 단위로 그해의 가장 우수한 실적을 올린 직원을 경영진과 인사 부서에서 주관하여 선정하는 톱다운(top-down) 형태가 일반적이었다. 최근에 주목받고 있는 것은 직원들 간의 자발적인 상호 인정 프로그램이다. 대중에게 친숙한 SNS 형태의 도구를 활용하여, 사내에서 직원들끼리 서로 네트워크를 구축하고 정보를 공유하는 커뮤니티를 만들어 이 안에서 서로의 성과를 확인하고 칭찬과 인정을 주고받는 방식이다.

미국 자동차 대기업 GM은 이러한 사내 SNS 플랫폼을 활용하여 성과 인정의 효과를 높인 케이스다. GM은 2017년 비전과 기업 가치를 새롭게 정립하는 과정에서, 세계 각국에 분산된 조직에 이 비전과 가치를 어떻게 효과적으로 전파할지를 고민하였다. 그리고 회사의 일방적 전달이 아닌, 직원들이 스스로 공감하고 체감하는 경험을 제공하는 창구로 사내 인정 플랫폼을 기획하였다. GM은 인정 플랫폼 전문기업 어치버스(Achievers)와 협업하여 'GM 레코그니션(GM Recognition)'이라는 플랫폼을 26개국, 6만 7천 명의 직원들을 대상으로 개설하였다. GM 레코그니션의 핵심 기능은 직원들이 서로의 직무와 성과에 대한 정보를 투명하게 공유하고, 뻬어난 성과를 올린 직원에 대한 칭찬 멘트와 함께 배지, 포인트 등을 부여할 수 있도록 한 것이다. 이때 평가의 기준이나 목표 등을 새롭게 정립한 기업 가치와 연계시켜, 자연스럽게 직원들이 회사의 지향점을 이해하고 체득할 수 있게 하였다.

이렇게 축적된 배지와 포인트는 동료들로부터 실력을 인정받았다는 근거가 되고, 사내 복지나 교육에 사용할 수 있는 유용한 자산도 된다.

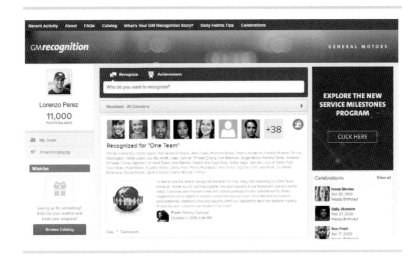

GM의 인정 플랫폼 GM 레코그니션의 메인 화면. 페이스북, 링크드인 등의 소셜 네트워크 서비스와 유사한 구조를 가지고 있다. 직원들이 서로 칭찬이나 배지를 주고받은 정보를 확인할 수 있으며, 칭찬을 전달하거나 팀 단위로 칭찬을 공유하는 기능 등을 제공한다.

자료: <https://www.achievers.com/resources/case-studies/general-motors-customer-success-story/>.

GM은 매년 각 분야에서 동료들로부터 가장 인정받는 직원들을 선정하여 시상하기도 하였다. 관리자들 역시 직원들의 성과를 인정하고 포인트를 부여할 수 있다. 이러한 인정은 성과에 대한 실시간 피드백을 강화하고, 전사적으로 투명하게 공개되는 만큼 평가의 가시성과 신뢰도를 높이는 효과를 보였다. 팀이나 프로젝트 단위로 높은 성과를 올린 경우에도 단체로 인정을 하여 집중적으로 부각시키기도 하였다.

GM 레코그니션은 개설된 지 30일 만에 전체 직원의 87%가 가입하고 8만 개의 인정 멘트를 보내는 등 직원들로부터 좋은 반응을 얻고 조기 안착에 성공하였다. 개설 1년 뒤에는 97%의 직원이 참여하였고, 60%가 매월 주기적으로 활동을 하는 것으로 나타났다. 관리자의 경우 80%가 주기적으로 플랫폼을 활용하였으며, 월평균 4건의 인정 멘트를 등록하였다. 이렇게 등록된 멘트들은 직원의 성과를 평가할 때도 중요한 참고자료로 활용되었다. 직원들의 활발한 참여에 힘입어, GM은 지속적으로 플랫폼을 확장하고 인사의 다양한 영역에 활용하고 있다.

데이터가 제안하는 최적의 보상 수준

목표 관리, 피드백, 상호 인정과 같이 성과 관리가 복합적인 면모를 가지게 됨에 따라 데이터의 효과적인 축적과 분석, 활용은 필수적인 요소로 부각되고 있다. 각각의 활동들이 따로 돌아가고 연결이 되지 않으면 관리자와 직원 모두 이중 삼중의 작업이 필요할 수 있어 도리어 성과 몰입을 저해할 수 있다. 따라서 여러 기능과 솔루션들을 끊김 없이 연결하는 것이 매우 중요하며, 대시보드로 통합적인 인사이트를 제공해줄 필요가 있다. 이를 통해 관리자는 자신의 경험과 인식에만 의존하지 않고 데이터에 근거한 의사결정을 내릴 수 있다.

이러한 데이터 기반 의사결정에서 특히 주목받고 있는 영역은 바로 보상이다. 성과 관리의 트렌드가 상시 평가와 피드백 중심으로 옮겨가고 있지만, 보상은 연봉 계약이나 성과급 지급의 특성상 예전과 같이 1년이나 6개월 단위로 진행되는 경우가 많다. 과거에는 1년 단위로 '평가 등급별로 연봉 00% 인상'과 같이 평가와 보상이 직결되었으나, 성과 관리의 패러다임이 변화함에 따라 보상 결정에도 다른 기준과 근거가 필요하게되었다.

IBM은 인공지능 보상 프로그램인 코그니페이(CogniPay)를 통해 스킬 분석에 기반한 적정 연봉 계산 모델을 구축하였다. 이는 회사 내에서 각각의 스킬이 산출하는 가치와 시장 경쟁력, 미래 예상 수요, 경쟁업체 보상 수준 등을 다각도로 분석하여 해당 직원에 대한 적정 연봉이 어느 정도인지를 제안해주는 모델이다. 이 모델을 근거로 직원의 연봉을 제안함으로써, 보다 공정하고 객관적인 기준으로 보상 수준을 결정할 수 있게 되었다. IBM은 이 프로그램을 통해 우수 인재의 퇴직을 50% 감소시키고 1억 달러 이상의 비용을 절감할 수 있었다.[21]

보상 의사결정이 까다로운 이유 중 하나는 인재 확보 경쟁 때문이다. 우수한 인재를 확보하기 위한 경쟁이 갈수록 치열해지는 상황에서 경쟁사의 보상 수준을 고려하지 않으면 인재의 유출을 막을 방법이 없다. 기존에는 통상적으로 컨설팅사에서 진행하는 보상 수준 조사(pay survey)에 참여하여, 주요 지역과 산업, 직무, 직급별로 표준화된 보상 수준이 정리된 자료를 받아 기준점으로 활용하였다. 이 방식은 여전히 의미를 가지지만, 1년 단위로 진행되어 실시간 변화 추이를 반영하기 어렵고 조사에 참여한 기업들만 참고 기준으로 활용된다는 한계가 있다. 인재 확보 경쟁의 속도가 가속화되고 산업과 업종의 경계가 허물어져 가는 현 상황에서는 다소 부족한 부분이 있다.

링크드인의 탤런트 인사이츠(Talent Insights)와 ADP의 데이터 클라우드(Data Cloud), 글래스도어(Glassdoor)와 같은 서비스는 크라우드 소싱 데이터를 활용하여 이러한 한계를 보완하였다. 즉 각 회사의 전현직 직원들이 등록한 보상 정보를 축적하여 직무, 직급별로 보상 수준을 분석하여 제공한다. 이러한 방식은 데이터의 신뢰도를 확보하기 위해 대량의 데이터를 필요로 한다. 예를 들어 링크드인의 경우 61억 명의 사용자를

ADP의 데이터 클라우드 화면 예시. 미국의 직무별 평균 보상 수준을 지역별로 시각화하여 보여준다.
자료: <https://apps.adp.com/en-US/apps/79131/benchmarking-powered-by-adp-datacloud/overview>.

확보하고 있고, '포춘 500 기업'[*]의 92%가 링크드인을 사용하고 있는 만큼 충분한 대표성을 가지고 있다고 볼 수 있다.

이와 같이 실시간으로 수집된 대량의 데이터를 통해 경쟁사의 보상 수준을 모니터링함으로써 현재 우리 회사의 보상 경쟁력을 비교하고 인력 유출 위험도 예측할 수 있다. 또한 1년 단위의 연봉 계약에 묶이지 않고 즉각적으로 보상을 조정하거나 보너스를 지급하는 등 보다 적극적인 대응을 하는 데 중요한 참고자료로 활용하고 있다.

아직 국내에는 이와 같은 데이터가 충분히 구축되지 않은 편이지만, 인재 확보 경쟁이 치열해짐에 따라 활용도가 지속적으로 높아질 것으로

---

[*] 미국 경제전문지 《포춘》이 매년 매출액 기준 순위로 선정해 발표하는 기업 500개의 명단이다.

예상된다. 성과 등급에 따라 정해진 비율대로 연봉을 인상하거나, 연차에 따라 호봉을 올리는 방식의 보상 체계로는 빠르게 변화하는 인사 환경과 인재들의 요구에 부응하기 어렵다. 따라서 직원에 맞는 최적의 보상 수준을 결정하기 위해 데이터의 활용은 필수적인 요소로 자리 잡을 것이다.

성과 관리, 겉과 속을 모두 바꿔야

인사고과 시즌을 행복하게 받아들이는 직장인은 얼마나 될까? 성과 관리는 직원뿐 아니라 관리자에게도 엄청난 스트레스로 다가오지만, 들인 노력에 비해 행복한 사람은 별로 없는 결과를 낳기 십상이다. 성과 관리가 이와 같은 오명을 벗고 본연의 목적을 달성하기 위해서는, HR이 기존의 영역을 확장해 실제 업무 수행과 일체화되어야 한다. 유연한 목표 관리, 복합적 피드백, 공유와 인정, 데이터 기반 의사결정은 모두 '사람에 대한 점수 매기기'가 아닌 '일을 잘할 수 있게 지원하는 활동'에 초점을 맞추고 있다.

위와 같이 변화하기 위해서는 인사제도, 목표 관리 및 피드백 플랫폼과 같은 '겉'뿐만 아니라, 그 안에 내재된 철학과 사람들의 인식인 '속'이 근본적으로 변화하여야 한다. '속'은 그대로 둔 채 새로운 기술과 화려한 플랫폼을 도입하게 되면 제대로 활용하지 못한 채 방치하거나 잘못된 방향으로 왜곡되는 경우가 흔하게 발생한다. 이와 같은 우를 범하지 않도록 우리 회사에서 생각하는 '성과'란 무엇인지, 어떻게 일해야 그 성과를 달성할 수 있는지와 같은 기본적인 질문에서부터 출발할 필요가 있다. 그렇게 할 때 기술과 데이터의 활용이 진정한 의미를 가질 수 있을 것이다.

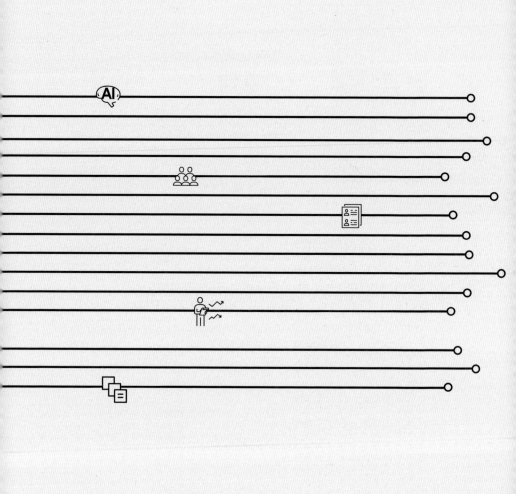

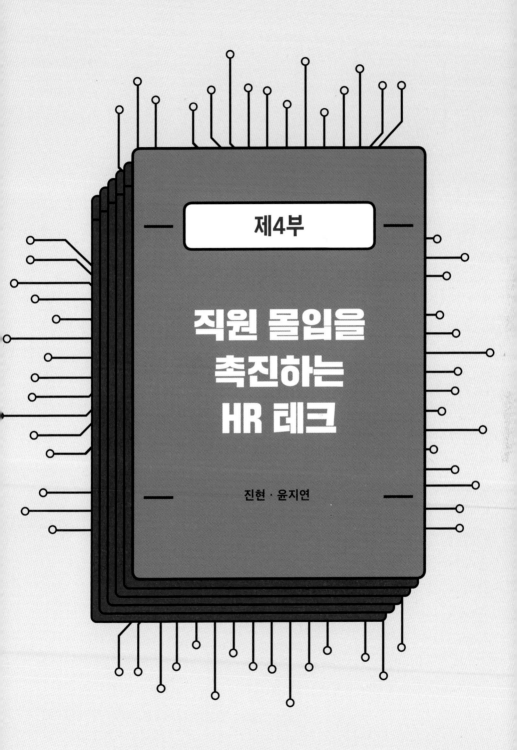

제4부

직원 몰입을
촉진하는
HR 테크

진현 · 윤지연

Intro

최근 직원 경험이 고객 경험 이상으로 중요해지고 있다. 글로벌 기업들은 우수 인재 확보뿐 아니라 이들이 몰입하여 업무에 임하고 다른 회사로 떠나지 않도록 하기 위해 긍정적인 직원 경험을 만들고자 다방면으로 노력하고 있다.

그러나 빅테크 기업의 경우, 핵심 인력인 테크 엔지니어의 평균 근속 기간이 대체로 2년이 안 된다. 채용정보 분석업체 페이사(Paysa)의 조사에 따르면 메타(옛 페이스북)가 2.0년, 구글이 1.9년, 마이크로소프트가 1.8년, 우버가 1.2년에 불과하다.[1] 국내 직장인도 최근 소프트웨어 엔지니어와 개발자 중심으로 이직이 활발해지고 있다.

직장인의 조직문화에 대한 만족도 또한 기대보다 저조하다. 국내 직장인 1,200명을 대상으로 실시한 한국갤럽의 조사에 따르면 조직문화에 대해 긍정적으로 평가한 직장인은 45%이며, 급여와 복리후생에 대한 긍정 평가 비율은 32%로, 3명 중 2명은 불만스럽게 생각하는 것으로 나타났다.[2]

Z세대부터 베이비부머까지 다양한 세대의 직장인이 함께 일하면서 직장인의 니즈는 더욱 복잡하고 다양해지고 있다. Z세대는 일을 통해 성장하고 싶은 욕구가 큰 반면, Y세대는 육아 부담을 낮출 수 있는 방법을 모색하고, 베이비붐 세대는 리스킬(reskill, 재교육)과 업스킬(upskill, 직무향상 교육)을 통해 조직에서 경쟁력을 키우고 고용 안정감을 확보하고 싶어

한다.[*]

　과연 인사팀은 직장인들이 어떤 이유로 회사를 떠나는지, 회사 생활의 고충은 무엇인지, 또는 회사를 좋아하고 계속 다니고 싶어 하는 이유는 무엇인지 속속들이 파악하고 있을까? 인사팀이 지금까지 일해온 방식만으로는 분명 한계가 있다.

　지금까지 해왔던 직원 만족 및 몰입도 조사는 대체로 1년에 한두 번 정도만 하기 때문에 실시간으로 직원의 정서를 파악하기 어렵다. 게다가 사내 게시판이나 SNS, 기업 평판 사이트에서 직원들이 언급하는 내용들은 비정형 데이터(텍스트, 이미지 등 별도로 가공하지 않으면 계산이 불가능한 데이터)라서 이를 숫자화하고 분석하는 데 어려움이 따른다. 직원들의 정서와 만족도, 몰입 수준을 파악한다 할지라도 이들의 다양한 요구를 충족시키기 위해서는 많은 HR 인력이 필요하므로 실제로 적용하기에는 어려운 경우가 많다.

　직원이 업무와 회사에 대한 만족도가 높고 자신이 맡은 바 업무에 대해 깊게 몰입하게 되면 개인의 성과뿐 아니라 회사의 성과까지 향상된다는 여러 연구를 고려해볼 때,[3] 직원 만족과 몰입 촉진은 HR의 중요한 미션임이 틀림없다.

　만약 직원 만족과 몰입을 촉진하는 HR 테크를 활용할 수 있다면 어떻게 바뀔까? 우선 진단 솔루션을 사용하여 실시간 직원 만족과 몰입 수준을 파악할 수 있다. 또한 텍스트 감정 분석 기법을 사용하여 직원 정서를

---

[*] 세대별 출생연도는 다음과 같다. 베이비붐 세대는 출생연도 1950~1964년, X세대는 1965~1979년, Y세대(밀레니얼세대)는 1980~1994년, Z세대는 1995년 이후 출생자를 의미한다.

확인하고 변화에 대비할 수 있으며, 직원의 정신건강 상태를 파악할 수 있다. 그뿐만 아니라 AI 기반 심리상담 챗봇을 활용하여 심리상담을 지원할 수 있기 때문에 적은 비용으로 큰 효과를 누릴 수 있다.

넛지 솔루션을 사용한다면 다양한 디지털 인정과 보상 프로그램을 활용하여 직원들이 바람직한 방향으로 행동하도록 유도할 수 있다. 나아가 직원의 재무적 웰빙, 신체적 웰빙을 향상시킬 수 있는 솔루션을 활용한다면 직원의 종합 웰빙 향상으로 업무 몰입과 생산성을 더욱 높일 수 있을 것이다.

결국 HR 테크는 최고경영진과 인사팀이 궁금해하는 여러 질문에 객관적인 분석을 바탕으로 해서 실시간으로 해답을 제시해줄 수 있으며, 이를 통해 경영진은 최적의 의사결정을 하고 직원 몰입을 제고할 뿐 아니라 회사의 고용 브랜드를 높일 수 있다.

4부에서는 직원 몰입을 촉진하는 데 도움을 주는 여러 HR 테크 솔루션을 소개하고자 한다. 우선 1장에서는 직원의 몰입 수준을 객관적으로 측정하는 솔루션을 소개한다. HR 테크를 활용하면 적합한 설문 문항 개발뿐 아니라 펄스 서베이(pulse survey, 수시 설문조사)나 라이브 폴(live poll, 실시간 여론조사)과 같은 조사 방법을 포괄하기 때문에 직원 정서의 변화를 실시간으로 추적할 수 있다. 펄스 서베이 방식은 아마존, 마이크로소프트 등 다수의 글로벌 기업들이 이미 도입하고 있으며, 펄스 서베이 솔루션사들은 AI와 챗봇을 사용하여 직원들이 더 편안하고 솔직하게 응답할 수 있도록 빠르게 진화하고 있다.

설문조사 이후, 직원들이 바람직한 방향으로 행동하도록 유도하고 동기부여도 할 수 있는 넛지 솔루션도 소개한다. 넛지 솔루션은 조직문화에 영향을 미치는 요인을 과학적으로 파악하고 개인, 리더, 회사에 가장 효과가 높은 행동변화 계획을 제시한다. 또한 직원들이 칭찬과 인정을 가상공간에서 서로 주고받을 수 있는 솔루션을 함께 살펴본다.

2장에서는 직원 정서를 파악하고 조치하는 방법을 소개한다. 직원의 번아웃 상태를 업무 기록, 근무시간, 이메일, 메신저 양, 미팅 스케줄, 문서 작성량, 목소리 톤, 말의 속도, 수면 활동 등을 바탕으로 종합적으로 분석하는 솔루션을 소개한다. 마이크로소프트의 비바 인사이트(Viva Insight), AI 기반 음성인식 기술을 활용하는 코지토(Cogito), 사람의 얼굴 표정을 통해 감정을 파악하는 감정 분석 솔루션 어펙티바(Affectiva)에 대해 다룬다.

다음으로 직원이 작성한 텍스트인 정성적 데이터를 정량적인 데이터로 전환하여 직원 정서 상태를 객관화하는 방법에 대해 알아본다. 사내 게시판, 사내 SNS 등에 올라온 직원들의 글을 분석하여 실시간으로 감정 상태와 주요 이슈 등을 자세하게 분석하여 대시보드 형태로 제공하고 있는 킨코프(Keencorp)와 자이브(Jive)가 대표적이다.

마지막으로 직원 정서 개선을 위한 심리상담 챗봇과 가상현실 심리치료를 소개한다. 심리상담 챗봇은 고충을 겪는 직원들이 24시간 접근이 가능하다는 큰 장점이 있으며, 가상현실 심리치료는 심리학자들의 실험과 시나리오를 바탕으로 구성한 생생한 체험을 제공해 인식 및 행동변화에 효과적인 것으로 알려져 있다.

3장에서는 HR 테크를 활용했을 때 회사의 웰빙 프로그램이 어떻게 변화할 수 있는지 소개한다. 급여 외에 직원의 행복감을 증진시키고 고용 브랜드를 제고하는 방법으로 웰빙 프로그램의 중요성이 점점 커지는 한편, 세대별 욕구는 더욱 다양해지고 있기 때문에 HR 테크를 활용한 정교한 복리후생 설계가 필수적이다.

우선 AI를 활용한 재무 솔루션이 있다. 이들은 직원의 자산 규모와 급여를 감안하여 대출 상환, 지출 관리, 보험 가입 등 재무적 조언을 제공함으로써 직원의 재무 건강도를 제고하는데, 이븐(Even), 페이액티브(PayActiv), 데일리페이(DailyPay), 페이민트(Paymint) 등이 대표적이다.

헬스 테크와 HR 테크를 접목하여 직원들의 신체적 건강을 제고하는 솔루션도 있다. 스마트워치 등 다양한 웨어러블 기기를 사용하여 걸음 수 측정, 물 마시기 알림, 스트레칭, 심지어 물리치료까지 가능하게 한다. 또한 이 솔루션들은 동료들과 함께 목표를 달성하면 디지털 보상을 제공하는 기능이 있어서 직원 간의 끈끈한 사회적 관계 형성과 신체적 건강의 두 마리 토끼를 잡는다.

회사에 어떤 웰빙 프로그램이 있는지 파악하지 못하여 제대로 활용하지 못하는 일부 직원에게는 원스톱 서비스를 제공하여 직원 입장에서 최적의 서비스를 받도록 돕고, 회사 입장에서는 직원들의 활용 현황 통계를 실시간으로 보면서 새로운 웰빙 전략을 설계할 수 있도록 지원하고 있다.

1장

조직문화를 혁신하는 새로운 방법

건강한 조직문화는 직원 몰입과 성과의 원천

코로나19 팬데믹으로 많은 기업이 고전할 때, 오히려 이익을 본 기업이 있다. 바로 프라임 서비스를 통한 빠른 배송으로 최대 실적을 낸 아마존이다. 아마존은 2020년 2분기에 매출은 전년 동기 대비 40% 증가한 889억 달러, 순이익은 52억 달러를 기록했는데, 이는 1994년 창립 이래 가장 큰 분기 실적이다. 덕분에 아마존 초대 CEO이자 설립자인 제프 베조스는 주가가 고공행진했던 2021년 6월, 하루 만에 재산이 130억 달러(약 14조 6,770만 원)나 불어나기도 했다.[4]

그런데 이렇게 엄청난 성공을 이어오던 아마존이 같은 달 《뉴욕타임스(*The New York Times*)》가 발표한, "고객들이 보지 못하는 아마존의 실체"라는 기사[5]로 논란의 중심에 섰다. 《뉴욕타임스》는 200명의 아마존 직원들을 대상으로 한 인터뷰를 통해 아마존의 어두운 이면을 폭로했다. 문제의 시작은 물류센터의 열악한 근무 환경, 그리고 고객 중심주의와 성과 제일주의를 추구하는 과정에서 소외된 직원들이 고충을 호소하는 목소리를 경청하지 않은 회사의 부적절한 대응이었다.

사실 아마존 물류센터 이슈는 매년 사이버 먼데이(cyber monday, 추수감사절 연휴 다음 첫 월요일로 미국 최대 쇼핑의 날) 혹은 크리스마스 시즌이면 언제나 불거져왔던 문제였다. 그런데 이번에는 조금 더 심각했다. 그 이유는 물류센터 직원들뿐 아니라 시애틀 본사를 비롯한 미국 전역과 글로벌 오피스에서 근무하는 직원들, 그리고 퇴사한 직원들까지 목소리를 모아 아마존의 악명 높은 조직문화와 임직원 존중에 대한 문제점들을 공개적으로 비판했기 때문이다. 게다가 현재 미국에서 가장 예민한 문제로 다루어지는 조직에서의 다양성 존중과 공정성 관리의 부실함을 지적받고 사내 문제를 넘어 사회적 이슈로 확대되며 아마존에 대해 부정적 여론을 형성하기에 이르렀다. 결국 아마존 인사팀 관계자들은 그간 코로나19에 대한 부실한 대응으로 직원들이 불안을 느끼게 한 점과 고성과자만이 살아남을 수 있다는 정글식 조직문화에 대해 반성하고 앞으로는 고객만큼이나 직원들을 최우선시하겠다고 발표했다.

200명의 아마존 직원들이 《뉴욕타임스》에 폭로한 내용의 중심에는 근본적으로 회사의 조직문화 관리와 회사와 직원 간 소통 미흡이라는 문제가 있다. 열악한 근무 환경, 성과를 위해 직원들을 대체 가능한 기계 정도로 생각한 비인간적인 조직문화, 조직 다양성 부족 등은 몇 년 동안 직원들로부터 지속적으로 제기된 문제였음에도 불구하고, 이것이 경영진과 직원 간 내부 소통으로 해결되지 않고 외부 매체의 비판을 통한 후에야 변화와 개선을 약속했으니 말이다.

조직문화가 기업에 미치는 영향력과 중요성에 대해서는 이미 많은 기업의 CEO들이 인지하고 있다. 아마존과 함께 시애틀에 본사를 두고 있는 마이크로소프트의 사례를 살펴보자. 마이크로소프의 CEO 사티아 나델라(Satya Nadella)는 2014년 취임 이후 CEO의 'C'는 '최고(Chief)'가 아니라 '문화(Culture)'를 의미한다고 공언하며 마이크로소프트를 혁신하기 위해서는 조직문화 개선이 먼저임을 강조하였다. 그는 가시적으로 당장 효과가 보이지 않았지만 직원 참여적 소통, 임원들의 적극적 지원, 열정을 갖고 노력하면 모든 임직원들이 성장할 수 있다는 마음가짐인 성장 마인드셋을 새로운 조직문화로 정착시키기 위해 많은 노력을 기울였다. 그 결과 일과 회사에 대한 직원들의 만족도가 상승하였고, 2014년 최고를 기록했던 이직률 또한 꾸준히 감소하고 있다. 또한 나델라 취임 5년 만인 2019년에는 마이크로소프트가 구글, 애플, 메타, 아마존을 누르고 전 세계 시가총액 1위 기업으로 올라서며 과거의 영광까지 되찾게 되었다.[6,7]

아마존과 마이크로소프트 사례처럼 이렇게 기업 운영 및 경영에 중요한 역할을 하는 조직문화란 과연 무엇일까? 대략 감은 오지만 단어 자체가 매우 포괄적이다 보니 사람마다 해석하는 의미와 범위도 제각각이고 정확하게 하나의 정의를 내리기가 쉽지 않다. 많은 학자들과 인사 전문가들은 일반적으로 조직문화를 '조직 내 구성원들의 행동양식을 지배하는 공유 가치, 규범, 고유의 신념 체계, 조직 내부의 환경' 등이라고 말하고 있다.[8,9] 조직문화는 기업별로 상이하며 기업이 처한 내외적 환경에 따라 영향을 받는다. 특정 문화가 언제나 조직의 성과에 긍정적 혹은 부정적 영향을 미치는 것만은 아니다. 그렇지만 우수한 회사에는 공통적으로 나타나는 문화적 특성이 있으며, 균형 잡히고 건전한 조직문화가 조직 효과성과 성과의 원동력이 된다는 연구 보고는 많다.

경영학자 그레고리(Gregory) 등 연구자들은 자율성 중시, 응집성, 참여적 의사결정 등이 직원들의 만족도를 높이고 이렇게 조직에 만족해하는 직원들이 그러지 못하는 직원들에 비해 다른 팀 및 동료와 활발하게 협업함을 밝힌 바 있다.[10] 더불어 건강한 조직문화는 공유된 가치, 언어, 행동 등을 통해 직원들에게 일체감을 형성하고 이를 바탕으로 공동의 조직 목표를 세우고 달성하도록 동기를 부여하는 역할을 한다.

추후 다른 연구자들은 조직 만족도가 높은 경우 개인의 성과뿐 아니라 조직의 재무적 성과가 높아지는 데에도 기여함을 입증하였다.[11] 컨설팅사 맥킨지도 글로벌 기업들을 추적 조사하여 유사한 결과를 발표했다. 해당 보고서에 따르면 조직의 문화와 직원의 몰입도를 바탕으로 측정한 조직 건강도(Organizational Health Index)가 높은 기업은 그렇지 못한 기업에 비해 재무성과(Total Returns to Shareholders, 주주 총수익률 기준)가 2배 이상 높은 것으로 확인되었다.[12]

AI와 챗봇이 결합된 펄스 서베이로 조직문화 수시 진단

대부분의 국내 회사들에서는 조직문화를 진단하기 위해 연 1회 임직원 설문조사를 실시하고 있다. 연 1회 조직문화 설문은 전 직원을 대상으로 1년 동안 회사 전반에 대한 직원들의 의견과 평가를 들을 수 있고 한 번에 약 50문항씩 다양한 질문을 하기 때문에 도출할 수 있는 인사이트의 범위가 넓다는 장점이 있다. 그러나 한참 업무가 바쁜 시기이면서 평가 시즌을 앞둔 연말 혹은 연초에 진행되는 경우가 많아 설문에 대한 구성원들의 부담이 증가하고, 솔직하고 성실한 답변을 기대하기 어려우며 참여율도 낮다는 단점이 있다.

마이크로소프트도 조직문화 개선 프로젝트를 진행하면서 같은 문제에 봉착한 경험이 있다. 특히 약 18만 명에 이르는 전 세계 마이크로소프트 직원들에게 2월 말 진행하는 1회성 설문으로는 직원들이 평소 기대하는 바와 트렌드 변화 등을 빠르게 감지하기 어렵다는 임원들의 의견이 많았다. 응답률 또한 50%를 밑돌아 결과의 대표성에 대한 우려도 있었다. 이러한 단점을 보완하기 위해 마이크로소프트 인사팀 내 HR 애널리틱스 팀에서는 간단하면서도 실시간으로 조직문화 수준을 파악할 수 있는 펄스 서베이(pulse survey)를 도입하였다.

펄스 서베이란, 이름에서 유추할 수 있듯이 사람의 맥박을 재듯 직원들의 감정과 인식을 수시로 진단하는 조사 방식이다. 진단 주기는 월, 주, 일 단위로 다양하고, 특정한 주제와 관련된 문항을 토대로 즉각적인 응답이 가능하도록 질문은 최대한 단순화한다. 마이크로소프트는 매일 약 2천 명에게 설문을 발송한다. 모든 직원이 매일 설문의 대상이 되는 것은 아니지만, 이를 통해 직원이 생각하는 조직문화에 대한 의견, 솔직한 감정 상태, 기대 수준, 주요 관심사, 고충 등에 대해 보다 적시에 파악이 가능하다고 한다.

마이크로소프트의 펄스 서베이 운영은 팬데믹 상황에서 더욱 빛이 났다. 2020년 3월부터 재택근무를 실시함에 따라 온라인상에서 동료와의 교류, 일하는 방식, 원격(virtual) 리더십, 근무 효율성, 생산성, 직원들의 웰빙 등 오피스에서 근무했을 때와는 다른 이슈에 대해 직원들의 감정과

주제	문항
직원 웰빙	우리 회사는 직원들의 웰빙에 진심 어린 관심을 갖고 있다.
우선순위	나는 현재 어떤 업무에 집중해야 하는지 알고 있다.
소속감	우리 회사는 직원들이 서로 유대감을 향상시킬 수 있도록 적극적으로 돕는다.

자료: 직접 인터뷰한 내용을 바탕으로 작성.

고충, 회사의 방향성에 대한 반응을 적시에 파악하여 지원하는 것이 중요해졌기 때문이다.

HR 애널리틱스팀은 다양한 펄스 서베이 설문 문항을 통해 재택근무가 시작된 3개월 뒤인 2020년 6월까지는 동료들과의 유대감, 소속감에 대한 직원들의 만족도가 86%였는데, 1년 후 만족도가 79%로 감소한 것을 확인하였다. 펄스 서베이 데이터는 일상으로 돌아간 후 새롭게 일하는 방식을 결정하는 데 중요한 근거가 되기도 했다. 사무실로의 복귀를 원하는 직원들의 경우, 그 이유로 1위 '동료들과의 협업'(70%), 그다음으로는 '사회적 교류'(61%)를 꼽았다. 반면 지속적으로 재택근무를 원하는 경우에는 '출퇴근에 소비하는 시간을 줄이려고'(61%)와 '워라밸을 위해서'(59%)를 이유로 들었다. 이러한 직원들의 의견이 반영되어 재택근무와 사무실 근무를 결합한 하이브리드 방식으로의 전환을 결정하게 되었다고 한다.[13]

자동화와 맞춤형으로 혁신하는 설문조사

설문을 만들고 배포해본 사람이라면 설문조사 과정에 얼마나 많은 노력과 시간이 필요한지 잘 알 것이다. 설문조사에는 설문 문항 만들기, 대상자 선정, 설문 포맷 디자인, 설문 배포와 수거까지 여러 단계가 있다. 게다가 연 1회도 아닌 매주 혹은 매달 펄스 서베이를 실시해야 한다면 아무리 온라인으로 진행한다 해도 할 일이 보통 많은 게 아니다. 이러한 번거로움을 덜어주기 위해 AI 기술을 활용하여 펄스 서베이를 자동화하는 서비스가 각광받고 있다.

스파크베이(Sparkbay)가 그 대표적인 예인데, AI가 지정된 시간에 임직원들에게 설문을 자동으로 보내는 서비스를 제공할 뿐 아니라 실시간으로 응답률을 알려주고, 현재 응답률을 토대로 분석한 설문 결과를 보여준다. 더불어 과거 유사한 설문조사를 했을 때 나온 결과와 동종 업계 회사들의 점수를 함께 비교하여 제공해준다.

스파크베이의 가장 특별한 기능은 설문에 응하지 않거나 혹은 일부 설문에 답하지 않은 경우에 대응하는 방법이다. 이런 상황에서 설문 담당자는 일부 설문에 답하지 않은 경우 그 데이터는 버리거나 혹은 답한 부분만 사용한다. 또한 설문에 응하지 않은 사람들에게는 다시 한 번 참여를 유도하는 메일을 보내기도 한다. 그러나 스파크베이는 담당자의 이러한 번거로움을 최소화하기 위해 일부 설문에 답하지 않은 사람의 데이터를 확인하고 그 문항을 재전송한다. 흥미로운 것은 답하지 않은 그 문항 그대로 재전송하는 것이 아니라는 점이다. 바로 이것이 스파크베이의 기술이 차별화되는 지점이다.

스파크베이 연구진들은 다양한 회사 직원들의 데이터와 인터뷰를 통해 직원들이 특정 문항에 응답하지 않는 이유를 찾아냈다. 첫 번째 가장 큰 이유는 설문 문항 자체가 모호하거나 상황 변수가 많아 다양하게 해석될 수 있기 때문이었다. 즉 대상자들이 쉽게 답할 수 없는 문항인 경우다. 두 번째 이유는 대상자가 답변을 꺼리기 때문이었다. 예를 들어 매니저와의 관계를 묻는 문항에 대상자가 응답하지 않았을 경우, 실제 매니저와 관계가 불편한데 솔직히 답하면 자신에게 불이익이 있을 수 있다고 판단하거나 문제점에 대해 아예 말하고 싶지 않기 때문이라고 유추해볼 수 있다.

이유가 어떤 것이든 스파크베이는 보다 정확한 조직문화 진단을 위해 답하지 않은 문항을 새롭게 변경하여 전송한다. 문항을 2개로 나눠 묻는다든지, 혹은 다른 방식으로 질문하여 대상자의 응답을 유도하는 것이다. 이 모든 것은 AI를 통해 이루어지고 설문을 진행하는 사람에게 실시간으로 이러한 정보들이 정리되어 제공된다.

한편 설문 문항의 길이에 관계없이 보통 설문은 이메일이나 문자로 전송된 링크를 클릭하여 답하는 형식이 많다. 그러다 보니 직원들이 링크를 클릭해야 하고 이에 연동된 설문으로 가서 응답해야 하는 번거로움이 있다. 더불어 설문은 설계자가 하고자 하는 질문만 묻기 때문에 그 외 추가적인 정보를 얻는 것에는 한계가 있다. 설문이 갖는 이러한 단점을 줄이고 직원들이 보다 편리하게 질문에 답할 수 있도록 챗봇을 활용하는 서비스가 최근 주목받고 있다.

챗봇은 링크 없이 바로 문자 혹은 사내 메신저를 통해 설문이 이루어진다는 편리성 외에도 대화형으로 진행되기 때문에 응답자의 답변 내용에 따라 추가 질문이 가능하다는 것이 큰 장점이다. 만일 직원들에게 팀에 대한 만족도를 묻고 싶다면, 대개 설문은 '나는 전반적으로 우리 팀에서 일하는 것에 만족하고 있다'라는 문항을 통해 데이터를 수집한다. 반면 챗봇은 메신저나 문자를 통해 가볍게 질문하는 형식으로 시작한다.

아직 챗봇의 대화 수준이 실제 사람과의 대화만큼 자연스럽지는 못하다는 평가가 있지만, 아래의 챗봇과 직원 간 대화 예시에서 알 수 있듯이 챗봇은 응답자가 조직에 대해 불만족스러운 면이 있다는 점 외에도 그 이유에 대한 구체적인 답변을 추가적으로 파악할 수 있어 설문보다 훨씬 풍부한 정보를 얻게 된다.

임직원 설문 챗봇인 앨리(Allie)를 제공하는 어치버스(Achievers)에 따르면 임직원 경험 측면에서도 챗봇을 활용한 설문은 전통적 설문 방식보다 긍정적인 평가를 받고 있다. 모두에게 같은 질문을 하는 전통적 방식과 달리 응답자의 답변에 따라 질문의 내용이 달라지는 챗봇의 대화형 설문은 개인 맞춤형으로 진행이 가능하다. 이러한 방식은 직원들로 하여금 개인적 고충을 회사에 전달하는 것이 결코 어려운 일이 아니며, 회사가

• 챗봇과 직원 간 대화 예시 •

챗봇: 최근 영업1팀에서 일하는 것에 대해 어떻게 생각하세요?

직원: 요즘 좀 상황이 안 좋은 것 같아요.

챗봇: 뭔가 불만족스러운 부분이 있는 것처럼 느껴지는데, 더 말해주실 수 있나요?

직원: 재택근무 인프라가 너무 부실한 것 같아요.

챗봇: 인프라와 더불어 불편을 느끼는 다른 부분이 있나요?

주: 자료를 토대로 번역 및 일부 내용 재구성.
자료: <https://www.tlnt.com/using-chatbots-to-enhance-pulse-surveys/>.

진심으로 직원의 의견을 가치 있게 생각하고 있다는 느낌을 갖게 한다.

어치버스는 챗봇 앨리를 통해 직원들의 만족도 수준과 고충을 파악할 뿐만 아니라 이러한 대화를 키워드로 정리하여 관리자에게 공유하는 서비스도 제공한다. 설문 결과에 대한 분석이 끝난 후에야 문제를 발견하고 해결점을 탐색하던 기존 설문과 비교할 때 관리자가 현재의 문제점과 고충을 실시간으로 알 수 있기에 적시에 문제를 해결할 수 있어 직원들의 만족도가 향상될 수밖에 없다.[14]

챗봇이 직원들과의 대화를 통해 정보를 얻고 이를 바탕으로 조직을 지원할 수 있는 기술의 미래는 우리가 예상하는 것보다 훨씬 밝다. 2017년부터 매년 아마존에서 개최하고 있는 대화형 AI 기술 경연대회 알렉사 프라이즈(Alexa Prize)에서는 챗봇의 현재 기술이 대화 상대가 챗봇임을 눈치채지 못하는 수준이며, 다양한 주제에 대해 최소 20분 이상 대화를 나눌 수 있음이 증명되었다. 따라서 가까운 미래에 더 많은 데이터와 학습을 통해 기업에서 활용할 수 있는 챗봇의 기능과 역할이 더욱 확대될 것이라 예상한다.[15]

조직문화 진단 결과를 효과적으로 공유하는 온라인 미팅 솔루션

조직문화와 조직 만족도에 대한 정확한 진단만큼이나 중요한 것이 결과를 투명하게 공유하는 것이다. 그렇게 하지 않는다면, 직원들은 매년 실시하는 진단을 형식적 이벤트로 여기고 설문에 크게 관심을 두지 않거나 성의껏 참여하지 않는다. 또 어차피 바뀌는 것은 없다고 생각하고 회사의 개선 노력에 대해 불신하게 되어 조직문화 진단의 의미는 약화된다. 그 때문에 회사는 조사 결과를 빠른 시일 내에 직원들과 공유할 필요가 있다.

구글, 마이크로소프트, 메타 등 글로벌 기업들은 조직문화 및 만족도 조사가 끝나면 HR 애널리틱스팀에서 이를 분석하고, 그 결과를 CEO가 전 임직원들과 반드시 공유한다. 대부분 전체 임직원이 참석하는 '올핸즈 미팅(all hands meeting)'에서 이 내용을 공유하는데, 주로 결과 발표 후 회사가 개선해야 할 부분에 대해서는 CEO가 직접 실행을 약속하며 직원들이 변화해야 할 부분에 대해서는 직원들의 동참을 당부한다. 조직문화 개선을 위한 이러한 회사의 소통 노력 덕분에 대부분의 글로벌 기업에서는 직원들의 설문 참여율이 85% 이상이라고 한다.[16]

올핸즈 미팅은 대체로 오프라인과 온라인 동시에 운영되지만, 코로나19로 인해 재택근무가 늘어나면서 전 세계 직원들이 참여할 수 있도록 실시간 비디오 스트리밍을 통해 온라인으로 운영되었다. 이러한 비디오 스트리밍과 온라인 시스템은 소통의 장이 될 뿐 아니라 조직문화를 진단할 수 있는 또 하나의 도구로 활용되기도 한다.

예를 들어 메타의 전사 미팅인 '마크와의 질의응답(Q&A with Mark)' 시스템은 실시간 미팅 내용뿐 아니라 과거 미팅 내용도 검색이 가능하여 직원들이 조직문화 진단 결과와 미팅에서 다뤄졌던 내용들에 대해 확인할 수 있다. 더불어 모든 직원이 임원들에게 궁금한 점, 요청 사항, 혹은 전사 미팅 내용에 대해 실시간으로 댓글을 달고 투표를 할 수 있는 기능을 갖추고 있어 굳이 설문을 통하지 않고도 직원들의 능동적인 의견 개진이 가능하다. 이러한 의견들은 시스템에서 '좋아요' 혹은 투표를 많이 받은 순으로 자동 정리되어, 다음 미팅에서 다뤄질 수 있도록 주요 관심 사항으로 제시된다.

내부에 직원-회사 간 쌍방향 소통과 미팅 시스템을 구축해놓지 못한 경우, 애널리틱스와 테크를 활용한 외부 솔루션을 도입해서 조직문화 개선 및 소통을 강화하는 것이 최근 추세다. 2020년 3월 전 직원이 재택근무로 전환된 트위터는 같은 달 바로 슬랙(Slack)과 구글미트(Google Meet)를 도입하여 5천여 명의 글로벌 직원들과 함께 전사 미팅인 '원팀 (#OneTeam)'을 진행하기 시작했다.

방식은 메타의 '마크와의 질의응답'과 유사하다. 미팅은 매달 약 60분 정도 운영되는데, 시작 전 보통 미리 로그인한 직원들끼리 잠시 채팅을 하거나 뉴스나 짧은 동영상을 보며 편안한 분위기를 만든다. 미팅 전반 부에서는 CEO 키노트 스피치(keynote speech), 주요 사업 성과 발표, 신 규 인력 소개 등을 하고, 후반부는 미팅 전 OneTeamQs(원팀 질문창)를 통해 받은, 회사에 대해 궁금한 점이나 불만 사항들을 CEO와 다른 임원 들이 구글미트에서 대답을 하는 형식으로 운영한다.

이 순서가 끝나면 회사 측 대답과 관련하여 직원들이 실시간으로 추가 질문을 하거나 조직문화나 회사 운영에 개선이 필요한 점에 대해 자유롭 게 댓글창을 활용하여 말할 수 있도록 한다. 이러한 활동을 통해 재택근 무로 자주 교류할 수 없는 직원들이 소속감을 느끼고, 조직문화 개선 활 동에 동참하도록 지원하고 있다.[17]

참여에 소극적인 직원을 위한 방안

조직문화를 정확히 진단하고, 그 결과를 공유하며 회사와 직원들 이 각자의 역할과 행동의 변화를 다짐하는 것만으로는 조직문화 개선이 완성되지 않는다. 실질적 개선은 모든 구성원들이 각자의 자리에서 행동의 변화를 가져올 때 일어난다. 그러나 모든 변화는 두렵고 저항이 따르기 마련이다.

와튼스쿨(Wharton Business School)의 교수이자 산업 및 조직심리학자인 애덤 그랜트(Adam Grant)는 "사람들이 '난 바뀔 수 없다'라고 말할 때는 많은 경우 실제 '난 바뀌고 싶지 않다'를 의미한다. 이렇듯 행동을 변화시키는 것에 가장 큰 장애물은 본인의 의지 결여와 동기 부족이다."라고 말했다.[18] 그러면서 그는 행동을 바꾸는 것은 그 자체로 오랜 시간이 걸리고 쉽지 않기 때문에 성공적인 행동변화를 위해서는 그 이유를 설명하고 스스로 변화를 원하도록 느끼게 하는 것이 중요하다고 강조했다.

이는 회사의 조직문화 개선을 위해 직원들에게 행동의 변화를 요구할 때도 마찬가지다. 리더를 포함한 대부분의 직원들은 회사가 조직문화 '실천과제' 혹은 '행동변화 지침'을 공유하면 숙제라고 생각하는 경우가 많다. 즉 누군가 시켜서 억지로 하는 일이라 느끼는 것이다. 시켜서 하는 일은 왠지 하기 전부터 싫은 기분이 든다. 당연히 이런 마음으로는 변화가 더딜 수밖에 없다. 그렇다면 직원들이 스스로 조직문화 개선의 주체가 되어 긍정적 행동을 실현하게 하기 위해서는 어떤 방식의 접근법이 효과적일까?

넛지, 머신러닝을 만나다

경제학자 밀턴 프리드먼(Milton Friedman)은 효과적인 행동변화를 위해서는 사람들에게 기본적으로 '선택의 자유'를 부여해야 한다고 주장했다. 그러면서도 그는 조직 혹은 사회가 구성원들을 긍정적인 방향으로 변화시키기 위해서는 구성원들이 이로운 선택을 내리도록 의식적인 노력을 해야 한다고 말한다. 즉 어떤 행동을 강요하거나 금지하는 것이 아니라 예상 가능한 방향으로 움직일 수 있도록 선택을 부드럽게 유도하는 것이다. 노벨경제학상을 수상한 행동경제학자 리처드 탈러(Richard H. Thaler) 교수는 이를 '넛지(nudge)'라고 했고, '타인의 선택을 유도하는 부드러운 개입'으로 정의했다. 기업에서는 넛지를 적용하여 직원들에게 회사 혹은 리더의 생각을 거부감 없이 전달하고 이를 직원들의 행동으로 자연스럽게 연결시켜 조직문화의 변화와 혁신을 이끌고 있다.

구글은 글로벌 기업 중에서도 넛지를 통해 조직문화 개선과 행복한 일터를 구축하는 데 가장 적극적인 회사다. 구글은 인사팀 내 산하 연구조직인 파이랩(PiLab, People Innovation Lab)을 운영하며 다양한 실험과 도전을 통해 구글러(Googler, 구글 임직원)들이 보다 건강하고 행복한 직장생활을 할 수 있도록 돕고 있다. 구글이 넛지를 활용하여 진행한 대표적인 프로젝트로는 카페테리아 혁신 프로젝트와 교육 프로그램 참여율 개선 등이 있다.

이 중 카페테리아 혁신 프로젝트는 구글러들이 건강한 식습관을 갖게 하기 위해 카페테리아 음식 진열과 용기를 교체한 실험이다. 구글에 입사하면 기본 15파운드(약 6.8킬로그램)의 살이 찌고 자리에서 150피트(약 46미터) 반경에 항상 음식이 있다고 할 만큼 구글러들은 무료 제공 음식을 마음껏 즐기고 있었다. 그러나 음식으로 인해 예상치 못한 부작용이 발생하기 시작했다. 직원들이 구글에서 일한 후부터 살이 너무 찌고 있다며 농담 섞인 불만을 터뜨린 것이다. 이를 해결하기 위해 당시 파이랩 수장이었던 제시카 위즈덤(Jessica Wisdom)이 처음 한 시도는 육류와 간식 메뉴를 대폭 줄인 것이었다.

그러자 구글러들은 메뉴 선택의 폭이 줄었다고 반발했다. 제시카는 넛지를 활용한 다른 방법을 시도했다. 음식을 담는 접시 크기를 줄이고 디저트와 간식류를 담는 투명한 용기를 불투명한 용기로 바꾸었다. 대신 겉면에 레이블을 붙여 내용물을 표시했다. 과일과 야채에는 초록색 스티커를 붙이고, 디저트와 스낵류에는 빨간색 스티커를 붙여놓았다. 결과는 어땠을까?

구글의 HR 애널리틱스팀은 접시 크기를 줄이는 것으로 32%의 음식 소비량이 감소하고, 용기를 불투명하게 하는 것으로 1주일 만에 간식류의 소비가 9% 감소한 것을 발견하였다.[19] 이렇게 넛지가 일방적인 지시보다 변화에 더욱 효과적이라는 것을 알아낸 구글은 그 후 조직문화 개선을 위해 더 많은 곳에 넛지를 적용하기 시작했고, 넛지 아이디어를 축적해두는 '넛지 풀'을 자체적으로 생성하게 되었다.[20] 그리고 넛지를 통해 어떻게 하면 더욱 효율적이고 빠르게 직원 행동에 긍정적 영향을 줄수 있을지, 변화가 이미 생겼다면 이를 어떻게 유지할 것인지, 개인 맞춤형으로는 제공할 수 없을지에 대해 고민하기 시작하였다.

연구팀은 이런 일들을 본격적으로 실행하기 위해 구글을 떠나 2017년 AI 기반의 조직문화 컨설팅사 휴무(Humu)를 설립하여 넛지의 자동화와 맞춤화를 실현하였다. 휴무는 구글의 인사팀 수장이었던 라즐로 복 (Laszlo Bock)과 파이랩의 수장 제시카 위즈덤이 함께 창업한 회사다.

휴무는 고객사의 조직문화에 영향을 미치는 주요 요인들을 전문가 인터뷰, 직원 설문, 머신러닝 기법 등을 사용하여 찾아낸다. 그들은 먼저 고객사의 목표와 미션을 이해하고, 그다음 이를 실현하기 위해 팀 단위로 어떤 업무 우선순위와 리더십을 갖고 있는지 파악한 후 설문을 실시하여 데이터를 수집한다. 다음 단계로 머신러닝을 통해 수집된 데이터를 분석한다.

이렇게 분석된 내용을 토대로 넛지 풀에서 개인, 리더, 회사별로, 가장 적합한 행동변화 계획들을 찾아내 제시한다. 넛지를 누구에게, 어느 시점에, 얼마나 자주, 어떤 내용으로 전달해야 하는지에 관한 것은 머신러닝을 통해 자동으로 개인화되어 제공되며, 리더와 직원들은 기업과 자신들의 발전과 성장을 위해 보다 긍정적인 행동을 학습하고 훈련하게 된다.

휴무는 2021년 고객사들의 주요 고민이 팬데믹의 장기화로 인한 직원들의 소속감 저하라고 발표하였다. 재택근무가 확대되면서 직원들이 회사의 일원으로서 자신의 기여도와 다른 팀원들과의 유대감을 느끼는 정도에 대해 혼란을 느끼기 시작했다는 것이다. 휴무는 직원들에게 안정감과 연결성이 필요하다고 판단했고, 여기에 가장 큰 영향을 주는 요인을 분석했다. 그리고 대부분의 회사에서 그 요인은 리더의 소프트 스킬(soft skill)이라는 것을 확인했다. 또한 소프트 스킬 향상을 위해서는 다양한 넛지 중 팀원들과 '가상 점심식사 하기(virtual lunch with the team)'가 가장 도움이 된다는 것을 알아내고 이를 실행하도록 했다. 이때 누구도 리더에게 팀원과 점심을 먹어야 한다고 강요하지 않았으며, 소프트 스킬을 발휘하기 위해 특정 방식으로 소통해야 한다고 말하지 않았다. 다만, 적시에 리더가 소프트 스킬을 발휘할 수 있는 환경과 기회를 조성했고, 리더 스스로 변하려는 노력을 하도록 돕는 넛지를 적용했을 뿐이다. 이외에 대표적인 넛지 사례로는 리더들에게 리마인드 이메일 보내기, 소프트 스킬 향상과 관련된 도서 목록 혹은 비디오 링크 보내기, 우수 사례 공유

하기 등이 있다. 결과적으로 팀원들의 만족도가 매우 향상되었음을 확인하였다.[21]

칭찬과 인정도 적시에, 맞춤형으로

넛지를 활용하여 직원들이 서로 칭찬하고 인정하도록 유도하여 긍정적 조직문화 형성과 생산성 향상의 두 마리 토끼를 잡는 기술 또한 관심을 받고 있다. 명성, 칭찬을 의미하는 사명을 가진 쿠도스(Kudos)와 워크스타즈(Workstars)는 다양한 넛지를 활용하여 직원들이 자연스럽게 서로의 업무와 결과물에 대해 칭찬할 수 있도록 유도하고 직원과 팀 간의 유대감을 높이는 데 도움을 주는 서비스를 제공하고 있다.

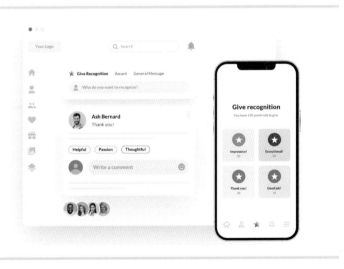

쿠도스 칭찬·인정 플랫폼 예시. 칭찬하고 싶은 직원의 이름을 검색하여 구체적인 행동 범주를 클릭한 후 피드백을 작성하면 해당 직원에게 인정 스티커가 제공된다.
자료: <https://www.kudos.com>.

워크스타즈는 칭찬과 인정도 개인 맞춤형으로 적시에 이루어져야 효과가 있다고 주장한다. 매년 연말에 진행하는 '우수 직원상' 시상과 같은 방법은 동기부여 효과가 미미할 뿐 아니라 형식적인 행사에 그칠 가능성이 높기 때문이다. 작은 성공 혹은 도움이라도 칭찬받을 만하다면 기다리지 말고 바로 해야 하고, 보상이나 인정도 일괄적으로 정해진 것이 아니라 개인 맞춤의 형태가 더욱 좋다고 한다.

예를 들어 회사 로고가 적힌 머그컵을 주는 것보다 직원들의 이니셜을 넣거나 혹은 그들이 키우는 애완동물, 아이들의 사진을 함께 넣으면 칭찬을 받는 사람의 만족도가 더 높아질 뿐 아니라 칭찬을 하는 동료도 그 사람에 대해 좀 더 개인적으로 알게 되는 기분이 들어 긍정 효과가 2배 이상이 된다는 것이다.[22] 따라서 맞춤형 칭찬을 통하여 직원들의 몰입과 유대감 형성을 함께 유도할 수 있다.

한번 구축해놓았다고 해서 별다른 노력 없이 계속 유지되는 좋은 조직문화는 없다. 문화는 유동적이고 진화 또는 퇴화할 수 있으며, 이를 바라보는 구성원들의 인식도 다양한 요인들로 인해 바뀔 수 있기 때문이다. 따라서 회사는 긍정적 조직문화를 만들어 직원들이 몰입하여 근무할 수 있도록 열린 마음으로 직원들의 고충을 경청하고, 정확한 진단을 통해 그들의 요구사항과 기대를 파악하고 반영하려고 노력해야 한다.

구성원들 역시 회사의 조직문화 개선 의지와 노력을 인내심을 가지고 응원해야 한다. 구성원 개개인이 조직문화 전도사임을 기억하여 보다 적극적으로 조직문화 개선에 동참할 때 비로소 긍정적인 변화가 실현될 수 있을 것이다.

2장

과학적 방법으로
직원 마음 헤아리기

직원 정서와 성과의 관계

2021년 도쿄 올림픽에서 미국 체조여왕 시몬 바일스(Simone Biles)가 경기 중 기권을 하는 일이 벌어졌다. 2016년 리우데자네이루 올림픽 기계체조 종목에서 4개의 금메달을 따고 자신의 이름을 딴 기술만도 여러 개 보유한 그녀가 경기 중 기권을 선언하자 언론과 미국 국민들은 충격에 빠졌다. 기권 이유는 다름 아닌 '심리적 불안'이었다.

그녀는 매체와의 인터뷰에서 "코로나19로 인해 올림픽이 연기되면서 스트레스가 높아졌고 힘든 시간을 보냈다. 경기 중 성적에 대한 극심한 압박감을 느꼈고, 나의 정신건강과 팀을 위해 기권하는 것이 맞다고 판단했다."라고 말하였다.[23]

국가를 대표해 출전한 선수의 중도 포기가 실망스러울 법도 했지만 대부분의 미국 국민들은 그녀의 선택에 응원을 보냈다. 국제올림픽위원회(IOC)도 시몬 바일스로 인해 그동안 간과하던 선수 정신건강 보호의 중요성을 깨닫게 되었다며 그녀도 우리와 같은 사람이자 진정한 영웅이라고 응원 메시지를 발표했다.[24]

시몬 바일스의 사례는 우리가 직장 생활에서도 흔히 겪을 법한 일이다. 최고의 성과를 내는 직원들도 프로젝트의 데드라인이 임박하거나 중요한 프레젠테이션을 준비하는 경우, 혹은 성과 평가를 앞두고 극심한 스트레스를 느끼기도 하고 때로는 회피하고 싶기도 하다.

이른바 우리가 말하는 '멘탈', 즉 개인의 마음과 정신, 정서가 성과와 생산성에 영향을 미친다는 것은 오래전부터 연구된 주제다. 심리학자들은 20세기 초에 이미 생쥐 실험을 통해 적절한 자극과 스트레스는 생쥐가 상자 안에서 바른 길을 찾는 데(바른 길 찾는 것이 '성과'를 의미) 긍정적 영향을 주지만, 너무 많은 스트레스는 오히려 성과에 악영향을 미친다는 것을 증명하였다. 이를 통해 과도한 정서적 압박감은 개인의 성과에 부정적이며 개인별 적정 수준의 스트레스는 상이함을 밝혔던 것이다.[25]

그 후에도 많은 학자들이 개인의 심리 상태나 정서가 직원의 만족도뿐 아니라 생산성, 조직 몰입 및 성과에 직접적으로 영향을 미친다는 것을 증명하였다.[26] 세계보건기구(WHO)는 2019년 보고서를 통해 불안정한 정서, 정신건강으로 저하된 생산성은 전 세계 경제에 약 1조 달러의 손실을 초래한다고 발표하기도 하였다.[27]

학계뿐 아니라 구글 등 몇몇 미국 기업에서도 2000년대 초부터 직원들의 정신건강과 정서에 관심을 가져왔다. 구글은 내부 연구를 통해 직원들의 심리 상태 및 정서가 조직에 어떤 영향을 미치는지 꾸준히 추적

했다. 그 결과, 직원 정서가 업무 성과 및 번아웃, 리더십과 팀워크에 영향력이 있음을 알게 되었다. 그리고 2007년 직원들이 긍정적 정신건강과 정서를 유지할 수 있도록 임직원들을 대상으로 한 온사이트(on-site) 명상 프로그램 '서치 인사이드 유어셀프(Search Inside Yourself)'를 도입했다.[28]

일부 실리콘밸리 테크 회사들을 중심으로 이루어지던 직원 정서 관리는 최근 코로나19가 장기화되고 BLM(Black Lives Matter, 흑인의 목숨도 소중하다) 등의 사회적 운동이 확산되면서 많은 기업의 화두가 되고 있다. 미국 질병통제예방센터(CDC)는 2020년 보고서를 통해 미국인 중 우울증을 앓고 있는 사람의 비율이 전년 대비 4배, 불안증은 3배 이상 증가했다고 발표하였다.[29] 이러한 수치는 2021년에도 꾸준히 증가했으며, 특히 신세대(19~30세)에서 가장 큰 폭으로 증가했음을 알 수 있었다.[30] 극심한 스트레스를 경험했다는 직장인들도 48%나 되는 것으로 확인되었다.[31]

이러한 스트레스나 불만을 외부 사이트 혹은 SNS 등에 표출하는 사례도 급증하고 있다. 최근 미국 기업들은 이러한 문제가 심각해지자 그동안 운영해오던 직원 정서 관리 온사이트 프로그램을 팬데믹 환경에 적합한 온라인으로 진행했으며, 더욱 적극적으로 직원 정서를 파악하고 지원할 수 있는 HR 테크 솔루션들을 탐색하기 시작했다.

직원들의 번아웃을 수치화하는 기술

자신의 감정이나 마음, 정신건강에 대해 솔직하게 말할 수 있는 사람이 얼마나 될까? 특히 직장 내에서 동료나 상사에게 이를 공유하기란 더욱 쉽지 않다. 미국 컨설팅사 맥킨지의 설문조사 결과에 따르면 미국 직장인 10명 중 1명 이하만이 직장에서 자신의 불편함이나 감정, 정신건강 등에 대해 이야기를 꺼낼 수 있는 환경이라고 답하였다.[32] 아마도 대부분이 '내가 이런 고민을 말하면 나에게 오점이 되겠지?' 혹은 '내가 일이 피곤하고 힘들다고 하면 평가에 부정적 영향이 있지 않을까?'라고 생각하기 때문일 것이다. 이런 이유들로 직원들은 그냥 참거나 직장이 아닌 다른 곳에서 이를 해결하기 위해 개인적인 노력을 하기도 하며, 때로는 건강하지 못한 방법으로 표출하기도 한다.

그렇다면 자신의 감정이나 마음에 대해 말하기 꺼려하는 직원들의 피로도나 고충을 어떻게 파악할 수 있을까? 마이크로소프트의 경우, HR 애널리틱스 기법을 활용하여 비바 인사이트(Viva Insight)*의 업무 기록, 근무시간, 이메일 등을 분석하고 이를 통해 직원들의 신체적 혹은 정신적 번아웃 수준을 객관적으로 파악하고 있다. 링크드인도 2021년 초 온라인으로 수집된 직원들의 협업 데이터를 통해 직원들의 소통 및 협업 피로도와 정신적 번아웃 정도를 확인하였는데, 그들이 사용한 데이터는 직원 간 메신저 양, 온라인 미팅 스케줄, 이메일, 문서 작성량 등이었다.

결과는 직원들이 코로나19 팬데믹 이후 모든 업무를 문서화하고 대부분의 소통도 이메일 혹은 문서로 진행하다 보니 오히려 소통 피로도가 매우 높아졌고, 그로 인한 스트레스가 높다는 것이었다. 더불어 코로나19 전에는 자리로 찾아가 질문하면 5분 안에 해결될 사안도 메신저 혹은 미

---

* 마이크로소프트 비바 모듈 중 하나로, 원격근무를 하는 직원들을 지원하기 위해 개발된 직원경험 향상 플랫폼.

팅을 통해 이루어져 효율성 측면에서도 긍정적이지 못함을 발견하였다고 한다.

이 결과를 본 링크드인 CEO는 이를 토대로 '리프트업(Liftup)'이라는 프로그램을 시작하였다. 이 프로그램은 링크드인에서 매년 7월 1주일간 사무실 문을 닫고 전 직원이 휴식을 통해 재충전하는 기회를 갖도록 하는 것이었으나, HR 애널리틱스팀의 분석 결과를 계기로 4월에도 1주일간 추가로 실시하여 직원 개인의 마음과 정서 관리에 힘쓸 것을 부탁하였다.[33]

AI 기반 음성인식 기술을 활용하는 코지토(Cogito)는 고객센터 직원들과 고객의 대화 내용, 목소리 톤, 말의 속도 등을 분석하여 직원 개인별로 통화 간 간격과 평균 통화 시간을 제공하고 번아웃을 방지할 수 있도록 한다. 그뿐만 아니라 고객센터 직원들이 개인별 스트레스 수준을 정확하게 이해하고 도움을 받을 수 있도록 '공감 신호(Empathy Cue)' 알림을 보낸다. 이 알림은 상담 중 고객의 음성 에너지 수준이 일정 수준 이상 높아질 때 활성화되어 잠시 상담을 멈추고 고객 감정에 대해 생각해 본 후 대응할 수 있도록 한 것이다.[34] 또 과거 데이터와의 비교를 통해 개선 정도에 대한 정보도 제공하고 있다.

감정 분석 솔루션 어펙티바(Affectiva)는 차량 공유업체 운전자들의 감정을 실시간으로 분석하는 객실 내 감지(In-Cabin Sensing, ICS) 장치를 활용하여 운전자의 피로 수준이나 집중 상태 등을 모니터링한다. 차량 내에 웹캠을 설치해 얼굴, 입가나 코끝, 눈의 움직임, 표정 등의 데이터를 수집하고 해석하여 이를 7가지 주요 감정(분노·경멸·혐오·공포·기쁨·슬픔·놀라움)으로 분류한다. 그다음 87개 국가에서 수집된 얼굴 분석 결과

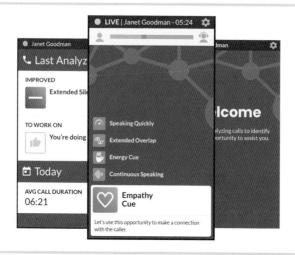

오늘의 기분과 평균 통화 시간 등을 알려주는 코지토의 개인 분석표(왼쪽)와 공감 신호(Empathy Cue) 알림 (가운데).
자료: <https://cogitocorp.com/product/>.

를 토대로 운전자의 상태를 약 90%의 높은 정확도로 예측하게 된다. 이 정보는 운전자와 탑승자를 사고로부터 보호하고 탑승의 질과 운전자 심리 상태를 개선하는 데 사용된다. 유사한 기술을 개발한 파나소닉도 표정, 얼굴 근육 움직임, 눈 깜박임 등 1,800여 개의 데이터를 수집하여 직원들의 정서나 피로도, 번아웃을 예측하고 있다.

직원의 감정까지 읽어내는 솔루션

기분이 좋은 날과 그렇지 않은 날, 우리는 언제 더 일을 잘할까? 개인의 기분은 회사 생활에 어떤 영향력을 미칠까? 우리 경험을 비추어 생각해봐도 기분이 좋은 날 왠지 일도 더 잘되고 동료들과도 잘 지내는 것 같다. 또 팀원 혹은 상사가 기분이 좋지 않은 날은 부서 전체 분위기에 안 좋은 영향을 끼친다는 느낌이 든다.

세계경제포럼(World Economic Forum)은 2019년 73개국 49개의 산업 군별 자료 분석을 통해 실제 직원들의 행복감이 고객 충성도, 생산성, 회사 수익에 긍정적 영향력이 있으며 이직률을 낮춘다고 발표하였다. 좀 더 구체적으로 살펴보면 긍정적 감정은 직원들의 동기를 높여 조직 내 다른 직원들을 돕거나 협업하려는 조직시민행동을 높이고 업무 결과, 특히 창의적 성과물을 향상시키는 것으로 밝혀졌다. [35, 36]

경험상으로도 이론적으로도 기분 좋은 직원이 조직에 긍정적인 영향을 미치는 것은 분명해 보인다. 그렇다면 회사는 직원들의 기분이나 감정 상태를 알고 이를 긍정적으로 유지하도록 하기 위해 어떤 노력을 할 수 있을까? 매일 아침마다 출근한 직원들에게 상사가 '오늘 기분은 어떠냐?'라고 물을 수는 없는 노릇이다. 더구나 재택근무를 하는 경우 직원들의 기분이나 정서가 어떤 상태인지 아는 것은 더욱 힘들다.

그래서 아마존은 마이스트랭스(myStrength) 앱을 직원들에게 무료로 제공하여 자신의 마음과 정서 수준을 파악할 수 있도록 하고 있다. 최근에는 피부전도도(Electrodermal activity)*를 측정하여 개인의 감정 상태와 스트레스 수준을 실시간으로 확인하는 것이 HR 테크 트렌드로 자리 잡고 있다.

대부분의 웨어러블 기기를 통해서도 개인의 정신건강 상태를 확인할

---

* 피부의 전기적 특성을 지속적으로 변화시키는 인체의 특성을 파악하는 기법.

수 있다. 무드메트릭(Moodmetric) 스마트 링은 반지 모양의 웨어러블 기기다. 이를 통해 땀, 움직임 등 생체리듬으로 우울감이나 불안감 등을 측정할 수 있다. 개인의 수준은 1부터 100으로 표기되고 1이 가장 안정된 상태인데, 예를 들어 수면 중이거나 혹은 깨어 있는 경우라면 무기력한 상태일 수 있다. 100은 불안감이 심하거나 에너지 혹은 움직임이 많은 상태를 의미한다. 매일 아침 자신의 과거 데이터를 참고하여 현재 상태를 확인하고, 이를 바탕으로 개선 노력을 할 수 있다.

만일 수요일과 금요일마다 스트레스 혹은 불안 수준이 높아진다면 그 이유를 확인해볼 필요가 있다. 예를 들어 매주 수요일과 금요일이 직장에 가기 전 아이들을 등교시키고 퇴근 후에도 가사일이 유난히 많은 날

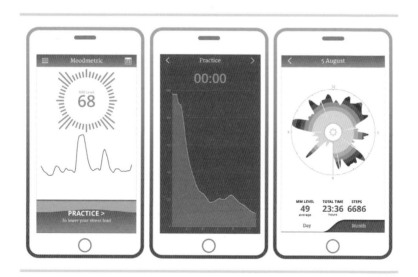

무드메트릭 앱 분석도. 실시간 무드(기분) 레벨을 알려주고 걸음 수 등 일별 데이터도 제공한다. 이를 토대로 명상 등 스트레스 관리법을 제안하고 개인의 변화 데이터 패턴도 제공한다.
자료: <https://moodmetric.com/services/you/moodmetric-measurement/>.

이라면 그 일로 자신이 스트레스를 받는다는 것을 인지하고 일정을 조정하거나 가사 분담을 할 수 있다. 또 가능하다면 그날은 미팅 수를 줄이고 개인 업무에 집중하는 것이 좋겠고, 긴급하거나 중요하지는 않지만 꼭 해야 하는 일을 하는 것이 더 효율적일 수 있다. 단, 개인정보 노출에 대한 우려 때문에 타인 혹은 동료와의 비교는 불가하고 자신의 과거 데이터와의 비교만 가능하다는 한계가 있다.

웨어러블 기기를 통한 기분 및 정서 탐지가 직원 개인에게 초점을 맞췄다면, 회사 차원에서 직원들의 정서를 감지할 수 있는 HR 테크도 있다. 보통 이런 솔루션들은 임직원 설문조사나 직원들이 회사 게시판에 작성한 글을 분석하는 방식을 많이 사용한다.

직원 정서 변화를 감지하고 이를 토대로 그들의 몰입 수준을 파악하는 솔루션 중 하나로 킨코프(Keencorp)가 있다. 킨코프는 무드메트릭과 협업하여 회사 전체 분위기와 정서 수준을 파악한다. 이 솔루션은 직원들이 작성한 다양한 글을 통해 직원 정서를 분석한 결과를 실시간으로 대시보드 형태로 보여주고, 특정 집단별 결과도 함께 제시한다. 예를 들어 성별이나 직군, 신입사원 등 특정 집단을 선택하여 결과를 확인할 수 있을 뿐 아니라 다른 집단과의 차이 또한 확인이 가능하다. 갑작스럽게 긍정 또는 부정적 정서 변화가 있는 집단에 대해서는 강조 표시를 하여, 회사가 신속하게 타깃 집단을 대상으로 원인을 파악하고 해결 조치를 취할 수 있도록 한다. 또한 시기별 비교도 가능하고 특히 자주 언급되는 키워드를 긍정 감정 및 부정 감정과 함께 표시해준다.

또 다른 정서 분석 솔루션인 자이브(Jive)도 킨코프와 유사하게 사내 게시판, 사내 SNS 등에 올라온 글을 분석하여 실시간으로 그 결과를 보여

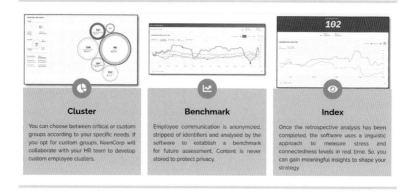

Cluster

You can choose between critical or custom groups according to your specific needs. If you opt for custom groups, KeenCorp will collaborate with your HR team to develop custom employee clusters.

Benchmark

Employee communication is anonymized, stripped of identifiers and analysed by the software to establish a benchmark for future assessment. Content is never stored to protect privacy.

Index

Once the retrospective analysis has been completed, the software uses a linguistic approach to measure stress and connectedness levels in real time. So, you can gain meaningful insights to shape your strategy.

킨코프의 대시보드 예시. 결과를 확인하고자 하는 집단을 선택하면, 킨코프가 사내 인사팀과 협업하여 해당 집단의 임직원 자료를 수집한다. 범주를 구분하고 직원들의 작성글을 분석하여 이를 과거 데이터와 비교한 후 현재 직원들의 스트레스 수준을 제시한다.
자료: <https://keencorp.com/solutions/>.

준다. 매일 등록된 글의 수뿐 아니라 이 글들을 긍정 정서, 부정 정서, 중립 등 3가지로 구분하여 통계를 낸다. 각 정서마다 어떤 주제가 가장 많이 나왔는지 핵심 키워드를 보여주어 직원들의 정서뿐 아니라 주요 관심사까지 파악할 수 있도록 돕는다.

자이브가 다른 솔루션과 차별되는 점은 직원들이 해당 글을 많이 작성하거나 언급한 소통 채널 혹은 지역과 사무실을 파악하여 소통 채널 활성화 정도를 확인할 수 있다는 점이다. 더불어 작성자 수와 긍정 정서 비율에 대해 지난 3개월간의 추이를 분석하여 직원들의 갑작스러운 정서 변화를 감지할 수 있을 뿐 아니라 발생 원인까지 구체적으로 파악하여 조치할 수 있다.

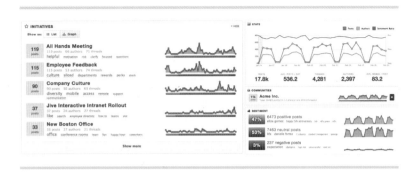

자이브 대시보드 예시. 회사에서 진행하는 모든 프로그램에 대한 직원들의 반응과 평가를 실시간으로 분석
하고(왼쪽), 각각의 주제에 대해 구체적인 수치와 트렌드를 제시하고 있다(오른쪽).
자료: <https://www.jivesoftware.com/product/people-analytics/>.

24시간 직원의 고충을 들어주는 상담 챗봇

이처럼 많은 기업이 직원들의 정서, 마음 상태를 확인하고 이를 적
극적으로 개선하기 위해 회사 차원의 다양한 노력을 하고 있다. 그러나
정신건강에 대한 고민과 스트레스가 많음에도 불구하고 직원들은 그러
한 내용을 드러내면 자신에게 불이익이 발생할 것을 두려워하여 좀처럼
드러내지 않는다. 상황이 심각해져 조직문화 담당자가 알게 되었을 때는
이미 도와줄 수 있는 단계를 넘어섰을 수도 있다. 직원들의 사생활을 보
호하면서도 힘들 때 주위에 도움을 요청하게 하는 좋은 방법은 없을까?
사람한테 말하기 힘들다면 로봇이 대신 고충을 들어주는 것은 어떨까?

일부 글로벌 기업은 무료 정신과 상담과 함께 챗봇을 활용해서 직원들
이 사생활 노출에 대한 부담을 느끼지 않도록 노력을 기울이고 있다. 먼
저 메타의 사례를 살펴보자. 메타는 임직원들의 정서, 정신건강, 웰빙 증

진을 담당하는 팀을 별도로 운영한다. 라이프앳(Life@)이라는 이 팀은 자사의 모든 임직원이 직원 정서의 중요성을 인식하도록 교육하고 번아웃, 우울감, 불안감 등을 드러내는 것에 대한 직원들의 부정적 선입견을 줄이고자 노력하고 있다. 또한 도움이 필요한 경우 언제든지 상담을 받을 수 있도록 지원한다. 직원들과 그 가족들에게 연 25회 무료 상담을 실시하고(온라인 상담 포함), 명상과 수면의 질 향상을 돕는 앱인 헤드스페이스(Headspace)를 무료 지원하고 있다.

아마존과 마이크로소프트의 경우 무료 상담 서비스 외에도 HR 테크를 좀 더 활발하게 활용하고 있다. 마이크로소프트는 24시간 온라인 상담 세션을 통해 챗봇을 상시 대기시키고 심리 상담사와 상담 가능한 일정을 공유하여 직원들이 언제든 고충을 털어놓을 수 있게 하고 있다. 챗봇의 가장 큰 장점은 언제든 시간에 상관없이 접근이 용이하다는 것이다. 고충을 겪는 직원들에게는 최대한 빠른 시일 내에 도움을 주는 것이 필요한데, 챗봇은 24시간 상담이 가능하다. 더불어 챗봇은 실제 상담사와의 면담보다 부담감을 덜 느끼게 하고 고충을 털어놔도 비밀 보장이 될 것이라는 믿음을 줄 수 있다. 챗봇의 한 종류인 워봇(Woebot)을 통한 상담을 실제 상담사와 이루어진 상담과 비교했을 때 유사한 수준의 신뢰가 형성됨을 확인할 수 있었다.

최근 개발된 챗봇 무드킷(Moodkit), 엘리자(Eliza), 워봇 등은 질문에 대한 답만 앵무새처럼 반복하는 초기 단계의 챗봇과는 달리, 상담 전문가들과 유사한 방식으로 스토리를 가지고 대화를 이끌면서 직원들의 고충을 듣고 마음을 안정시켜준다. 예를 들어 '언제 있었던 일인가요?'라는 질문으로 시작해 육하원칙의 구조를 가지고 디테일한 질문을 던져 당사

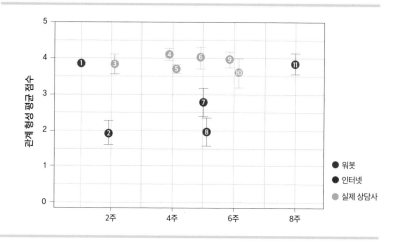

상담사별 효과성 비교. 인터넷, 실제 상담사, 워봇과의 상담을 비교해보면 워봇과의 상담 시 치료 효과와 신뢰 형성이 제일 오래 지속됨을 확인할 수 있다. 숫자는 상담자-내담자 간 관계 형성 점수로, 높을수록 관계가 긍정적임을 의미한다.
자료: <https://woebothealth.com/clinical-results/>.

자에게 일어난 문제를 세세하게 파악하고 정리한다. 챗봇과 고민을 정리하는 이 과정은 고민을 털어놓는 당사자에게도 자신이 겪은 일을 다시 한 번 되짚어보고 다른 시각에서 상황을 볼 수 있도록 한다.

고충 파악이 끝나면, 챗봇은 이 일에 대해 회사 내에서 도움을 줄 수 있는 담당자와 해결 방법 등 구체적인 해결 플랜을 제시함과 동시에 '지금은 생각이 부정적인 방향으로 흘러갈 수 있으니, 잠시 휴식시간을 가져보시는 건 어떨까요?'라는 말을 건네는 등 마음 치유를 적극적으로 돕는다. 이 같은 절차가 가능한 이유는 챗봇이 인지 행동치료, 대화형 행동치료 등 다양한 전문 상담기법 패턴을 학습했기 때문이다. 만일 챗봇과의 상담으로 만족을 느끼지 못하는 직원들에게는 챗봇이 직접 전문 상담가를 추천하는 기능도 있다.

```
Talk to Eliza

>    *** Are We going to Chat? ***
>    I can't help you without a dialog!
* are you yelling at me?
> Why are you interested in whether or not I am
yelling at you?
* you sound like you are yelling
> What makes you think I am yelling?
* Your voice tone? the way you talk!
> Oh... talk?
* type?
> OK... "Your voice tone? the way me talk". Tell me
more.
```

심리상담 챗봇 엘리자와의 대화 예시. 아래 주소로 접속하면 엘리자와 실제로 대화를 나눠볼 수 있다.
자료: <http://psych.fullerton.edu/mbirnbaum/psych101/eliza.htm>.

대부분의 챗봇은 개인별 데이터 혹은 대화 내용을 그대로 인사팀이나 회사에 제공하지는 않지만, 회사 전체 수준의 데이터를 확인할 수 있도록 하고 있다. 이를 토대로 회사는 해당 챗봇을 사용하는 직원들이 가장 많이 토로하는 고충은 무엇인지 판단할 수 있으며, 직원의 만족도 향상뿐 아니라 정서 건강도를 확인할 수 있어 최근 많은 기업의 관심을 받고 있다.

심리치료에서도 활용도가 커지는 가상현실

2020년 초 방영된 VR 휴먼다큐멘터리 〈너를 만났다〉는 가족을 잃은 유족이 가상현실을 통해 그리워하던 가족을 다시 만난다는 내용이다. 이를 통해 떠난 가족에게 생전에 하지 못한 말들을 전함으로써 남은 가족들의 마음을 치유하는 것이 목적이었다. 가상현실의 가장 큰 장점은 다른 도구에 비해 정서적 전달 효과가 높고 생생한 체험을 통해 인식 및

행동변화(cognitive behavioral change)에 효과적이라는 것이다.[37]

가상현실이 심리치료 목적으로 사용된 지는 약 20년 정도가 된다. 과거에는 주로 불안증, 공포증, 외상 후 스트레스 장애(post traumatic stress disorder)에 초점을 두었고, 최근에는 우울감, 직장 내 괴롭힘, 섭식장애 관리 등으로 확산되는 추세다. 대표적인 심리치료 서비스 제공 기업으로 아멜리아 버추얼 케어(Amelia virtual care, 옛 사이어스)가 있다. 이 회사는 임상 심리학자들이 여러 실험과 시나리오를 바탕으로, 가상현실 기술을 활용하여 맞춤형 심리치료 서비스를 제공한다. 주로 두려워하는 대상 혹은 스트레스 상황에 환자를 점차적으로 노출시키고 이를 반복 훈련함으로써 증세를 약화시키는 방법을 취한다. 따라서 일정 기간이 지날 때까지 임상심리학자가 환자와 함께 과정에 참가하여 가상현실을 경험하는 환자의 변화 양상을 관찰한다.

그렇다면 가상현실이 기업에서도 임직원들에게 정서적 안정과 심리치료의 역할을 할 수 있을까? 기업에서 가상현실의 활용은 대부분 교육과 훈련이 목적이었다. 월마트, 마이크로소프트 등은 주로 직무교육이나 채용 시 직무 적합도 등을 확인하기 위해 가상현실을 활용해왔다. 그러나 최근 구글, PwC 등 일부 글로벌 기업들이 직장 내 괴롭힘 극복, 번아웃 직원들을 위한 명상, 성희롱 예방 및 피해자 심리치료 등에 가상현실을 적용하겠다는 계획을 발표하여 앞으로 기업에서도 심리치료 목적으로 활발히 활용될 전망이다.

번아웃, 우울감 등 직장인들이 겪는 대부분의 정서 문제는 불안 수준이 높은 상태에서 감내해야 할 변화 요인이 빠르게 다가와 압박감이 심할 때 더 커진다. 더욱이 이렇게 부정적인 정서나 감정은 조직 내에서 빠

아멜리아 버추얼 케어의 가상현실 활용 화면. 지하철 등 인적이 많은 곳에 가면 불안을 느끼는 사람이 가상현실을 통해 극복하는 과정이다.

자료: <https://ameliavirtualcare.com>.

르게 전파되고 조직 전체 분위기와 사기를 떨어뜨리기 쉽다.[38]

2020년 14개국 성인 1만 4천 명을 대상으로 한 조사(미국 여론조사회사 퓨리서치)[39]에서 한국인들이 코로나19에 대한 걱정 수준이 최고치였다는 결과가 나왔다. 이는 무엇이든 함께하는 것이 익숙한 집단주의 문화 속에서 타국보다 더 철저한 사회적 거리두기를 시행하고, 그동안 익숙했던 전통적 업무 방식에서 벗어나 재택근무나 온라인 협업이라는 새로운 시도에 빠르게 적응해야 했기 때문이라 볼 수 있다.

그럼에도 불구하고 한국인들은 직장에서 여전히 정신건강 혹은 자신의 정서, 감정에 대해 표현하는 것을 불편해하고 특히 문제가 발생했을 때 공개적으로 도움을 요청하거나 회사에 알리기를 매우 어려워한다. 따라서 회사는 어려운 시기일수록 공감과 신뢰를 바탕으로 직원들의 정서 상태를 파악하고, 그들의 고충을 해결하기 위해 노력해야 한다. 이를 위해 새로운 분석 방법, 심리상담을 위한 챗봇, 가상현실을 활용한 심리치료 등 새롭게 부상하는 HR 테크의 도입도 적극 고려할 시점이다.

3장

맞춤형 웰빙으로
직원 행복을 최적화하다

급여만으로는 우수 인력을 유치할 수 없다

직원의 행복과 웰빙*에 대해서 높은 관심을 표명하고 사내 웰빙 프로그램을 확대하는 기업들이 점차 늘어나고 있다. 미국 내 1천 명 이상

---

* 미국심리학회(American Psychological Association)에 따르면 '웰빙(wellbeing)'이란 사람이 '걱정이나 불안은 적으면서 행복하고 만족스러운 정서 상태, 정신적으로 육체적으로 건강한 상태, 또는 삶의 질이 양호한 상태'이다. 과거의 웰빙이 심각한 질병에 걸리지 않으며 양호한 수면의 질, 운동이 가능한 신체 등 신체적 웰빙(physical wellbeing)에 집중했다면 최근에는 삶의 다양한 측면에서 종합적인 웰빙을 고려한다. 미국 여론조사기관 갤럽은 이 점을 감안하여 웰빙을 5개 영역으로 구분하고 있다. 즉 신체적 웰빙 외에 자신이 하는 일에 대해 즐거워하는 경력 웰빙(career wellbeing), 자신의 금전을 체계적으로 관리하는 재무적 웰빙(financial wellbeing), 다른 사람들과 우정을 나누는 사회적 웰빙(social wellbeing), 자신이 사는 지역에 대해 만족해하는 지역사회 웰빙(community wellbeing)으로 나누어 보고 있다. 반면 미국 질병통제예방센터(CDC)는 여기에 더하여 정신적으로 만족스럽고 행복한 상태인 심리적 웰빙(psychological wellbeing)도 포함하여 이 모든 영역에 대해 만족스러울 때 종합적으로 웰빙 상태에 있다고 보고 있다.

직원을 둔 기업의 90%가 건강보험과 연금(401k*) 외에도 별도의 웰빙 프로그램을 운영하고 있다.[40] 기업이 직원에게 제공하는 웰빙 프로그램의 내용도 상상 이상으로 다양해지고 있다. 가족 돌봄 휴가(아마존), 난자 냉동비용 지원(메타), 무료 음식 제공(구글), 유급 봉사 휴가(세일즈포스), 직원 주차 발렛 파킹(메타), 운동센터 멤버십 제공(세일즈포스), 자녀 입양비 지원(구글) 등 기업마다 자부심을 가지는 고유의 웰빙 프로그램을 보유하고 있다.

그렇다면 왜 기업들은 직원의 행복과 웰빙에 대해 많은 노력을 기울이는 걸까? 급여만으로는 우수 인력을 채용하고 계속 근무하도록 만들 수 없기 때문이다. 기업의 우수한 웰빙 프로그램은 시장에서 우수한 인재를 유인하고 기존 직원들이 회사에 더 오래 근무하도록 하는 데, 다시 말해 기업의 고용 매력도를 높이는 데 큰 기여를 하고 있다. 직원들 또한 기업이 제공하는 웰빙 프로그램에 대해 높은 관심을 가지고 있다. 기업 리뷰 사이트 글래스도어의 조사에 따르면 직장인의 60%는 직장 선택 시 회사의 웰빙 프로그램을 중요한 요소로 보고 있다.[41]

또 다른 이유는 기업이 제공하는 각종 웰빙 프로그램이 직원의 몰입을 높인다고 판단하고 있기 때문이다. 무료 음식을 준비하거나 드라이클리닝 제공, 사내 운동센터 마련, 명상실 운영 등은 직원들이 업무 외에 해결해야 할 많은 일을 회사에서 처리할 수 있게 해준다. 이는 소모적인 일에 쏟는 시간과 노력을 줄여주어 그 결과 전반적인 업무 생산성 향상으

---

* 미국의 퇴직연금을 뜻하는 용어로, 미국 세법 401조 k항에 직장 가입 연금 규정이 있어 '401k'로 불린다. 401k 퇴직연금은 매달 일정량의 퇴직금을 회사가 적립하되, 관리 책임은 직원에게 있는 방식이다.

로 이어질 수 있다.

직장인, AI 재무 설계사를 만나다

최근 직장인들의 재테크에 대한 관심이 크게 높아졌다. 그러나 자신의 자산이 얼마이고 매월 지출 규모가 어떻게 되는지, 나아가 연금과 보험 등 미래를 위한 투자는 제대로 하고 있는지 자신 있게 대답할 수 있는 사람은 의외로 적다.

글로벌 컨설팅 기업 PwC의 2021년 직장인 재무 건강도 조사에 따르면 직장인의 87%가 전문가로부터 재무적 조언을 받고 싶다고 응답하고 있다.[42] 회사가 관련 서비스를 제공하는 경우, 이용해봤다고 답한 직장인은 2012년 51%에서 2021년 88%로 크게 늘었지만 재무적 조언을 제공하는 회사는 아직 많지 않다. 또한 전년 대비 연봉이 감소한 직장인의 45%가 재무적 이슈 때문에 업무에 집중하기 힘들다고 응답했으며, 재무적 웰빙 서비스를 제공하는 회사에 끌린다고 응답한 직장인이 72%에 이르렀다. 즉 직장인의 경제적 웰빙은 직장인 개인뿐 아니라 기업의 인재 고용과 유지에도 매우 중요한 역할을 하고 있으며, 직원들의 생활 보호와 다양한 니즈를 고려할 때 기업은 관련 서비스를 제공할 필요가 크다는 것을 알 수 있다. 최근 들어 HR 테크를 적극 활용하여 직원들에게 경제적 웰빙 서비스를 제공하는 기업이 늘고 있다.

월마트는 2017년부터 이븐(Even)이라는 금융 솔루션을 사용하여 직원들에게 1:1 금융비서 서비스를 제공하고 있다. 이븐은 핀테크*를 활용하여 직원들의 자산운용 계획, 지출, 저축, 대출을 하나의 플랫폼에서 관리해주는 서비스다. 현재 약 30만 명의 직원이 이 서비스를 이용하고 있다.

이븐의 지출 관리 솔루션 화면. 급여일 전 지출 내역과 현재 사용 가능한 금액이 642.1달러임을 알려주고(왼쪽), 급여일 전에 내야 하는 세금, 공과금, 카드값 등을 보여주어 지출액을 예측하고 준비할 수 있게 돕는다(오른쪽).
자료: <https://www.even.com/platform/product>.

단순히 앱 사용료를 회사가 지원하는 것에 그치지 않고 회사의 신용도와 직원의 급여 정보가 연동되어 대출이나 상환과 관련된 복잡한 절차를 직원들이 은행에 방문하지 않고도 쉽게 처리할 수 있게 해준다. 또한 자금의 흐름과 사용처별 금액을 일목요연하게 정리하여 매월 지출 규모를 파악할 수 있게 하여 저축 등 자산운용을 더 용이하게 할 수 있다. 또한 긴급하게 소규모 단기 대출이 필요할 때 이 솔루션에서 직원의 급여와 자

＊ 핀테크(FinTech 또는 Financial Technology)는 '금융(Finance)'과 '기술(Technology)'이 결합한 용어로, ICT 기술과 송금, 결제, 대출, 자산관리 등 각종 금융서비스를 결합하여 제공하는 새로운 유형의 금융서비스를 말한다. [박재석, 김민진, 황병일 (2016). "핀테크의 발전 배경과 주요 동향". 《정보와 통신》. 33(2). pp.52-58.]

산 규모를 고려하여 저금리로 제공하기 때문에 직원들은 카드론이나 제2금융권에서 고금리 대출을 받을 필요가 없다.

월마트 직원들은 금융비서 서비스를 이용한 후 '회사가 나를 신경 써준다고 느낀다', '만약 다른 회사를 가게 된다면 이런 경제적 웰빙 서비스가 있는지 우선 확인하겠다', '긴급하게 돈이 필요할 때 저금리로 대출이 가능하여 금융 비용을 줄일 수 있었다'라고 하며 금융비서 서비스에 매우 긍정적인 반응을 보였다. 또한 월마트는 이 솔루션 덕분에 직원이 이직하지 않고 회사에 계속 근무하는 비율(retention rate)이 30%나 증가한 것으로 평가하고 있다.

급여 지급 방법을 다양화함으로써 직원들의 경제적 상황을 일시적으로 개선시키는 솔루션도 있다. 아직 급여일이 되지 않았는데 생활비를 모두 소진하거나 갑자기 목돈이 필요하면 고금리로 신용대출을 받아야 하는 상황이 발생할 수도 있다. 미국인의 약 40%가 비상시에 400달러(약 48만 원)도 즉시 마련할 수 없다고 한다.[43] 그런데 직원마다 원하는 날짜와 원하는 기간에 맞추어 급여를 받게 하는 HR 테크 솔루션이 발전하면서 직원들의 이러한 경제적 어려움을 일부 해결할 수 있게 되었다. 이 솔루션들은 대출을 해주는 것이 아니라, 아직 급여일이 돌아오지 않아 받지 못한 급여를 미리 받아 긴급하게 사용하도록 도와주는 것이다. 데일리페이(DailyPay), 플렉스웨이즈(FlexWage), 페이민트(Paymint), 페이액티브(PayActiv) 등이 대표적인 솔루션이다.

이들 솔루션을 사용하면 회사가 정한 날짜가 아닌, 직원이 원하는 날짜와 방식에 맞추어 월 1회가 아니라 15일, 1주, 혹은 매 8시간마다 급여를 받을 수 있다. 급여의 일부를 받기 위해서는 사전에 신청하고 이를 관리

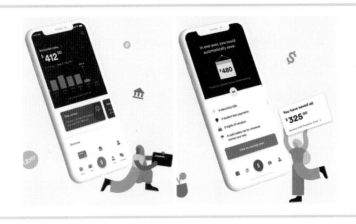

페이액티브 솔루션 화면. 근무한 날짜를 계산하여 현재 시점에서 가용 월급이 412.5달러임을 알려주고(왼쪽), 페이액티브를 사용한 후 지출 예측 등 관리가 가능해져 325달러를 절약했음을 보여준다(오른쪽).
자료: <https://www.payactiv.com/for-you/>.

자가 승인해야 한다. 관리자 화면에는 직원 이름과 신청 기간, 현재 상태 (제출/승인/확정/지급의 4가지로 구분)가 뜨게 되며 관리자는 현재 상태를 원하는 내용으로 변경함으로써 결재를 완료할 수 있다. 날짜에 따라 자신의 가용 급여액을 실시간으로 확인하는 것이 가능하다. 페이액티브 솔루션은 직원들이 부채와 저축을 관리할 수 있는 기능도 함께 제공한다.

청소 서비스업체인 더메이즈(The Maids)는 HR 테크에 기반한 유연한 임금체계 서비스를 제공한 후 직원 근속연수가 증가하고 채용 시 지원자 수도 2배로 늘어나는 등 고용 브랜드도 개선되었다고 한다.[44]

경제적 웰빙을 위해서는 간단한 재무, 금리, 세금 지식이 필요하고 중장기 관점에서 재무계획을 세울 수 있어야 한다. 돈을 버는 것 외에 투자 등 자산관리 역량이 중요함에도 불구하고 직장인들의 자산관리 지식은 매우 낮은 수준이다. 국내 30~59세 직장인을 대상으로 조사한 연금 투자 이해력은 100점 만점에 47.6점에 불과하여 낙제 수준인 것으로 나타났다.[45] 일부 자산관리 교육이나 세미나가 외부에서 이루어지고 있으나 비용 부담도 있을 뿐 아니라 금융상품 홍보 목적으로 이루어지는 경우도 있어 직장인들의 적극적 참여를 기대하기는 어렵다.

직장인들의 이런 고민을 해결하기 위해 글로벌 운송회사 DHL은 자사 웰빙 프로그램의 하나로 직원 대상 자산관리 교육을 제공하고 있다. DHL은 자산관리 영역에 특화된 교육 허브인 네이버(Neyber)*를 활용하여 이 서비스를 제공한다. DHL의 직원들은 네이버에 접속하면 3분 내외의 짧은 자산관리 팟캐스트 영상을 시청할 수 있을 뿐만 아니라 재무 전문가와 만나 대화할 수 있는 밋업(Meet up), 쉽고 빠르게 자산을 직접 계산해볼 수 있는 툴 등 다양한 교육 프로그램에 참여할 수도 있다. DHL은 직원들의 관심도가 높은 경제적 웰빙과 관련된 콘텐츠를 제공한 후 자발적으로 교육 플랫폼을 찾는 직원 수가 눈에 띄게 늘었고, 기존의 직무교육 콘텐츠 참여까지 끌어올리는 효과가 나타났다고 평가했다.[46]

그 밖에 페이액티브도 서비스 계약을 맺은 기업의 직장인에게 재무교육에 필요한 자료를 제공하고 필요에 따라 1:1 맞춤 온라인 재무 코칭을 제공하고 있다.[47]

---

* 네이버는 2020년 3월 사업장 재무 플랫폼 기업인 샐러리 파이낸스(Salary Finance)에 합병되었다.

헬스 테크와 HR 테크의 만남

　손목 등 우리 몸에 착용하는 헬스케어 웨어러블 기기가 점차 보편화되고 있다. 최근에 나오는 스마트 워치는 심전도 측정, 스트레스 측정, 수면시간 기록은 기본이고 더 많은 신체 건강관리 기능이 추가되었다. 혈압 측정, 수면 시 코골이 정도 확인, 혈중 산소포화도와 체성분 측정 등도 가능해져 이용자 스스로 자신의 건강 상태를 모니터링할 수 있다. 또한 걷기, 달리기, 수영 등 다양한 운동 이력을 기록하고 칼로리 소비를 관리해준다.

　직원의 건강에 관심을 갖고 적극적으로 관리해온 글로벌 기업들은 이들 헬스케어 웨어러블 기기를 포함한 헬스 테크를 자사의 HR 테크와 접목시키고 있다.

　웨어러블 기기나 스마트폰을 이용하여 직원들의 건강을 관리해주는 솔루션 기업은 버진펄스(Virgin Pulse), 라임에이드(Limeade), 캐스트라이트 헬스(Castlight Health) 등이 대표적이다. 이 솔루션들은 직원 개개인이 맞춤형으로 연간 및 일일 건강 목표(걸음 수, 물 마시기 등)를 세우도록 독려한다. 또한 목표를 달성하면 적절한 포인트와 보상을 제공하여 포기하지 않고 목표를 위해 경주하도록 동기를 부여한다. 비슷한 목표를 가진 동료들과 온라인상에서 모임을 만들어 건전한 경쟁과 함께 사회적 관계 형성을 유도하기도 한다.

　기업은 이들 솔루션 기업이 제공하는 고유의 알고리즘을 활용하여 회사의 웰빙 전략에 맞는 목표를 달성하도록 직원 인센티브를 설계함으로써 직원 각자가 계획한 건강 목표 달성을 유도한다. 또한 직원들의 신체 활동 참여율, 목표 달성률, 직원의 건강 위험 프로필 등을 솔루션 기업

버진펄스의 직원 맞춤형 건강관리 앱. 건강 습관과 건강관리를 위한 프로그램을 관리할 수 있으며, 수시로 수행 여부를 체크하는 알림을 보내 건강관리를 지속적으로 독려한다.
자료: <https://www.virginpulse.com/en-gb/homebase-for-health/>.

이 제공하는 대시보드를 활용하여 관리할 수 있다. 이런 노력으로 회사는 의료 보험료를 줄일 수 있고 직원들은 건강을 관리하며 업무에 몰입할 수 있다.

이러한 솔루션에 대해서는 직원과 회사가 모두 윈윈(win-win)할 수 있다는 인식이 높아 직원들의 자발적 참여율도 높다. 엑손모빌(ExxonMobil)은 버진펄스 솔루션을 도입한 후 직원의 약 70%가 자발적으로 버진펄스 앱에 가입하여 건강관리를 하고 있다고 한다.[48] 버진펄스는 4천여 개의 기업 고객을 보유하고 있는데, 자체 설문조사 결과 자사 플랫폼에 참여한 직원들의 44%가 스스로 생산성이 향상되었다고 인식하며, 25%는 건강 이슈로 휴가를 내는 빈도가 감소했음을 확인했다.

팬데믹 이후 재택근무를 하는 직원들이 많아지면서 관리자들은 직원을 대면할 기회가 대폭 감소하였다. 직원들은 재택근무를 하면서 신체적 활동이 감소할 수밖에 없는 상황이다. 웰봇(Welbot)이라는 솔루션은 이런 상황에서 직원들의 건강을 관리하기 위한 넛지를 제공한다.

웰봇은 직원의 키, 체중, 연령, 신체활동 정보 등을 바탕으로 직원들에게 하루에 섭취해야 할 물의 양과 영양소, 신체활동 등을 제안한다. 예를 들어 재택근무 중인 직원에게 적정 시간 단위로 팝업창을 띄워 물을 마시라고 권하고 그 내용을 기록하도록 독려한다. 오랫동안 한자리에 앉아 있는 직원에게는 "잠깐 몸을 일으켜보세요." "양팔을 올려 기지개를 켜보세요." 등 스트레칭을 독려하는 팝업창을 띄운다. 이렇게 근무 중에 신체활동을 유도하는 넛지를 제공함으로써 직원들이 잠깐이라도 의식적으로 몸을 움직일 수 있도록 도와주고 있다.

웰봇은 PC 화면에 팝업창을 띄워 기분을 묻거나 신체 및 정신 건강 활동을 얼마나 했는지 체크하며, 물이나 비타민 섭취 시간을 알려줌으로써 직원들의 건강 습관을 적극적으로 관리해준다.
자료: <https://welbot.io>.

글로벌 프린터 제조사 엡손(EPSON)의 HR 리더인 켈리 윌슨(Ethan Kelly-Wilson)은 "웰봇을 사용한 후 직원들 스스로 자신들의 삶이 더 좋아졌다고 느꼈으며, 회사도 솔루션 도입 후 의료보험 지불액이 감소하고 근골격계 질병으로 인한 직원 결근도 감소했다."라고 평가했다. 직원 건강 개선뿐 아니라 회사의 비용 감소에도 기여하고 있음을 확인할 수 있는 대목이다.

자리에 오래 앉아 있거나 하루 종일 서서 근무하는 직원들은 대체로 요통, 어깨 통증, 거북목, 무릎 관절 통증 등 다양한 근골격계 통증을 겪는다. 직원들의 이러한 만성적인 신체 통증을 줄이는 데 특화된 솔루션을 기업에 제공하는 업체들도 있다. 피제라(Physera)가 대표적인데, 이 회사는 전문 물리치료사와 함께 디지털 근골격계 통증 치료 프로그램을 운영한다. 직원들은 바쁜 일정과 비용 부담, 오랜 대기 기간 등의 이유로 인해 통증이 심각해도 병원을 방문하기 쉽지 않다. 결국 통증을 방치하는 경우가 많기 때문에 통증은 더 심각해지고 초기에 치료했다면 물리치료만으로 해결될 수 있는 상황을 수술 등 더 심각한 상황으로 가게 만든다.

근골격계 통증이 심해지면 직원들이 업무에 집중하기 힘들 뿐 아니라 치료비 등 기업이 지불해야 할 의료비도 증가하기 때문에, 기업이 치료에 적극적으로 개입할 필요가 있다. 비디오게임 개발회사로 잘 알려진 블리자드(Blizzard)는 2019년 피제라의 디지털 근골격계 통증 치료 프로그램을 시범 도입하였다.

게임 개발 엔지니어들은 장시간 앉아서 컴퓨터를 사용하기 때문에 근골격계 통증을 달고 사는데, 참여자들은 스마트폰을 통해 피제라에 접속하여 물리치료사와 상담을 통해 진단을 받고 온라인으로 운동 치료를 제

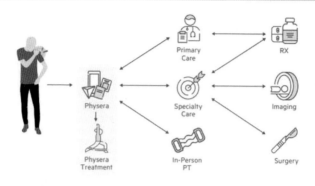

피제라의 근골격계 통증 치료 프로그램 진행 방식. 근골격계 통증을 가진 직원이 피제라 앱에 연락하면 피제라 소속 물리치료사가 물리치료법을 알려주고 통증 정도에 따라 개인화된 훈련 프로그램, 의료진과 연계한 약 처방, MRI 등 상세 검사, 수술 등을 제안한다.
자료: <https://physera.com>.

공받았다. 피제라 프로그램에 참여하지 않은 직원들은 물리치료사를 만나기 위해 평균 65일을 대기해야 했고, 그동안 통증은 더욱 심해졌다. 반면, 프로그램에 참여한 직원들은 평균 2일 만에 온라인에서 물리치료사를 만나서 치료를 시작할 수 있었다.

시범 운영 후, 피제라 프로그램 참여자의 51%가 통증이 감소했다고 응답했고, 71%는 신체 기능이 개선되었다고 응답했다. 1년 뒤 피제라 프로그램에 참여한 직원들의 치료비는 참여하지 않은 직원보다 27%가 적었으며, 다른 동료들에게 이 프로그램을 추천하겠다는 직원이 83%에 이르렀다.[49]

우리 회사에 나도 잘 모르는 웰빙 프로그램이 있다?

직원들의 관심도가 높아 웰빙 프로그램에 자발적 참여가 늘고 있지만 신체건강 웰빙, 재무 웰빙, 정신건강 웰빙 솔루션에 모두 따로 접속해야 하는 것은 여간 번거로운 일이 아니다. 게다가 직원들은 회사가 어떤 웰빙 프로그램을 운영하고 있는지조차 잘 모르기도 한다. 기업이 좋은 웰빙 프로그램을 보유하는 것만으로는 직원의 웰빙을 실질적으로 향상시킬 수 없는 것이다. 또 웰빙 프로그램이 있다는 것을 알아도 본인의 니즈와는 맞지 않다고 생각하여 프로그램을 이용하지 않는 경우도 생길 수 있다. 예를 들어 여성 직원을 위하여 난자 냉동 보관 비용의 일부를 지원하는 프로그램이 있다고 하자. 이 프로그램을 실제 활용할 상황에 있는 사람이 얼마나 될까?

갤럽 조사에 따르면 직원의 60%만이 회사에 웰빙 프로그램이 있다는 것을 알고 있으며, 이 직원들 중에서도 40%만 회사의 프로그램을 실제 사용한다. 즉 직원의 24%만이 회사의 웰빙 프로그램을 제대로 알고 활용한다는 의미다.[50] 이럴 때 HR 테크를 활용하여 웰빙 프로그램을 관리한다면 다양한 넛지를 통해 직원들에게 회사가 보유한 웰빙 프로그램을 알리고 직원이 처한 상황에 맞추어 안내하는 것이 가능하다. 결혼을 앞둔 직원에게는 출산 휴가, 주택 대출 프로그램 등을 자동 메일로 안내하는 식이다.

기업이 아무리 좋은 웰빙 프로그램을 기획하였더라도 모든 사람에게 최적의 프로그램으로 활용되기는 쉽지 않다. 모든 성별과 세대를 아우르는 프로그램을 기획하기도 힘들지만, 동일 세대이고 같은 성별이어도 생애 이벤트와 개인의 니즈가 다르기 때문에 '모두를 만족시키는 하나의 답(One size fits all)'을 찾는 것은 불가능하다. 예를 들어 기업 내 Z세대의 비중이 늘어나고 다수의 Z세대가 학자금 대출 상환을 원하지만, 미국 기업 중 학자금 대출 상환을 지원하는 기업은 전체 기업의 4%에 불과하다.[51] 모두를 만족시키는 프로그램은 만들 수 없어도 HR 테크를 활용하면 직원들의 다양한 니즈에 맞추어 적합한 웰빙 프로그램을 제안함으로써 자신만을 위한 맞춤 프로그램이라고 느끼게 할 수 있다.

한편 HR 테크 솔루션이 분명 도움이 되지만 기업 입장에서는 경제, 건강, 복리후생 등 각각의 분야에서 여러 개의 솔루션을 사용해야 하는 부담이 있다. 또 여러 개의 솔루션을 각각 사용하면 직원의 웰빙 니즈를 종합적으로 파악하기도 어렵다. 직원과 기업 모두 세분화된 웰빙 프로그램을 통합하여 한눈에 볼 수 있어야만 이용하기도 쉽고 효과성도 제대로 확인할 수 있다. 특히 고용 브랜드를 높이기 위해 웰빙 전략을 매년 재정비해야 하는 경영진 입장에서 보면 통합 웰빙 서비스는 선택이 아니라 필수다.

HR 테크 솔루션을 잘 활용하면 기업의 웰빙 프로그램 예산 안에서 직원의 행복을 최적화하기 위한 웰빙 프로그램을 구성하는 것이 한결 수월해진다. 다양한 웰빙 프로그램들 중에서 우리 회사에 필요한 프로그램은 무엇인지, 직원의 연령 구성, 생애 이벤트 등을 고려할 때 향후 웰빙 예산은 어떻게 변화하게 될지 HR 테크를 통해 어느 정도 예측이 가능하기 때문이다. 이를 바탕으로 필요한 예산을 확보할 수도 있다.

맞춤형 원스톱 웰빙 서비스

기업의 이러한 니즈를 반영하여 최근 일부 웰빙 플랫폼들은 신체

건강 웰빙, 재무 웰빙, 정신건강 웰빙에 대해 각각 독립적으로 솔루션을 제공하는 것이 아니라 프로그램을 통합하여 직원들이 원스톱 서비스를 받을 수 있도록 시도하고 있다. 제보헬스(Zevo Health)도 유사한 서비스를 제공하고 있는 솔루션 기업이다.

제보헬스의 솔루션은 직원의 불안 및 우울 지수 체크, 업무 관련 스트레스, 업무상 갈등, 직원 간 관계 만족도, 재무 웰빙, 법률 이슈, 일과 생활의 균형과 관련된 프로그램을 포함하고 있다. 대출이 필요한 직원, 법률 상담을 받고 싶은 직원, 정신건강에 대한 고민을 가진 직원, 회사의 자녀 돌봄 쿠폰을 사용하고 싶은 직원 등 웰빙과 관련된 고충을 가진 직원들은 별도 사이트나 인사 담당자를 찾을 필요 없이 제보헬스 앱에 접속하여 원스톱 서비스를 받을 수 있다. 또한 인사 담당자와 직접 접촉하지 않기 때문에 개인정보 보호를 철저하게 보장받을 수 있으며 주말이나 저녁에도 상담과 서비스를 받을 수 있다는 장점이 있다.

기업도 직원이 가장 많이 활용하는 웰빙 프로그램과 직원의 관심을 못 받는 프로그램을 파악하고 그 활용도를 고민할 수 있기 때문에 제한된 예산 안에서 세부 웰빙 프로그램을 어떻게 편성해야 할지 판단할 수 있게 된다. 또한 다양한 웰빙 프로그램 중 어떤 프로그램이 직원 몰입과 성과 창출에 직접적으로 영향을 주는지, 또 회사의 고용 브랜드를 높이는 데 기여하는지 등 솔루션 업체와 함께 다양한 분석을 하여 이를 바탕으로 매년 웰빙 전략을 새롭게 설계할 수 있다.

라임에이드(Limeade)는 기업이 실시간으로 웰빙과 관련한 다양한 분석 결과를 볼 수 있도록 대시보드를 제공하고 있다. 전체 프로그램 참여자 수 추이, 각종 세부 프로그램별 참여자 수, 인센티브를 받은 직원 수, 웰

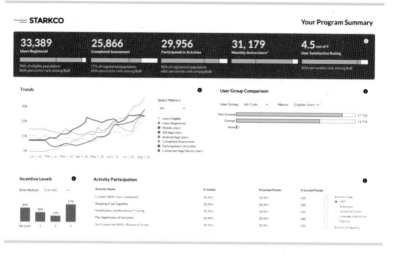

라임에이드의 웰빙 플랫폼 대시보드. 웰빙을 총괄하는 인사 담당자가 웰빙 프로그램 참여 직원 수, 설문 응답자 수, 웰빙 활동별 참여자 수, 참여 집단별 증감 추이 등의 정보를 한 화면에서 볼 수 있다.
자료: <https://www.limeade.com/solutions/>.

빙 프로그램과 직원 몰입도 간 관계 등 다양한 정보를 분석한 후 대시보드에 제공하여 HR 리더들이 실시간으로 의사결정을 할 수 있도록 지원한다.

　HR 테크에 기반한 웰빙 플랫폼은 직원 만족과 조직 몰입 제고뿐 아니라 기업의 웰빙 프로그램 효용 극대화 및 경비 절감, 웰빙 투자 관련 전략적 의사결정, 고용 브랜드 제고에도 크게 기여할 것이다.

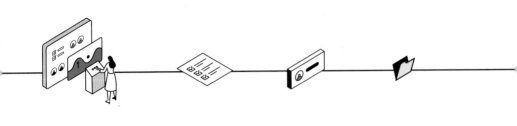

HR 디지털 트랜스포메이션을 위한 제언

채승병

지금까지 우리는 숨 가쁘게 진행되고 있는 디지털 혁명이 어떻게 HR 각 분야로 확산되고 기업 현장을 변화시키고 있는지 함께 살펴보았다. 앞서 분야별로 소개한 많은 첨단기술을 보면서 머리에서는 많은 아이디어가 샘솟고, 가슴에서는 당장 우리 조직에 적용해보려는 뜨거운 열정이 느껴졌다면 더 이상 바랄 것이 없겠다.

마지막으로 이 글에서는 HR 디지털 트랜스포메이션을 준비하는 독자들을 위해 몇 가지 의견을 정리하였다. 흔히들 디지털 트랜스포메이션에 대한 오해와 진실, 또는 디지털 트랜스포메이션을 추진할 때 명심해야 할 사항 등 다양한 형태로 비슷한 내용들을 접했을지도 모르겠다. 그래도 그만큼 중요하고 다시 한 번 되새겨볼 필요가 있는 내용이라 생각되기에 덧붙여본다.

POINT 0. 디지털은 결과가 아니라 '촉매'임을 기억하라

너무나 빠르게 변화하는 다양한 디지털 기술의 세계에 몰두하다 보면

현기증을 넘어서 자칫 우울증에 빠질 것 같은 기분마저 든다. 아직 현실 세계를 제대로 살기도 버거운데, 메타버스에 뛰어들어 몇 개의 아바타를 만드는 분신술을 당장 써야 할 것 같다. 중앙화된 서버 하나 제대로 관리하기도 어려운데, 업무 기록을 당장 블록체인으로 엮어 분산시켜야 하는 건 아닐까.[1] 회사의 유무형 자산에 대한 NFT(Non-Fungible Token, 대체불가능 토큰)라도 만들어서 내외부에 뿌려야 하지는 않을까. 이해하기도 버거운 기술의 홍수 속에 휩쓸려 가라앉지 않으려면 뭐라도 빨리 움켜쥐어야 할 것만 같은 강박에 휩싸이기 마련이다. 이럴 때 흔히 범하는 실수가 기술에 다른 모든 걸 꿰맞추려는 성급함이다.

하지만 명심해야 할 점은, HR의 디지털 트랜스포메이션은 결코 '인간을 디지털화'하려는 게 아니라는 점이다. 기술에 자꾸 시선을 고정하다 보면, 우리도 깨닫지 못하는 사이에 인간을 하나의 거대한 디지털 컴퓨터 시스템의 부속으로 만들어서 꽂아 넣으려 하는 일이 종종 벌어진다. 야심차게 큰 비용을 지불해 도입한 기술 솔루션일수록, 빨리 성과를 보려는 조바심에 임직원들에게 더 많이 이용하도록 재촉하는 데 급급하다.

현장에서는 도대체 이게 업무에 왜 필요하고 어떤 변화를 가져올 것인지에 대해 공감하지 못하는데, 각종 교육 프로그램이 돌아가고, 이용률을 부서장 평가에 반영하겠다는 압력까지 들어오기도 한다. '일단 한번 잡숴봐'를 외치는 약장수냐는 자조가 블라인드와 같은 사내외 익명 게시판과 커뮤니티에 넘쳐난다.

디지털 트랜스포메이션의 '디지털'은 근본적 변화의 '촉매(catalyst)'라는 점을 잊어서는 안 된다. 화학 시간에 배운 촉매의 중요성을 다시 한 번 떠올려보자. 세상 만물에는 '자발적으로' 에너지가 높은 상태에서 낮은 상태로 이동해가려는 경향이 있다. 기업 조직에 빗대어 보자면, 지금의 조직이 어떤 변화 과정을 거친 뒤 더 좋은 조직이 된다는 확신이 있다면 저절로 그런 방향으로 갈 수 있다는 이야기다.

하지만 왜 그러지 못할까? 그것은 그런 자발적인 변화가 시작되기까지 넘어야 할 문턱이 있기 때문이다. 변화를 가로막는 이미 단단한 화학결합, 다시 말해 변화를 지레 거부하는 조직의 반복된 습성의 장벽이 너무 높기 때문이다. 촉매는 그러한 장벽을 낮춰주고 변화의 속도를 높여주는 역할을 한다. 단단한 화학결합을 한 번에 깨지 않고 조금씩 바꾸며 다양한 중간 산물을 거쳐 많은 에너지를 쏟지 않고서도 자발적인 변화의 미끄럼틀로 인도해주는 것이다. 조직으로 따지자면 변화를 거부하는 관성을 단번에 깨지 않고도 흥미를 유발하여 구성원 전체가 더 나은 미래에 대한 확신이 생기도록 징검다리를 놔주는 것이 '디지털'의 역할이다.

하지만 촉매는 그 반응 자체를 변화시키지는 않는다. 애초에 잘못된 방향, 즉 에너지가 낮은 상태에서 높은 상태로 가는 반응이라면 아무리 촉매를 넣어준다고 해도 자발적으로 일어나지 않는다. 계속해서 에너지를 억지로 넣어줘서 강제로 종착점에 도달하게 하는 것일 뿐이다. 조직 변화의 잘못된 시도 역시 그렇다. 많은 돈과 시간, 노력 등 자원을 퍼부어 뭔가 새로운 걸 쓰게 되었지만, 그 결과로 우리 조직이 더 나아졌다는 느낌이 들지 않는다는 사례가 적지 않다. 변화의 지향점, 즉 이러한 과정을 거쳐 우리 조직 특유의 팀워크, 소통, 문화 등이 어떻게 긍정적으로 변화할 수 있을지에 대한 고민이 부족한 상태에서 디지털 포장만 그럴듯하게 입히려 할 때 종종 발생하는 문제다.

HR의 디지털 트랜스포메이션이라는 장대한 발걸음을 떼었거나, 이제 용기를 내보려는 독자들이라면 이 고민을 결코 놓아서는 안 된다. 과연 우리 조직의 현실은 어떠한가? 우리가 가장 시급하게 개선하며 나아가야 할 방향은 무엇인가? 이 책에서 힌트를 주는 수많은 HR 테크 사례와 도구들은 과연 그러한 변화에 진정으로 도움이 되는 것일까? 만약 도움이 된다면 과연 그러한 취지를 우리 조직 구성원들에게 충분히 잘 전달하고 있는가? 지금 디지털 트랜스포메이션의 이름으로 벌이고 있는 프로젝트가 혹시 이런 고민이 부족한 상태에서 무리하게 추진되고 있는 것은 아닐까?

POINT 1. 현실적인 목표부터 집중하라

우리 조직에 도입하는 HR 테크 솔루션이 잘 작동하기 위해서는 눈앞의 문제를 '잘 정의하는' 것에 집중해야 한다. 다시 말해 개선이 필요한 사안에 대해 공감대가 형성되어야 하고 충분한 고민이 이뤄져서 무슨 목표를 달성하면 되는지가 명확해야 한다.

예컨대 우리 기업에 우수 인재가 지원하지 않아 고민이라고 해보자. 이 상황에서 채용 프로세스에 최신 원격 면접 시스템과 AI 평가 솔루션을 도입한다고 갑자기 전국의 우수한 인력들이 구름같이 몰려들까? 그럴 리는 만무하다. 연봉도 경쟁사보다 낮고, 블라인드 커뮤니티에 경직된 조직문화에 대한 뒷말을 늘어놓기 바쁜 곳이라면 채용 과정을 아무리 HR 테크로 치장한들 별 반향이 없을 것이다. 이런 기업은 조직문화 개선을 위한 HR 테크의 도입을 모색하는 게 더 시급하다. 우리 기업은 정말 좋은 점이 많은데 외부 지원자들에게 인지도가 낮아 굳이 지원할 만큼 매력적으로 보이지 않을 때 채용 분야의 HR 테크 도입을 적극 추진해야 할 것이다.

문제가 잘 정의되었는지 확인하는 방법의 하나는 추진 전후의 성과를 명확히 관찰할 수 있는 지표의 유무다. 이는 만족도 설문 결과일 수도 있고, 계량적 방법으로 관련 데이터를 분석한 통계량이 될 수도 있다. 이러한 성과 지표가 지속적으로 관리되면서 조직의 변화와 HR 테크의 효용을 측정할 수 있어야 진정으로 트랜스포메이션이 일어날 수 있다. 빈대로 그런 지표가 부실하거나 명확하지 않다면 우리 조직의 실정에 맞지 않는 비현실적인 사안에 자원을 낭비하고 있다고 봐야 한다.

의사결정권자와 구성원들이 공감할 수 있고 변혁을 추진하는 담당자가 명쾌하게 설명할 수 있는 문제에 집중하는 것이야말로 HR 테크가 골고루 튼튼히 뿌리내리게 하는 기본임을 기억하자.

Point 2. 전사적인 전환의 흐름에 맞춰가라

오늘날 HR 문제는 인사 부서 단독으로 움직여서는 해결이 어려운 것들이 상당수다. 특히나 중요해진 직원 경험(Employee Experience, EX)의 의미를 되새겨보면 더욱 그렇다. 모든 경험은 다양한 측면의 영향이 복합적으로 엮여서 각 개인의 주관적인 감정선에 나타난 종합적인 결과다. 당연히 각자가 느끼는 만족 및 불만족 포인트가 다를뿐더러, 어느 한 부분만 놓고서는 괜찮아 보여도 전체적인 다른 요소들과 조화와 균형을 이루지 못하면 역효과를 불러일으키는 경우도 많다.

음식점의 고객 경험(Customer Experience, CX)을 보더라도 그렇다. 아무리 메인 요리가 맛있었다고 해도, 디저트가 엉망이거나 다 먹었으면 빨리 나가라는 듯 보채는 종업원의 눈치만으로도 기분을 망치는 수가 있다. 아무리 근사한 HR 테크가 접목된 사내 HR 서비스를 오픈했다고 해도, 재무, 총무, 보안 등 다른 업무 서비스들과 연계가 되지 않고 똑같은 일을 다른 시스템에 들어가서 반복적으로 해야 한다면 임직원 경험이 좋아질 리가 없다.

우리가 살펴본 많은 HR 테크가 결국 좁게는 HR의 각 영역별 전문 소프트웨어, 넓게는 인적자원 관리시스템(Human Resource Management System, HRMS)이나 전사적인 업무 시스템에 유기적으로 통합되어 제공되는 사례가 점점 늘어나는 것도 바로 이 때문이다. 1부에서 살펴본 마야(Mya) 챗봇도 독일의 채용 플랫폼 기업 스텝스톤(StepStone)*에 인수되었다. 스텝스톤은 채용 분야의 종합적인 지능형 솔루션 제공을 표방하면서 구인·구직 매칭, 채용 프로세스 관리, 직무적합성 평가 등의 다양한 기능을 종합적으로 제공하려 하고 있으니 아주 자연스러운 행보라 할 수 있다. 당초 고객관계 관리(CRM) 도구로 출발했던 세일즈포스(Salesforce)가 점점 확장을 거듭하여 역시 세계적인 팀 협업 도구로 각광받는 슬랙(Slack)을 2020년 277억 달러에 인수한 것도 마찬가지다.

역사적으로 보더라도 개별 기능으로 보면 조금 뒤처지지만 이렇게 통합적인 기능과 사용자 경험을 제공하여 시장의 승자가 된 소프트웨어와 서비스는 매우 많다. 지금이야 스프레드시트(spreadsheet)로 마이크로소프트의 엑셀을 쓰는 게 너무나 당연하게 여겨지지만, 2000년 무렵까지만 해도 '로터스 1-2-3(Lotus 1-2-3)'나 '쿼트로 프로(Quattro Pro)'라는

---

* 유럽 최대의 출판그룹인 악셀 슈프링어(Axel Springer SE)의 자회사다.

스프레드시트가 막강한 기능으로 각광받았던 때가 있었다. 그러나 결국 워드, 파워포인트 등과 묶인 '오피스'라는 이름의 그룹웨어가 주는 강력한 시너지 덕에 모두 고사하는 운명을 맞고 말았다.

그러다 보니 충분한 고려 없이 최신 기술에만 솔깃하다가는 낭패를 보는 경우도 종종 발생할 수밖에 없다. 새로운 솔루션을 도입하려고 하다 보면, 그에 포함된 특정 기능은 과거에 이미 다른 고가의 전문 솔루션을 도입해놔서 통째로 갈아치우기 어려울 수도 있다. 반대로 이미 솔루션을 도입해놓은 상태여서 그중 일부만 최신 HR 테크를 이용한 새 도구를 끼워 넣기가 마땅치 않은 경우도 있다. 아예 백지상태에서 시작하는 신생 기업이 아닌 이상, 크고 작은 이런 한계를 갖고 있지 않은 곳은 없다 해도 과언이 아니다.

이럴 때일수록 튀는 부분보다는 조화로운 전체를 보는 심미안이 중요하다. 개별적인 HR 테크 요소가 아무리 참신해 보여도 '갑툭튀'라는 인상을 주어서는 HR 테크에 관해 대부분 보수적일 수밖에 없는 임직원의 호응을 이끌어낼 수 없다. 전사적인 디지털 트랜스포메이션 전략이 수립되어 진행되고 있다면, 최선이 아닐지라도 최대한 그 흐름에 발맞출 필요가 있다. 그래야 임직원들이 좀 더 편안하게 변화를 수용할 수 있다. 임직원의 인식에 반 발짝씩 앞서거니 뒤서거니 하면서 쫓아간다는 마음가짐을 갖고 차분히, 꾸준하게 진행해갈 때 그 가치를 인정받을 수 있을 것이다.

Point 3. 최고경영진의 적극적인 관심과 리드를 끌어내라

성과와 전망이 불투명한 상태에서 최고경영진들이 처음부터 끝까지 억지 변화를 강요해서는 안 되겠지만, 변화의 불씨를 당기는 데 중요 의사결정권자들의 관심과 지원이 큰 역할을 하는 것은 두말할 필요가 없다. 특히나 HR 테크는 대부분 기존 관행의 관성이 가장 큰 부분에 도입되기 마련이다. 인사 부서의 의지와 설득만으로 현장이 움직이는 경우는 거의 없다. 어린아이 앞에 아무리 산해진미를 놓아준다고 한들, 익숙하지 않은 생김새와 냄새에 지레 눈살을 찌푸리며 입에 넣어보지도 않는 경우가 허다한 것처럼 말이다. 심지어 입에 넣고서도 재빨리 뱉어버리는 아이도 있지 않은가.

이럴 때일수록 최고경영진이 그 필요성에 공감하고 같이 동참하자고 힘을 실어줘야 한다. 한번 눈 딱 감고서 일단 입에 넣고 혀 구석구석으로 굴리며 음미해볼 여유를 가져보자고 때로는 좋은 말로 설득하고, 때로는 약간의 압박도 가하면서 말이다. 그러려면 최고경영진이 관심을 가질 만한 시대적 또는 전사적인 변혁의 흐름 속에서 지금 이 기술이 어떤 의미를 지니는지 끊임없이 논리를 가다듬고 설득할 필요가 있다.

예컨대 2019년부터 이어진 코로나19 팬데믹이 2021년 들어 서서히 극복될 조짐을 보이자 미국과 유럽 등에서는 도리어 '대(大)사직(The Great Resignation)' 열풍이 불어닥쳤다.[2] 여기에는 몇 가지 원인이 있지만, 원격근무로 인해 기존 직장으로부터 충분한 관심과 배려를 받지 못하고 있다는 실망감, 즉 크고 작은 감정의 상처도 적지 않은 영향을 끼쳤다. 이로 인해 수많은 유능한 인재들이 커리어 전환에 나서면서 팬데믹 극복 이후 정상 경영으로의 회복을 준비해야 할 기업들이 곤경에 빠지는 모습을 우리는 생생히 보고 있다. 이는 과거 단순하게만 생각해왔던 과학적이고 지능적인 직원 경험과 정서 관리가 얼마나 기업 경쟁력에 중요한 역할을 할 수 있는지 좋은 논거로 활용될 수 있다.

다행인 것은 최근 몇 년간 우리 사회 도처에서 일어난 격동의 변화로 인해 디지털 트랜스포메이션과 직원 경험 향상의 필요성을 못 느끼는 최고경영진들은 거의 없다는 점일 것이다. 맨바닥에서 기본적인 인식의 전환부터 역설하는 수고는 조금 덜 수 있다는 이야기다. 당장 몇 번은 싸늘한 냉소와 몰이해에 좌절하더라도, 긍정적인 마인드로 톱다운(top-down) 동력을 끌어오려는 노력을 멈추지 말아야겠다.

Point 4. 외부의 '알짜배기' 전문가들을 적극적으로 끌어들여라

결국 모든 비즈니스의 성공은 내부 자원은 물론 외부 자원을 어떻게 적절히 조달하느냐에 달려 있다. 이는 내부 자원이 전반적으로 수준이 떨어져서가 아니다. 오히려 겉보기에 잘나가고 인재도 많아 부족함이 별로 없는 큰 기업일수록 절박감이 떨어지고 내부 문제 해결에만 골몰하기가 쉽기 때문이다. 오늘날처럼 도처에서 외부 기술 발전의 동력이 끝없이 공급되는 시대일수록, 안정적인 조직 내부에서 이를 학습하고 따라잡기란 여간 어려운 일이 아니다. 따라서 절박한 변화의 물줄기 한복판에서 각고의 노력을 하고 있는 외부 전문가나 스타트업 등과의 교류와 협력은 아무리 강조해도 지나치지 않다. 단순한 기술을 넘어서 '기술 수용의 의지'를 아웃소싱한다는 측면에서도 그렇다.

다만, HR 테크는 상대적으로 시장의 파이가 작기 때문에 알짜배기 전문가나 전문기업을 찾고 섭외하기가 쉽지만은 않다. 오늘날 한창 각광받는 일반 소비자 대상 플랫폼 비즈니스나 Web3 서비스 업계가 고급 인재들을 블랙홀처럼 빨아들이고 있어서 더욱 그러한 경향이 심하다. 이럴수록 단순히 국내 전문가들과의 교류만으로는 해결이 쉽지 않은 경우도 많다. 과감하게 국경을 넘어서 해외 전문가와 기업들에까지 접촉 대상을 넓혀 교류를 확대해나가야 그나마 갈증을 해갈할 수 있다.

그러기 위해서는 글로벌 소셜미디어에서의 활동도 보다 긍정적으로 바라보고 조직적으로 해나갈 필요가 있다. 소셜미디어 활동이 시간 낭비라는 인식도 있기는 하지만, 어느 사회이건 자신을 적극적으로 알리지 않으면 결국 남들에게 잊히고 본인도 정체될 수밖에 없다. 특히 코로나19 팬데믹 이후 각종 오프라인 컨퍼런스, 워크숍, 전시회 등에서의 교류가 어려워지면서 다시금 온라인 채널의 중요성이 높아지는 추세다. 그러다 보니 HR에서도 학계와 업계의 적지 않은 전문가들이 링크드인과 트위터를 기본으로 활용하는 것을 볼 수 있다.[*]

유명한 외국 컨퍼런스에 단골로 등장하는 사람들은 대부분 이 2가지 채널에서만큼은 적극적으로 소통하는 모습을 보여주고 있다. 최소한 이러한 HR 테크 분야의 인플루언서부터 팔로우하며 귀를 크게 열어놓자. 여기서 하나둘씩 업계의 최신 기업 소식을 접하게 되면 적극적으로 정보도 요청해보고 자신에 대해 소개도 해보자. 한국의 HR 관계자들이 이러한 활동에 무심하다 보니 세계적 흐름에서 소외되는 경우가 많다.

한국의 HR 환경은 외국과 다르다는 자기 위안적인 핑계로 움츠러들수록 귀중한 외부 자원을 활용할 수 있는 기회는 쪼그라든다는 것을 명심해야 한다. 한국 사회의 문제를 담은 영화 〈기생충〉이나 드라마 〈오징어

---

[*] 여기에 여력이 된다면 부가적으로 블로그와 팟캐스트, 유튜브, 페이스북 활동 등으로 확대해나가는 경우도 있다.

게임〉, 〈파친코〉 같은 문화상품이 예상보다 크게 전 세계적인 호응을 이끌어내고 있듯이, 우리의 HR 문제를 놓고 허심탄회하게 의견을 교환하고 기술적인 해결책을 모색해볼 때 의외의 메가히트 아이디어가 나올 수도 있을 것이다.

Point 5. 실패와 손절도 결코 드물지 않음을 명심하라

마지막으로 명심할 점은 기술의 수용과 변화는 모양도 좋고 다니기도 편한 꽃길이 아니라 예상치 못한 난관 속에서 길 옆 도랑으로 빠질 위험이 큰 험로라는 사실이다. 더군다나 HR 테크는 최신 기술로 무장한 기계를 들여다 제품 생산라인을 까는 것과도 전혀 다르다. HR 테크를 운영할 인사 담당자들을 숙련시키고 안정화시키면 좋은 품질을 갖춘 성과가 쏟아져 나오는 게 아니라는 이야기다. 다른 기업의 성공 사례를 면밀히 벤치마킹하고 어느 정도 검증된 HR 테크를 도입한다고 해도, 우리 조직 구성원이나 외부 지원자들의 호응을 끌어내지 못한다면 빛 좋은 개살구에 지나지 않게 된다.

실제로 HR 테크 분야의 세계적 전문가로 알려진 조쉬 버진(Josh Bersin)이 조사한 바에 따르면, HR 테크 프로젝트 가운데 42%는 2년 내로 실패하며, 53%는 완수 기일을 지키지 못한다고 한다.[3] 경험적으로도 그렇지만 최선의 노력을 기울여도 절반 정도의 실패는 감수할 각오를 해야 한다.

문제는 웬만큼 성숙한 기업의 내부 HR 테크 프로젝트는 스타트업의 외부 서비스와 같은 방식의 개선 사이클을 적용할 수 없다는 점이다. 스타트업 업계에서는 린 스타트업(lean startup)이라는 이름으로 설익은 상태에서 서비스를 출시하고 빠른 피드백 사이클을 타면서 성숙도를 높여

가는 방식이 널리 쓰인다. 이는 고객 기반이 매우 적은 상태에서 적절한 유인을 탐색할 때는 적합한 방식일 수 있다.

하지만 내부 고객이 거의 고정되어 있는 HR 서비스의 경우, 이런 방식을 쓰다가는 임직원들로부터 내부 구성원을 상대로 실험을 하느냐는 반발을 살 수 있고, 과도한 피로감을 줄 수 있다. 그만큼 철저한 사전 기획을 통해 최대한 완성도를 높인 상태에서 서비스를 개시해야 한다. 또 이벤트성 조직문화 캠페인이 아닌 다음에야 업데이트 주기도 최소 반기에서 연 단위로 운영할 수밖에 없다.

따라서 HR 테크의 성공적인 도입을 위해서는 사전에 개선 성과의 모니터링 체계가 함께 구축되어야 하며, 전사적인 도입 이전에 일부 부서를 대상으로 시범 시행을 하여 기대 효과를 점검하고 완성도를 높여가는 과정을 세심히 기획해야 한다. 그리고 예상과 다른 결과가 나올 때 기일에 쫓겨 서둘러 밀어붙이기보다는 추가적인 개선 과정을 밟아갈 각오가, 때로는 실패를 인정할 수도 있는 준비가 되어야 한다. 그런 각오와 준비를 갖춘 프로젝트일수록, 또한 그런 위기의 프로젝트를 수행해본 경험이 쌓일수록 HR 테크를 더욱 효과적으로 활용할 수 있고 성공 가능성도 높아질 것이다.

장구한 인류의 역사를 돌이켜보면, 언제나 위대한 발전은 한정된 인간의 능력을 단조로운 반복 작업에서 해방시켜 창의적인 영역으로 전환시키는 과정에서 생겨났다. 그리고 현실에 안주하기 쉬운 인간에게 새로운 것을 추구하는 재미와, 동료들과 함께 멋진 일을 꾸미고 성취하는 보람을 주는 변화를 이뤄낸 공동체가 굵직한 발자취를 남겨왔다. 지금 우리 기업이 어딘가 정체되고, 활력이 점점 떨어지고 있다는 위기 신호가 느껴지고 있지는 않은가? 그렇다면 지금이 바로 조직의 문제와 새로운 지향점을 깊이 고민하게 하고 그 변혁을 좀 더 순탄하게 만들어줄 HR 테크에 관심을 기울여야 할 때이다.

자, 이제 통찰과 담대한 선택이 남아 있다. 우리 기업의 미래를 고민하는 뜻 있는 독자들이라면 HR 테크가 보여줄 새로운 활력 충전의 기회를 놓치지 않기를 바란다.

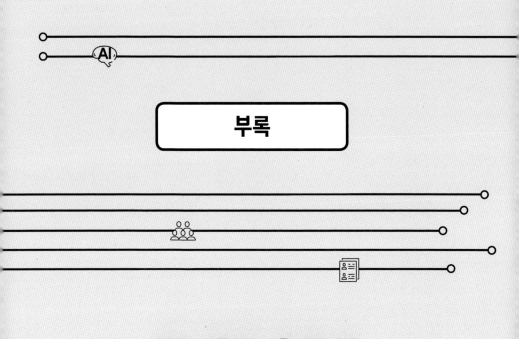

부록

HR 테크 솔루션
모아 보기

1. 인재 확보를 지원하는 HR 테크

AI를 활용한 채용 프로세스의 자동화·지능화를 넘어서

지원자 경험 증진까지

인재 확보 솔루션은 지원자 발굴, 검증 및 면접 진행, 오퍼레터(offer letter) 발송, 그리고 온보딩까지 채용의 전 과정을 자동화할 뿐만 아니라 AI를 활용해 우수 인재를 선별하고 평가 편향을 최소화하는 데 널리 활용되고 있다. 또 채용 과정에서 지원자의 긍정적 경험은 고용 브랜드를 넘어서서 제품 및 기업 브랜드 이미지에까지 영향을 미치는 만큼, 지원자에게 긍정적 경험을 제공할 수 있는 방향으로 빠르게 진화하고 있다. 지원자 발굴 솔루션, 지원자 검증 솔루션, 채용 프로세스 자동화 솔루션(챗봇), 온보딩 솔루션 4개 영역으로 나누어 인재 확보를 지원하는 대표적인 솔루션들을 간단히 소개하고자 한다. 각 영역별로 필요한 경우 세부 항복을 통해 분류하였고 2가지 이상의 세부 항목에 해당되는 솔루션은 중복 표기하였다.

① 지원자 발굴 솔루션

지원자 발굴 솔루션은 능동적 후보자뿐만 아니라 소극적 후보자들을 효율적으로 발굴하고 직무에 적합한 역량 및 기술을 갖추었는지 기본적으로 검증하여 숏리스트를 도출하는 기능을 제공한다. 먼저, 엔텔로

(Entelo), 링크드인과 같이 광범위한 수동적 후보자 풀(데이터베이스)을 제공하고, AI 기반의 검색 기능을 통해 기업에서 요구하는 후보군을 쉽게 추출할 수 있도록 지원하는 발굴 전문 솔루션이 있다.

현재 적극적으로 구직 노력을 하고 있는 능동적 후보자 풀에 접근하고자 한다면 구인 게시판 솔루션을 활용하는 것도 좋은 접근 방법이다. 구직자들의 대부분은 구인 게시판에 올라온 채용공고를 통해 새로운 일자리를 찾고 있으며, 적극적으로 자신의 이력서를 올림으로써 적합한 채용공고를 추천받기를 기다리고 있다. 최근의 구인 게시판 솔루션들은 유료 광고를 통해 적합한 지원자들에게 채용공고를 노출할 수 있는 기능을 제공하여 광고 효과를 높여준다.

그뿐만 아니라 AI 매칭 알고리즘을 활용해 이력서와 직무기술서의 매칭률을 기반으로 지원자들을 스코링(scoring), 랭킹(ranking), 스크리닝(screening)하는 기능도 제공한다. 대표적인 솔루션으로는 커리어빌더(CareerBuilder), 다이스(Dice), 인디드(Indeed), 래더스(Ladders), 몬스터(Monster), 집리크루터(ZipRecruiter) 등이 있다.

우수 인재, 즉 조직에 적합한 인재들의 마음을 끌 매력적인 직무기술서를 자동으로 작성하거나 교정을 지원하는 솔루션도 널리 활용되고 있으며, 텍스티오(Textio), 제이디엑스퍼트(JDXpert)가 여기에 해당한다.

마지막으로 수백 수천 개의 이력서들을 사람의 개입 없이 자동으로 스크리닝하는 이력서 스크리닝 솔루션이 있다. 대부분의 솔루션들이 지원자 추적 시스템(Application Tracking Solution, ATS)과 연동되어 외부의 지원자뿐만 아니라, 내부의 인재 풀까지 함께 검색하여 심사한다. 기계학습 및 자연어 처리 기술을 활용하여 지원자의 이력서와 직무기술서의 기술 요건들을 매칭하여 적합 점수를 산출하며, 일부 진화된 솔루션들은 이력서 제출 시 간단한 성격 검사, 인지 검사까지 실시하여 고성과 가능성 점수까지 제공하기도 한다. 이력서 스크리닝 솔루션은 채용 담당자들의 이력서 검증에 드는 시간을 줄여주고, 편견 없는 공정한 심사가 가능하도록 돕는다. 대표적인 솔루션으로는 하이어드스코어(HiredScore), 휴버트(Hubert), IBM 왓슨 리크루트먼트(IBM Watson Recruitment), 아이디얼(Ideal) 등이 있다.

② 지원자 검증 솔루션

지원자들이 입사 후 조직에 잘 적응하여 고성과를 낼 수 있을지 잠재력을 검증하는 솔루션들로, AI의 도움을 가장 많이 받아 빠르게 진화하는 영역이다. 고성과 가능성을 검증하기 위해 비디오 인터뷰, 게이미피케이션, 다양한 설문 기반의 검사 도구, SW 코딩 테스트 등 직무별로 적합한 도구를 선별하여 활용하면 된다.

먼저, 비디오 인터뷰 솔루션은 라이브 또는 사전녹화 방식을 모두 지원하며 AI를 강조한 일부 솔루션들은 얼굴 인식(face recognition) 기술을 앞세워 녹화 영상 내용을 분석해 소프트 스킬, 성격 특성, 조직 적합성, 고성과 가능성까지 예측한다. 대표적인 솔루션으로는 비드크루터(VidCruiter), 마이인터뷰(myInterview), 스파크하이어(Spark Hire), 하이어뷰(HireVue) 등이 있다.

게이미피케이션 솔루션은 게임을 하는 동안 수집된 다양한 마이크로 데이터를 수집하여 지원자의 직무 역량을 측정한다. 게임에는 정답이 존재하기는 하지만, 정답을 맞추는 능력보다는 게임을 진행하는 동안의 행동 데이터를 기반으로 역량을 측정한다는 점에서 쉽게 모방이 불가하다는 장점을 내세우고 있다. 산업, 회사, 직무에서 요구하는 역량은 그 최적 수준이 존재하기 때문에, 학원을 다니거나 반복 연습을 통해 모든 검사에서 높은 점수를 받는다고 해서 우수한 인재로 인정받아 합격으로 이어지는 것도 아니다. 파이메트릭스(Pymetrics), 아틱쇼어스(Arctic Shores), 벤치마크게임즈(Benchmark.games) 등이 대표적인 솔루션이며, 대부분의 업체에서 게임 후 지원자들에게 프로필을 제공하고 본인 스스로 강약점을 파악하는 데 도움을 준다.

인지 능력, 성격, 동기, 역량(trait)을 측정할 수 있는 다양한 검사 도구를 제공하는 솔루션 업체들도 있다. 이들 업체들은 자기 보고식 설문 기반의 다양한 검사 도구를 제공하고, 이 검사 결과를 내부의 고성과자 프로필과 비교하여 고성과 가능성을 예측한다. 게이미피케이션과 마찬가지로 회사별, 직무별로 요구되는 역량과 수준이 상이하고, 설문 응답에 정답이 없어 설문 기반이라 하더라도 지원자가 고득점을 위한 사전 준비가 어렵다. 커리어스파크(Career Spark), 원더릭(Wonderlic), 크라이테리아코프(Criteria Corp), 하버(Harver) 등의 솔루션이 있으며, 솔루션별로 제공하는 검사 영역이 다양하다.

마지막으로 SW 직군의 코딩 실력을 온라인 환경에서 검증할 수 있는 솔루션 업체들이 있다. 코더바이트(Coderbyte), 해커랭크(HackerRank), 코딜리티(Codility), 테스트고릴라(TestGorilla) 등의 업체에서는 백엔드, 프론트엔드, 데이터사이언스 등 다양한 분야의 개발자 코딩 능력을 검증할 수 있는 문제 라이브러리와 코딩 챌린지 등을 제공한다. 솔루션 플랫폼에서 주어진 문제를 직접 코드로 구현할 수 있도록 웹 기반의 코딩 환경을 제공하고, 실시간으로 코드를 자동 평가하며, 표절 탐지 도구도 제공한다. 지원자들에게 사전 문제를 제공하고 플랫폼에 접속하여 문제를 풀게 한 후, 정답 및 풀이 과정을 평가할 수도 있고, 라이브로 코딩하는 과정을 면접관들이 보면서 문제 해결 과정에 대해 인터뷰를 진행할 수도 있다.

③ 채용 프로세스 자동화 솔루션(챗봇)

챗봇을 활용해 채용 프로세스를 자동화하는 솔루션은 채용 담당자들의 단순 반복 업무를 줄여 고부가가치 업무에 집중할 수 있도록 도와준다. 궁극적으로 채용 프로세스에 소요되는 시간을 단축시키고 지원자들에게 빠른 응답 및 진행 결과를 제공하여 지원자 경험 증진 효과까지 노릴 수 있다. 채용 챗봇은 지원자의 회사, 직무, 조직문화, 면접 일정 등에 관한 질의에 실시간으로 응답하고, 지원자와 면접관의 일정을 참고하여 자동으로 면접 일정 등을 조율한다.

그뿐만 아니라 지원자들의 이력서를 챗봇을 통해 업로드하면, 지원자와의 대화를 통해 이력서의 기본적인 내용이 맞는지 검증하며, 필요에 따라서는 지원자에게 최적의 직무를 추천하는 것까지 가능하다. 대표적인 챗봇 솔루션으로는 브레이즌(Brazen), 휴맨리(Humanly), 아이디얼(Ideal), 마야(Mya), 올리비아(Olivia) 등이 있으며, 최근에는 많은 회사에서 채용 과정 전반에 대한 지원자의 기본적인 질의에 응답할 수 있는 Q&A 챗봇을 제공하고 있다.

④ 온보딩 솔루션

온보딩 솔루션은 회사별, 직무별로 담당자가 온보딩 프로세스를 간편하게 설계하고, 설계된 프로세스대로 물 흐르듯이 온보딩이 이루어질 수 있도록 돕는다. 온보딩 담당자의 업무 부담을 덜어주는 것뿐만 아니라, 신입사원이 온보딩 과정에서 회사의 일원이 되었음을 실감하고 조직에 빠르게 흡수되어 업무에 적응할 수 있는 다양한 프로그램을 제공할 수 있다. 온라인 온보딩 솔루션으로는 코요(Coyo), 뱀부HR(BambooHR), 탈문도(Talmundo) 등이 있다.

인재 확보 HR 테크 솔루션

구분		HR 테크 솔루션	웹사이트
지원자 발굴	발굴 게시판	Entelo	https://www.entelo.com
		LinkedIn	https://www.linkedin.com
	구인 게시판	CareerBuilder	https://www.careerbuilder.com
		Dice	https://www.dice.com
		Indeed	https://www.indeed.com
		Ladders	https://www.theladders.com
		Monster	https://www.monster.com
		ZipRecruiter	https://www.ziprecruiter.com
	직무 기술서 작성	JDXpert	https://jdxpert.com
		Textio	https://textio.com
	이력서 스크리닝	CVViZ	https://cvviz.com
		HiredScore	https://hiredscore.com
		Hubert	https://hubert.ai
		IBM Watson Recruitment	https://www.ibm.com/watson/uk-en/talent/recruitment
		Ideal	https://ideal.com
		Mosaictrack	https://www.mosaictrack.com
		Recruitment SMART	https://recruitmentsmart.com
		Vervoe	https://vervoe.com
		Avature	https://www.avature.net
		HireVue	https://www.hirevue.com

구분		HR 테크 솔루션	웹사이트
지원자 검증	비디오 인터뷰	interviewstream	https://interviewstream.com
		Modern Hire	https://modernhire.com
		myInterview	https://www.myinterview.com
		Spark Hire	https://www.sparkhire.com
		VidCruiter	https://vidcruiter.com
		Willo	https://www.willo.video
		XOR	https://www.xor.ai
	게이미 피케이션	Arctic Shores	https://www.arcticshores.com
		Benchmark.games	https://www.benchmark.games
		Pymetrics	https://www.pymetrics.ai
	검사 도구	Career Spark	https://www.careerspark.com
		Criteria Corp	https://www.criteriacorp.com
		Harver	https://harver.com
		Outmatch	https://outmatch.com
		Revelian	https://www.revelian.com
		Skeeled	https://www.skeeled.com
		Vervoe	https://www.vervoe.com
		Wonderlic	https://wonderlic.com
	코딩 테스트	Coderbyte	https://coderbyte.com
		Codility	https://www.codility.com
		HackerRank	https://www.hackerrank.com
		TestGorilla	https://www.testgorilla.com
채용 프로세스 자동화 (챗봇)		Brazen	https://www.brazen.com
		Humanly	https://humanly.io
		Ideal	https://ideal.com
		Mya	https://www.stepstone.com/en/mya/
		Olivia	https://www.paradox.ai
		Symphony Talent	https://www.symphonytalent.com
		Wade and Wendy	https://wadeandwendy.ai
		XOR	https://www.xor.ai

구분	HR 테크 솔루션	웹사이트
온보딩	BambooHR	https://www.bamboohr.com
	Click Boarding	https://www.clickboarding.com
	Coyo	https://www.coyoapp.com
	Eddy	https://eddy.com
	factoHR	https://factohr.com
	Sage HR	https://sage.hr
	ServiceNow	https://www.servicenow.com
	Slack	https://slack.com
	Talmundo	https://www.talmundo.com
	Trello	https://trello.com

2. 직원 성장을 돕는 HR 테크

진화하는 맞춤형 코칭 서비스와 성장 지원 솔루션

온라인 학습 플랫폼은 과거의 연수원 역할을 넘어서서 개개인의 커리어를 맞춤형으로 관리해주고, 원하는 시간에, 원하는 장소에서 맞춤형 교육을 받을 수 있도록 진화하고 있다. 또한 자발적 참여와 학습 몰입도를 높일 수 있는 다양한 기능과 학습 방법에 대한 아이디어가 쏟아지고 있고, HR 테크기업들은 이를 적극적으로 개발하여 솔루션화하고 있다. 맞춤형 경력 경로 추천 솔루션, 교육 지원 솔루션, 리더십 지원 솔루션의 3개 영역으로 나누어 직원과 리더의 양성을 도와주는 대표적인 솔루션들을 정리한다. 각 영역별로 필요한 경우 세부 항목을 통해 분류하였고 2가지 이상의 세부 항목에 해당되는 솔루션은 중복 표기하였다.

① 맞춤형 경력 경로 추천 솔루션

다양한 학업, 경력, 성장 비전 및 선호 가치를 보유한 개개인들에게 맞춤형 성장 경로를 제시해주는 솔루션이 직원 양성의 핵심으로 자리 잡고 있다. 전 직원의 경력 빅데이터를 학습하여 회사 내 유망 경력을 추천하기도 하고, 유사한 경력 프로필을 갖고 있는 다른 직원들이 선택한 경로를 탐색하여 다음 직무를 추천하기도 한다. 일부 기업에서는 특정 직무에서 경영 리더 또는 기술 전문가로 성공한 직원들의 이력을 학습하여 '성공적인 성장 경로'를 추천하고 롤모델로 삼을 수 있도록 지원하기도 한다. 그뿐만 아니라 자가진단 또는 게이미피케이션 등을 활용해 직원 개개인의 가치관, 역량, 기질, 업무 스타일을 분석하여 직무 이동 시 직원들의 만족도를 최상으로 끌어올리기 위해 노력하고 있다. 대표적인 솔루션으로는 퓨얼50(Fuel50), 글로트(Gloat), 코너스톤(Cornerstone), 낵(Knack) 등이 있다.

② 교육 지원 솔루션

HR 테크를 활용한 교육 지원 솔루션들은 학습 콘텐츠 생성, 맞춤형 교육 추천, 학습 출결 관리, 학습 동기부여를 위한 다양한 넛지와 학습 효과성 분석 등 교육의 모든 요소를 지원하는 LMS(Learning Management System, 학습 관리 시스템)로 진화하고 있다. 코너스톤, 디그리드(Degreed), 360러닝(360Learing), 무들(Moodle) 등 상당수의 교육 지원 솔루션들이 이러한 LMS를 지향하여 발전하고 있다. 복시(Voxy)와 같이 AI 기반의 개인 맞춤형 교육 콘텐츠 추천에 특화된 솔루션들도 있다.

빠르게 변화하는 사업 환경과 기술에 맞춰 양질의 교육 콘텐츠를 신속하게 공급하기 위해서 온라인 공개강의 무크(MOOC)의 활용도 눈에 띄게 증가했다. 코세라(Coursera), 유다시티(Udacity), 유데미(Udemy) 등에서 제공하는 전문 콘텐츠를 활용하거나 유수의 대학들과 연계하여 교육 콘텐츠를 제작하여 무크 플랫폼을 통해 공급하기도 한다. 이들 플랫폼에서는 직무교육별로 마이크로 자격증(micro-credential)* 과정도 다양하게 제공함으로써 직원들이 교육을 수료할 수 있도록 동기부여하기도 한다.

최근에는 온라인 교육의 몰입도를 극대화하기 위해 VR, AR, 메타버스를 활용해 생생한 업무 현장을 가상공간으로 재현하기도 한다. 직접 현장교육을 하기에는 고위험, 고비용이 드는 직무훈련 교육의 대안이 될 수 있다는 점, 현실의 다양하고 복잡한 상황 대응력을 직접 체험하며 배울 수 있다는 점에서 기업들의 관심을 끌고 있다. 대표적인 솔루션으로는 빈티지포인트(Vantage Point), 개더타운(Gather Town), 인게이지(Engage) 등이 있다.

이 외에도 다국적 기업이라면 교육 플랫폼 및 콘텐츠를 빠르게 현지화할 수 있도록 지원하는 무들(Moodle), 스틸맨(Stillman), 안도바(Andovar), 페이퍼컵(Papercup) 등의 솔루션도 검토해볼 만하다.

③ 리더십 지원 솔루션

리더들의 리더십 역량 수준을 파악하고 개선할 수 있도록 돕는 리더십 진단 솔루션이 있다. 과거에 연 단위로 이루어지던 대규모 정기 진단 방식에서 벗어나 부서 개편, 평가 및 승격 시즌 전후, 제도 도입 전후 등 리더십 진단이 필요한 시점에 빠르고 효과적으로 진단을 실시하고, 상황에 필요한 맞춤형 처방을 제공한다. 대표적인 솔루션으로는 글린트(Glint), 어세스팀(AssessTEAM), 스킬스보드(SkillsBoard) 등이 있다.

리더십 전문 코치에 의해 운영되어온 리더십 코칭도 AI 기능이 탑재된 솔루션으로 탄생되어 인기몰이를 하고 있다. 대표적인 솔루션으로는 베

---

* 특정 기술에 대해 기술과 지식 또는 경험이 있음을 증명하는 소(小) 자격증으로, 비교적 짧은 학습 프로그램을 통해 취득할 수 있어 신속한 재교육에 활용할 수 있다.

터업(BetterUp)이 있다. 베터업은 1:1 코칭의 단점으로 지적되어온 고비용 문제를 해소하여 소수 인력에게만 제공되던 리더십 코칭 서비스를 많은 인력이 받을 수 있게 하였으며, 코치에 따라 코칭 서비스가 다소 일관되지 않았다는 점도 상당 부분 개선시켰다는 평이다. 앞으로도 AI 기능을 탑재한 코칭은 리더를 위한 손안의 비서 역할로 더욱 정교하게 발전할 것으로 기대된다.

또한 부서원에 대한 인정, 칭찬과 보상을 연계해주는 하이쓰라이브(HiThrive), 동료 간 성격 분석을 통해 팀 구성과 갈등 관리를 도와주는 크리스탈(Crystal), 리더에게 직원들의 소통 및 사회관계망 분석 결과를 제공하여 조직 관리를 돕는 소셜라이저(Socilyzer), 트러스트스피어(TrustSphere) 등의 조직 관리 지원 솔루션도 유용하게 쓰이고 있다.

직원 성장 HR 테크 솔루션

구분		HR 테크 솔루션	웹사이트
맞춤형 경력 경로 추천		Cornerstone	https://www.cornerstoneondemand.com
		Fuel50	https://fuel50.com
		Gloat	https://gloat.com
		Knack	https://knackapp.com
		Landit	https://www.landit.com
교육 지원	LMS (학습 관리 시스템)	360Learning	https://360learning.com
		Cornerstone	https://www.cornerstoneondemand.com
		Degreed	https://degreed.com
		EdCast	https://www.edcast.com
		Grove	https://www.grovehr.com
		Moodle	https://moodle.org
		NovoEd	https://www.novoed.com
		TalentGuard	https://www.talentguard.com

구분		HR 테크 솔루션	웹사이트
	큐레이션	Voxy	https://www.voxy.com
	MOOC	Coursera	https://www.coursera.org
		K-MOOC	http://www.kmooc.kr
		Udacity	https://www.udacity.com
		Udemy	https://www.udemy.com
	VR/AR/ 메타버스	Algoryx	https://www.algoryx.se
		Engage	https://engagevr.io
		Gather Town	https://www.gather.town
		Vantage Point	https://www.tryvantagepoint.com
	콘텐츠 현지화	Andovar	https://www.elearning-localization.com
		Moodle	https://moodle.org
		Papercup	https://www.papercup.com
		Stillman	https://www.stillmantranslations.com
리더십 지원	**리더십 진단**	AssessTEAM	https://www.assessteam.com
		Glint	https://www.glintinc.com
		SkillsBoard	https://www.skillsboarding.com
	모바일 코칭	BetterUp	https://www.betterup.com
		Bunch	https://bunch.ai
	조직 관리 지원	Crystal	https://www.crystalknows.com
		HiThrive	https://www.hithrive.com
		Slack	https://slack.com
		Socilyzer	https://socilyzer.com
		TrustSphere	https://www.trustsphere.com

3. 성과 창출을 이끄는 HR 테크

성과 창출을 위한 다양한 솔루션의 등장

최근 많은 기업이 직원과 조직의 성과를 향상시키기 위한 솔루션을 도입하고 있다. 기업들이 HR 테크 활성화 이전부터 고민해온 것과 같이, 성과 향상이라는 목표는 기업 운영 전반의 다양한 요소들과 직간접적으로 관계를 맺고 있다. 성과 향상의 비결을 직원 개인의 능력이나 마인드셋(mindset), 조직의 구성원이나 문화 등과 같이 어느 한 가지로 특정할 수는 없다. 이와 관련한 솔루션들 역시 '성과 향상'을 전면에 내세우기보다는 업무의 생산성을 높이기 위한 조직 네트워크 분석, 시간관리, 목표 관리, 협업 강화 등 다양한 측면에서 접근을 시도하고 있다.

기업의 성과와 관련하여 각광받고 있는 대표적인 솔루션을 소개한다. 주요 솔루션들을 인재 활용 솔루션, 성과 향상 솔루션, 성과 관리 솔루션 등 3개 영역으로 구분하였고, 각 영역별로 필요한 경우 세부 항목을 통해 분류하였다.

① 인재 활용 솔루션

최적의 인재 활용을 위해서는 우선 직원들이 본인의 역량을 최대한 발휘할 수 있는 곳에서 근무할 수 있어야 하고, 다른 조직과의 원활한 소통을 통해 업무의 효율성과 효과성을 함께 제고할 수 있어야 할 것이다.

이와 관련된 HR 테크 솔루션 역시 직원들의 개인 역량 수준과 프로젝트의 필요 인력 수준에 맞게 멤버를 구성해주는 스태핑(staffing)과 조직 간의 관계를 개인 단위로 분석하는 조직 네트워크 분석(Organizational Network Analysis, ONA)에 집중하고 있다.

스태핑 관련 솔루션은 일반적으로 지원자의 역량을 파악하여 입사를 결정하는 채용 관련 솔루션과 연계되는 부분이 많다. 썸토털(SumTotal), 코너스톤(Cornerstone), 하이어뷰(HireVue) 등이 대표적이다. 조직 내 직원·조직 간 업무 네트워크 분석을 통해 최적의 성과 도출을 위한 인사이트를 얻을 수 있는 조직 네트워크 분석 솔루션으로는 트러스트스피어(TrustSphere)가 대표적이며, 이 외에도 휴머나이즈(Humanyze), 워클리틱스(Worklytics), 오그뷰(Orgvue) 등의 솔루션이 활용되고 있다.

② 성과 향상 솔루션

성과 향상은 곧 생산성 향상이라고도 볼 수 있다. 과거에는 무조건 더 많은 결과물을 만들어내기 위해 더 많은 시간을 투입하는 식으로 목표량을 맞춰왔다. 하지만 물량 공세로 실적을 높이는 것은 말 그대로 '실적'일 뿐, '성과'가 향상된 것이라고 보기는 어렵다. 실질적인 성과를 향상하기 위해서는 정해진 업무 시간 내에서 생산적인 업무에 더 많은 시간을 투입하고, 동료들과의 협업을 통해 혼자 하는 것보다 더 좋은 결과물을 산출할 수 있어야 한다.

이와 관련해 직원의 시간관리를 돕거나, 단순 업무를 자동화할 수 있는 챗봇, 그리고 시공간의 제약 없는 협업 환경을 조성해주는 솔루션들이 등장하고 있다. 이들은 직원의 업무 시간이나 스케줄 관리뿐만 아니라, 부서원들의 일정을 감안하여 최적의 회의 시간을 제안하고, 업무 이력 분석을 통해 생산성을 높일 수 있는 방안을 제시해주는 AI 기반의 솔루션으로, 타임트랙(TimeTrack) 등이 있다.

단순 반복형 운영 업무의 자동화를 통해 생산적 업무에 대한 몰입을 높이는 챗봇 솔루션으로는 유아이패스(UiPath)가 대표적이다. 국내에도 스타트업을 중심으로 HR을 비롯한 다양한 분야에서 자체 개발한 챗봇 플랫폼을 기반으로 고객에게 맞춤형 챗봇 설계 서비스를 제공하는 업체인 챗봇 빌더(chatbot builder)들이 활동 중이다.

마지막으로 효과적인 협업을 돕는 솔루션 역시 활성화되고 있는데, 비대면 업무 환경 도입의 확산으로 더욱 각광받고 있다. 메신저를 기반으로 화상회의, 클라우드 문서 작성 등 업무 전반을 하나의 프로그램에서 해결하거나, 다른 프로그램과의 호환성을 극대화시킨 마이크로소프트 팀즈(MS Teams)와 슬랙(Slack)이 대표적이다.

③ 성과 관리 솔루션

직원들의 성과를 체계적으로 관리하는 솔루션은 크게 유연한 목표관리, 복합적 피드백, 직원 간 인정, 데이터 기반 대시보드 등의 기능을 가지며, 별도의 솔루션으로 출시하기보다는 하나의 솔루션 내에 각 기능들을 모듈로 제공하여 고객의 니즈에 따라 조합하여 사용할 수 있게 하는 것이 일반적이다. 클라우드 기반의 베터웍스(Betterworks), 피프틴파이브(15Five), 래티스(Lattice), 리플렉티브(Reflektive) 등의 솔루션이 있다.

SAP, 워크데이(Workday)와 같은 인사관리의 중추를 담당하는 HCM(Human Capital Management) 솔루션들도 성과 관리 기능을 자체 탑재하거나 인수합병을 통해 솔루션을 통합하는 형태로 제공하고 있다. 성과 관리의 패러다임 자체가 업무의 지속적인 관리로 변화하고 있는 만큼 CRM, ERP, MES 등 실제 업무 진행에 사용하는 다양한 시스템들과의 통합을 강조하고 있는 것도 특징이다.

성과 창출 HR 테크 솔루션

구분		HR 테크 솔루션	웹사이트
인재 활용	최적 인력 스태핑	Bullhorn	https://www.bullhorn.com
		CEIPAL	https://www.ceipal.com
		Cornerstone	https://www.cornerstoneondemand.com
		HireVue	https://www.hirevue.com
		SumTotal	https://www.sumtotalsystems.com
		Workable	https://www.workable.com
	조직 네트워크 분석 (ONA)	Humanyze	https://humanyze.com
		Orgvue	https://www.orgvue.com
		Polinode	https://www.polinode.com
		SWOOP	https://www.swoopanalytics.com
		TrustSphere	https://www.trustsphere.com
		Worklytics	https://www.worklytics.co
성과 향상	시간관리	Legion	https://legion.co
		Skedulo	https://www.skedulo.com
		TimeTrack	https://www.timetrackapp.com
		Quinyx	https://www.quinyx.com
	챗봇 자동화	카카오워크	https://www.kakaowork.com
		Kore.ai	https://kore.ai
		Syncari	https://syncari.com
		Tray.io	https://tray.io
		UiPath	https://www.uipath.com

구분		HR 테크 솔루션	웹사이트
성과 향상	협업	Workplace from Meta	https://www.workplace.com
		MangoApps	https://www.mangoapps.com
		Mattermost	https://mattermost.com
		MS Teams	https://www.microsoft.com/en/microsoft-teams/group-chat-software
		Nuffsaid	https://nuffsaid.com
		SAP Jam	https://www.sap.com
		Slack	https://slack.com
		Teemly	https://teemly.io
		Threads	https://threads.com
		Trello	https://trello.com
		Twist	https://twist.com
성과 관리	목표 관리/ 피드백	15Five	https://www.15five.com
		Betterworks	https://www.betterworks.com
		Impraise	https://www.impraise.com
		Kazoo	https://www.kazoohr.com
		Lattice	https://lattice.com
		Reflektive	https://www.reflektive.com
		Weekdone	https://www.weekdone.com
		Workhuman	https://www.workhuman.com
	인정 플랫폼	Achievers	https://www.achievers.com
		FOND	https://www.fond.co
		O.C. Tanner	https://www.octanner.com
		Reward Gateway	https://www.rewardgateway.com
	크라우드 데이터 대시보드	ADP DataCloud	https://www.adp.com
		LinkedIn Talent Insights	https://business.linkedin.com/talent-solutions/talent-insights
		Payscale	https://www.payscale.com
		Perceptyx	https://www.perceptyx.com

4. 직원 몰입 촉진 HR 테크

직원 몰입 제고를 위한 조직문화 솔루션은 진화 중

직원의 목소리를 청취하고 이를 바탕으로 적합한 해결책을 찾으며, 나아가 직원의 웰빙을 높이기 위한 솔루션들은 계속해서 발전하고 있다. 이 솔루션들을 직원 몰입 설문조사 솔루션, 넛지 및 인정과 보상 제공 솔루션, 정신건강 관리 솔루션, 정서 분석 솔루션, 웰빙 솔루션 등 5개 영역으로 구분하여 소개한다. 각 영역별로 필요한 경우 세부 항목을 통해 분류하였다.

① 직원 몰입 설문조사 솔루션

우선 직원의 목소리를 청취하고 이를 다각적으로 분석하는 직원 몰입 설문(employee engagement survey) 솔루션들이 있다. 이들은 정기적으로 실시하는 설문 문항을 개발하고 설문조사 실시 후 결과를 체계적으로 분석하기 때문에 피플 애널리틱스 솔루션을 함께 제공하는 경우가 대부분이며, 퀄트릭스(Qualtrics), 어치버스(Achievers), 인펄스(Inpulse), 글린트(Glint), 피크온(Peakon), 디시전와이즈(DecisionWise), 컬처앰프(Culture Amp) 등이 대표적이다. 특히 어치버스는 직원들이 대화하듯이 설문에 응답할 수 있는 설문 챗봇인 앨리(Allie)를 가지고 있다.

또한 '오늘 질문하면 내일 당장 조치를 취할 수 있다'는 모토로 수시로 직원 설문을 실시한 후 그 결과를 실시간으로 인사팀과 경영진에게 제공하는 솔루션 업체들도 있다. 이 솔루션들은 스마트폰으로 진행하는 라이브 폴(live poll)을 통해 회의나 컨퍼런스, 교육에서 참여자들이 의견을 표현하고 그 결과를 실시간으로 확인 가능하게 하는 등 직원의 실시간 참여를 제고한다. 또한 이들은 설문조사 중 직원들이 응답을 꺼려하는 질문의 내용을 변경하는 등 AI 기술을 도입하여 직원들의 호응을 높이는 다양한 방법을 강구하고 있다. 관련 솔루션은 레메쉬(Remesh), 스파크베이(Sparkbay), 폴리(Polly), 슬라이도(Slido), 폴에브리웨어(Poll Everywhere), 멘티미터(Mentimeter) 등이 있다.

② 넛지 및 인정과 보상 제공 솔루션

직원들을 동기부여하고 바람직한 방향으로 행동하도록 유도하는 디지털 인센티브 및 보상을 제공하거나 작은 자극으로 큰 행동변화를 유도하는 넛지 프로그램을 제공하는 HR 테크 업체들이 있다. 넛지 전문 솔루션은 휴무(Humu), 워크휴먼(Workhuman) 정도이며 아직 전문 솔루션 업체가 많지 않은 것으로 판단된다. 디지털상에서 직원들의 행동에 대해 인정과 보상을 제공하면서 동기부여하는 솔루션 업체는 워크스타즈(Workstars), 쿠도스(Kudos), 보너슬리(Bonusly), 리워즈(Rewardz), 엑소엑소데이(Xoxoday) 등이 있다.

③ 정신건강 관리 솔루션

최근 직원들의 정신건강에 대한 관심이 높아지면서 번아웃, 우울, 스트레스, 수면 등 정신건강 상태를 진단하고 명상이나 심리상담 등 정신건강 관련 해결책을 제시하는 업체들도 증가하고 있다. 우선 직원의 정신건강을 종합 진단하고 관리하는 플랫폼은 스프링헬스(Spring Health), 모던헬스(Modern Health), 쓰라이브포트(Thriveport) 등이 있다. 심리학자들이 적극적으로 참여한 AI 기반 온라인 심리상담 서비스는 엘리자(Eliza), 워봇(Woebot), 아멜리아 버추얼 케어(Amelia Virtual Care) 등이 잘 알려져 있다.

④ 정서 분석 솔루션

게시판, 기업 평판 사이트, SNS 등에서 직원들이 작성한 텍스트나 음성, 나아가 직원들의 표정을 분석하는 직원 정서 분석 솔루션들도 다양하게 있다. 클라라브릿지(Clarabridge), 프로발리스(Provalis), 루미노소(Luminoso), 킨코프(Keencorp), 자이브(Jive), 코지토(Cogito), 어펙티바(Affectiva) 등이 대표적이다. 이 중 킨코프나 자이브는 매일 텍스트를 분석하여 그 결과를 실시간으로 대시보드에 제공하여 경영진의 빠른 의사결정을 지원한다.

⑤ 웰빙 솔루션

고용 브랜드를 높이고 직원의 몰입과 생산성을 제고하기 위한 직원 웰빙 솔루션은 다양한 방향으로 발전하고 있다. 우선 직원의 재무 웰빙을 제고하기 위한 솔루션은 제이준(ZayZoon), 페이액티브(PayActiv), 샐러리 파이낸스(Salary Finance), 웨이즈스트림(Wagestream), 플렉스웨이즈(FlexWage) 등이 있다. 직원의 신체 건강을 높이기 위해 게임과 인센티브 등과 연계하여 직원의 참여를 유도하는 신체적 웰빙 솔루션도 다양하다. 피제라(Physera), 버진펄스(Virgin Pulse), 캐스트라이트 헬스(Castlight Health), 이노뷰(Innovu), 웰봇(Welbot), 콜렉티브 헬스(Collective Health)

등이 대표적이다.

　회사의 다양한 복리후생을 직원에게 안내하여 활용도를 높이고, 직원의 사용 내용을 종합 분석하여 회사의 웰빙 전략을 제시하는 복리후생 플랫폼은 루미티(Lumity), 올라이트(Alight), 이즈(Ease), 그래비(Gravie), 제보헬스(Zevo Health), 라임에이드(Limeade), 베터업(BetterUp), 에스프레사(Espresa) 등이 잘 알려져 있다.

직원 몰입 HR 테크 솔루션

구분		HR 테크 솔루션	웹사이트
직원 몰입 설문조사	정기 설문 및 분석	Achievers	https://www.achievers.com
		Culture Amp	https://www.cultureamp.com
		DecisionWise	https://decision-wise.com
		Glint	https://www.glintinc.com
		Inpulse	https://www.inpulse.com
		Peakon	https://peakon.com
		Qualtrics	https://www.qualtrics.com
	펄스 서베이 및 라이브 폴	Mentimeter	https://www.mentimeter.com
		Poll Everywhere	https://www.polleverywhere.com
		Polly	https://www.polly.ai
		Remesh	https://www.remesh.ai
		Slido	https://www.slido.com
		Sparkbay	https://sparkbay.com
넛지 및 인정/보상 제공	넛지	Humu	https://www.humu.com
		Workhuman	https://www.workhuman.com
	디지털 인정/보상	Bonusly	https://bonus.ly
		Kudos	https://www.kudos.com
		Rewardz	https://rewardz.sg
		Workstars	https://www.workstars.com
		Xoxoday	https://www.xoxoday.com

구분		HR 테크 솔루션	웹사이트
정신건강 관리	정신건강 플랫폼	Modern Health	https://www.modernhealth.com
		Spring Health	https://springhealth.com
		Thriveport	https://www.thriveport.com
	AI 기반 심리상담	Amelia Virtual Care	https://ameliavirtualcare.com
		Woebot Health	https://woebothealth.com
정서 분석		Affectiva	https://www.affectiva.com
		Clarabridge	https://www.qualtrics.com/clarabridge/
		Cogito	https://cogitocorp.com
		Jive	https://www.jivesoftware.com
		Keencorp	https://keencorp.com
		Luminoso	https://www.luminoso.com
		Provalis	https://provalisresearch.com
웰빙	재무 웰빙	FlexWage	https://flexwage.com
		PayActiv	https://www.payactiv.com
		Salary Finance	https://www.salaryfinance.com/uk
		Wagestream	https://wagestream.com
		ZayZoon	https://www.zayzoon.com
	신체 웰빙	Castlight Health	https://www.castlighthealth.com
		Collective Health	https://collectivehealth.com
		Innovu	https://www.innovu.com
		Physera	https://physera.com
		Virgin Pulse	https://www.virginpulse.com
		Welbot	https://welbot.io
	복리후생 및 웰빙 플랫폼	Alight	https://alight.com
		BetterUp	https://www.betterup.com
		Ease	https://www.ease.com
		Espresa	https://www.espresa.com
		Gravie	https://www.gravie.com
		Limeade	https://www.limeade.com
		Lumity	https://www.lumity.com
		Zevo Health	https://www.zevohealth.com

Prologue | HR 테크가 바꾸는 일과 인재경영의 미래

1. "[인터뷰] '굿 투 그레이트' 짐 콜린스, 위대한 기업 3대 조건은…" (2021. 1. 27). 《매일경제신문》.

2. Deloitte (2017). 〈Rewriting the rules for digital age: 2017 Deloitte Global Human Capital Trends〉.

3. Pofeldt, E. (2015. 5. 25). "Shocker: 40% of workers now have contingent jobs, says U.S. government". *Forbes*.

4. "'목금 쿠팡 알바 뛰고 주말에 놀죠'…근로시간 골라 일하는 2030" (2021. 12. 13). 《매일경제신문》.

5. 최강식 (2018). "3장-기술혁신이 일자리에 미치는 영향". 4차 산업혁명과 HR 의 미래 연구회 지음. 《4차 산업혁명 일과 경영을 바꾸다》. 삼성경제연구소. p. 105.

6. ETRI (2020). 〈[기술정책 인사이트] 코로나 이후 글로벌 트렌드: 완전한 디지털 사회〉.

7. 한국정보화진흥원 (2019. 12). 〈스마트워크 실태조사 결과보고서〉.

8. Gartner (2019). 〈Top 10 Strategic Technology Trends For 2020〉.

9. 한준 (2018). "5장-일하는 방식과 문화, 리더십의 미래". 4차 산업혁명과 HR 의 미래 연구회 지음. 《4차 산업혁명 일과 경영을 바꾸다》. 삼성경제연구소. p. 185.

10. Kane, G. C., Palmer, D. & Phillips, A. N. (2016. 6). 〈MIT Sloan Management Review: Aligning the Organization for its digital future〉. (in collaboration with

Deloitte University Press.)

11. 에릭 슈미트, 제러드 코언 (2013). 《새로운 디지털 시대》. 이진원 옮김. 알키.

12. Bersin, J. (2018. 6). "AI in HR: A Real Killer App". 〈https://joshbersin. com〉.

제1부 | 인재 확보를 지원하는 HR 테크

1. Keller, S. (2017. 11. 24). "Attracting and retaining the right talent". McKinsey & Company.

2. Aguinis, H. & O'Boyle, E. (2012). "The best and the rest: Revisiting the norm of normality in individual performance". *Personal Psychology*. 65(1).

3. SHRM (2017). 〈2017 Talent Acquisition Benchmarking Report〉.

4. CareerBuilder (2017. 12. 7). "Nearly three in four employers affected by a bad hire, according to a recent CareerBuilder survey".

5. Klieger, D. M., Kuncel, N. R. & Ones, D. S. (2014. 5). "In hiring, algorithms beat instinct". *Harvard Business Review*. 92(5).

6. Chambers, E. G., Foulon, M., Handfield-Jones, H., Hankin, S. M. & Michaels III, E. G. (1998). "The War for Talent". *McKinsey Quarterly*. (3).

7. Dhawan, E. (2016. 4. 7). "Recruiting Strategies for a Tight Talent Market". *Harvard Business Review*.

8. Olsen, S. (2004. 8. 12). "Google recruits eggheads with mystery billboard". 〈Cnet.com〉.

9. Linkedin (2015). "The Ultimate List of Hiring Statistics". 〈Linkedin Talent Solution〉.

10. Anders, G. (2012. 10. 3). "No resume? No problem! show us your social stream instead". *Forbes*.

11. Rance, C. (2020). "Entelo Smart Profiles with Candidate Insights". ⟨Entelo.com⟩.

12. Holtom, B. & Allen, D. (2019. 8. 16). "Better Ways to Predict Who's Going to Quit". *Harvard Business Review*.

13. Weber, L. (2013. 5. 2). "How We Really Read Job Ads". *The Wall Street Journal*.

14. Snyder, K. (2017. 12. 14). "1000 different people, the same words". ⟨Textio.com⟩.

15. Florentine, S. (2016. 11. 7). "How gender-neutral job postings decrease time to hire". ⟨CIO.com⟩.

16. ⟨https://www.fastcompany.com/company/textio⟩.

17. Min, J. A. (2016. 11. 11). "How Artificial Intelligence Is Changing Talent Acquisition". ⟨TNLT.com⟩.

18. Ladders (2018). ⟨Eye-Tracking Study 2018⟩.

19. David, T. (2018. 6. 14). "23 Surprising Stats on Candidate Experience". CareerArc.

20. Min, J. A. (2016. 11. 11). "How Artificial Intelligence Is Changing Talent Acquisition". ⟨TNLT.com⟩.

21. Dastin, J. (2018. 10. 11). "Amazon scraps secret AI recruiting tool that showed bias against women". REUTERS.

22. "Welcome to IBM Watson Recruitment". ⟨https://www.ibm.com⟩. (Last Updated: 2021. 3. 2).

23. re:Work. "Guide: Shape the candidate experience". ⟨https://rework.withgoogle.com⟩.

24. Johnson, K. (2016. 6. 11). "Recruitment chatbot Mya automates 75%

of hiring process". Venturebeat.

25. "An AI system endorsed by the candidates". 〈www.loreal.com〉.

26. Lewis, N. & Marc, J. (2019. 4. 29). "Want to work for L'Oreal? Get ready to chat with an AI bot". CNN Business.

27. Kelly, J. (2021. 6. 14) "Virtual Interviews Are Here To Stay: HireVue Conducts Millions Of One-Way Videos To Help Quickly Connect Candidates With Companies That Are Hiring". *Forbes*.

28. Butcher, S. (2021. 11. 11). "How to get a job as a developer at Goldman Sachs". eFinancialCareers.

29. Needleman, S. E. (2016. 3. 14). "Play This Game and Win a Job!". *The Wall Street Journal*.

30. Marr, B. (2018. 12. 14). "The Amazing Ways How Unilever Uses Artificial Intelligence To Recruit & Train Thousands Of Employees". *Forbes*.

31. Toor, A. (2016. 3. 28). "Uber is recruiting engineers through an in-app coding game". The Verge.

32. Workato. 〈State of Business Technology Report 2021〉.

33. Asch, S. E. (1946). "Forming impressions of personality". *The Journal of Abnormal and Social Psychology*, 41(3). p. 258.

34. Manopeello, B. (2015. 10. 5). "5 Ways To Up Your Onboarding Game". Glassdoor.

35. "Why the Onboarding Experience Is Key for Retention". (2018. 4. 11). Gallup.

36. "How chatbots help with onboarding new employees". (2020. 11. 8). 〈www.coyoapp.com〉.

37. Frampton, A. (2021. 5. 4). "A Construction Firm's Employee Experience Gets a Facelift with Automated Onboarding". BambooHR.

38. Verma, S. (2021. 11. 17). "12 Tips for Onboarding Remote Employees". TechFunnel.

39. Belanger, L. (2017. 7. 17). "Why This Restaurant Chain Has Started Using VR to Train Employees". *Entrepreneur*.

40. Harmon-Jones, E. & Allen, J. J. (2001). "The Role of Affect in the Mere Exposure Effect: Evidence from Psychophysiological and Individual Differences Approaches". *Personality and Social Psychology Bulletin*. 27(7). pp. 889-898.

41. Karpel, D. (2021. 4. 15). "Onboarding at Google while working remotely". Google.

42. "Maximizing the Potential of Our People". ⟨https://www.goldmansachs.com/careers/training.html⟩.

43. Farmer, B. (2019. 1. 7). "Best practice in employee onboarding and orientation". HRDconnect.

44. "Virtual employee onboarding, Observe.AI style!". ⟨observe.AI blog⟩.

제2부 | 직원 성장을 돕는 HR 테크

1. Arbesman, S. (2004). *The Half-Life of Facts: Why Everything We know has an Expiration date*. Penguin Group.

2. Pelster, B. et al. (2017). ⟨Career and learning: Real time, all the time, 2017 Global Human Capital Trends⟩. Deloitte.

3. World Economic Forum (2018). ⟨The Future of Jobs Report 2018⟩.

4. 대한민국 통계청 (2018). 《경제활동인구연보》.

5. Carstensen, L. L. (2019. 11. 29). "We need a major redesign". *The Washington Post*.

6. Lowensohn, J. (2012. 7. 4). "Google buys Meebo to bolster Google+". 〈Cnet.com〉.

7. Vascellaro, J. E. (2009. 8. 11). "Facebook Acquires Start-Up FriendFeed". *The Wall Street Journal*.

8. "Majority of workers who quit a job in 2021 cite low pay, no opportunities for advancement, feeling disrespected" (2022. 3. 9). Pew Research Center.

9. "IBM artificial intelligence can predict with 95% accuracy which workers are about to quit their jobs" (2019. 4. 3). CNBC.

10. Nawaz, S. (2017. 5. 15). "The Biggest Mistakes New Executives Make". *Harvard Business Review*.

11. Deloitte (2017. 2). 〈2017 Deloitte Global Human Capital Trends report〉.

12. "The 70-20-10 Rule for Leadership Development" (2020. 11. 24). CCL.

13. AT&T Issue Briefs.

14. CEB (2015). 〈The New Path Forward-Creating Compelling Careers for Employees and Organizations〉.

15. "Case Study: Standard Chartered Bank". 〈https://www.gloat.com/wp-content/uploads/Customer-Success-Story-Standard-Chartered-Bank.pdf〉.

16. 존 도노번, 캐시 벤코 (2016. 10). "AT&T의 인적 쇄신".《하버드 비즈니스 리뷰》.

17. "Preparing the workforce of the future". 〈https://www.att.com/Investor/ATT_Annual/2014/att_launches_mooc.html〉.

18. 〈https://voxy.com/〉.

19. Korolov, M. (2020. 4. 7). "How AI is revolutionizing training". 〈CIO.com〉.

20. "모두를 위한 학습 기회의 확대". 〈https://edu.google.com/〉.

21. 〈https://www.elearning-localization.com〉.

22. "Localize your corporate training videos using AI". 〈https://www.papercup.com/content-types/employee-training〉.

23. Reich, J. & Ruiperez-Valiente, J. A. (2019). "The MOOC Pivot". *Science.* 363(6423). pp. 130-131.

24. Fan, W. (2021. 8. 4). "Helping Break The Glass Ceiling Through Cohort-Based Learning". *Forbes.*

25. "The Futre of Education is Community : The Rise of Cohort-Based Cource" (2021. 3. 8). Forte Labs.

26. Gokhale, A. A. (1995). "Collaborative learning enhances critical thinking". *Journal of Technology Education.* 7.

27. "Let's make work better". 〈https://rework.withgoogle.com〉.

28. Dale, E. (1969). *Audio-visual methods in teaching.* New York : Dryden Press.

29. "How virtual reality is redefining soft skills training" (2021. 6. 5). PwC.

30. Lewis, N. (2019. 7). "Walmart Revolutionizes Its Training with Virtual Reality". SHRM.

31. Nott, G. (2018. 12). "Domain rolls out VR traning: 'role plays won't ever cut it again'". CIO.

32. "가상현실과 증강현실을 도입해 생산 시스템 강화" (2019. 4). BMW 그룹 보도자료.

33. KPMG (2014. 8). 〈Competing for engagement : The approach, findings and implications of a gamified pilot project〉.

34. "Michelin : Frontline salesforce transformation". 〈https://saffroninteractive.com/work/michelin/〉.

35. Deloitte (2019). 〈2019 Deloitte Global Human Capital Trends〉.

36. PSI컨설팅 (2021. 8. 31). 〈Post corona, 2021 한국 리더십의 현재와 미래〉.

37. "DDI Identifies Leader "Money Skills" that Directly Link to Increased Profit and Revenue" (2016. 1. 20). Globenewswire.

38. Shibli, A. "13 Best Employee Recognition Apps for Slack". Friday.

39. Kaufman, T., Christensen, J. D. & Newton, A. (2015). 〈Employee Performance: What Causes Great Work?〉. Cicero Institute.

40. Deloitte Greenhouse (2019. 6). 〈The practical magic of 'Thank you' – How your people want to be recognized, for what, and by whom〉.

41. Hamilton, D. L. & Sherman, J. W. (1994). "Stereotypes". In R. S. Wyer, Jr. & T. K. Srull (Eds.), *Handbook of social cognition. Vol. 2: Applications.* pp. 1–68. Hillsdale, NJ: Lawrence Erlbaum.

42. 〈www.crystalknows.com〉.

43. Larson, J. etc. (2020. 5. 21). "Uncovering resilience: Measuring organizational networks during crisis". Microsoft Workplace Insights.

44. Bock, L. (2015). *Work Rules!: Insights from Inside Google That Will Transform How You Live and Lead.* Boston: Twelve.

45. "DDI Identifies Leader "Money Skills" that Directly Link to Increased Profit and Revenue" (2016. 1. 20). Globenewswire.

제3부 | 성과 창출을 이끄는 HR 테크

1. PwC (2020). PwC's Human Resources Technology Survey. (전 세계 HR 및 HR IT 리더 600명 대상 설문)

2. 잡코리아 (2020). 인사평가 설문조사. (직장인 702명 대상, 중복 응답 허용)

3. 한국갤럽 (2020). 〈한국인의 직장생활 평가와 만족도〉.

4. Kristof-Brown, A. L., Zimmerman, R. D. & Johnson, E. C. (2005).

"Consequences of individuals' fit at work: A meta-analysis of person-job, person-organization, person-group and person-supervisor fit". *Personnel Psychology*. 58. pp. 281-342.

5. Deloitte (2019). 〈2019 Deloitte Global Human Capital Trends〉.

6. "A data and skills driven strategy: Cisco's Talent Cloud Empowering the Optimal Workforce" (2017). HR Tech Conference 2017.

7. 〈https://www.greatplacetowork.com/certified-company/1000064〉.

8. Cowgill, B. & Koning, R. (2018). "Matching Markets for Googlers". *Harvard Business School Case Study*.

9. 〈Microsoft Annual Report 2008〉; 2021 Fiscal Year Revenue.

10. Unit4 (2017). "Global Productivity Study". 〈https://mms.businesswire.com/media/20170628005817/en/596045/5/Unit4_Market_Research_Infographic_HiRes.jpg?download=1〉.

11. West Monroe (2018). "Companies are Overlooking a Primary Area for Growth and Efficiency: Their Managers".

12. Gartner (2019). 〈Top Technology Trends Driving the Digital Workplace〉.

13. "사표 품고 산다… 직장인이 꼽은 '사표 충동' 느끼는 순간은?" (2021. 8. 10). 사람인.

14. O'Boyle Jr., E. & Aguinis, H. (2012). "The best and the rest: Revisiting the norm of normality of individual performance". *Personnel Psychology*. 65(1). pp. 79-119.

15. Mercer (2019). 〈Performance Transformation in the Future of Work〉.

16. Bersin, Deloitte Consulting LLP, Kathi Enderes, PhD & Matthew Deruntz (2018). 〈The Performance Management Maturity Model〉.

17. DDI (2018). 〈Global Leadership Forecast 2018〉.

18. Buckingham, M. & Goodall, A. (2015). "Reinventing Performance Management". *Harvard Business Review.*

19. Deloitte (2017). 〈High-Impact People Analytics〉.

20. Great Place to Work (2021). 〈Creating a Culture of Recognition〉.

21. Lewis, N. (2019. 5. 21). "IBM Transforms Its Approach to Human Resources with AI". SHRM.

제4부 | 직원 몰입을 촉진하는 HR 테크

1. Ebinger, V. (2018. 9. 5). "The Short Tenure of Tech Pros: Problem or Opportunity?". 〈https://www.corsource.com/short-tenure-of-tech-pros/〉.

2. 한국갤럽 (2020. 5. 12). 〈한국인의 직장생활 평가와 만족도〉.

3. Truss, C., Shantz, A., Soane, E., Alfes, K. & Delbridge, R. (2013). "Employee engagement, organisational performance and individual well-being: exploring the evidence, developing the theory". *The International Journal of Human Resource Management.* 24(14). pp. 2657-2669.

4. Protalinski, E. (2020. 7. 30). "Amazon reports $88.9 billion in Q2 2020 revenue: AWS up 29%, subscriptions up 29%, and 'other' up 41%". Venturebeat.

5. Leonhardt. D. (2021. 6. 15). "The Amazon Customers Don't See". *The Newyork Times.*

6. Waters, R. (2019. 12. 21). "Satya Nadella brought Microsoft back from the brink of irrelevance". *Los Angeles Times.*

7. 직접 인터뷰 (2019).

8. Chatman, J. A. & O'Reilly, C. A. (2016). "Paradigm lost: Reinvigorating

the study of organizational culture". *Research in Organizational Behavior*. 36. pp. 199-224.

9. Gorden, W. I. (1984). "Corporate cultures: The rites and rituals of corporate life".

10. Gregory, B. T., Harris, S. G., Armenakis, A. A. & Shook, C. L. (2009). "Organizational culture and effectiveness: A study of values, attitudes, and organizational outcomes". *Journal of Business Research*. 62(7). pp. 673-679.

11. Gordon, G. G. & DiTomaso, N. (1992). "Predicting corporate performance from organizational culture". *Journal of Management Studies*. 29(6). pp. 783-798.

12. Gagnon, C., John, E. & Theunissen, R. (2017). "Organizational health: A fast track to performance improvement". *McKinsey Quarterly*.

13. "Microsoft employee survey helps organisations solve the hybrid paradox" (2021. 9. 30). *The Iris Times*.

14. "Allie the Chatbot: The Future of Employee Engagement." (2019. 4). HR Asia.

15. Vlahos, J. (2018). "Inside the Alexa Prize". *Wired*.

16. 직접 인터뷰 (2021).

17. Khabbaz. R. (2020). "Inside Twitter's Response to the Covid-19 Crisis". *Harvard Business Review*.

18. Adam Grant (@AdamMGrant)·Twitter. 〈https://mobile.twitter.com/adammgrant/status/1426977497573437445〉.

19. Kuang, C. (2012). "In The Cafeteria, Google Gets Healthy". *Fast Company*.

20. 직접 인터뷰 (2016).

21. Humu Webinar (2020). "The top nudges of 2020—and what they mean for 2021".

22. "65 employee recognition ideas – the ultimate list" 〈https://www.workstars.com/recognition-and-engagement-blog/2020/09/11/65-employee-recognition-ideas-ultimate-list/〉.

23. "'I have to focus on my mental health,' says Simone Biles after withdrawing from gold medal event". (2021. 7. 29). CNN.

24. "IOC says has 'huge respect and support' for Biles" (2021. 7. 28). Reuters.

25. Yerkes, R. M. & Dodson, J. D. (1908). "The relation of strength of stimulus to rapidity of habit-formation". *Journal of Comparative Neurology and Psychology*. 18. pp. 459–482.

26. Haddon, J. (2018). "The impact of employees' well-being on performance in the workplace". *Strategic HR Review*.

27. Kestel, D. (2019. 1. 22). "Mental health in the workplace". WHO.

28. 직접 인터뷰 (2018).

29. Czeisler, M. É., Lane, R. I., Petrosky, E., Wiley, J. F., Christensen, A., Njai, R., ... & Rajaratnam, S. M. (2020). "Mental Health, Substance Use, and Suicidal Ideation During the COVID-19 Pandemic—United States, June 24–30, 2020". *Morbidity and Mortality Weekly Report*. 69(32). p. 1049. CDC.

30. Vahratian, A., Blumberg, S. J., Terlizzi, E. P. & Schiller, J. S. (2021). "Symptoms of Anxiety or Depressive Disorder and Use of Mental Health Care Among Adults During the COVID-19 Pandemic—United States, August 2020–February 2021". *Morbidity and Mortality Weekly Report*. 70(13). p. 490. CDC.

31. Kelly, J. (2021. 3. 26). "It's Time For Companies To Focus On Helping

Employees With Their Mental Health And Well-Being". *Forbes*.

32. Coe, E., Cordina, J., Enomoto, K. & Seshan, N. (2021). "Overcoming stigma : Three strategies toward better mental health in the workplace". *McKinsey Quarterly*.

33. 링크드인 직원과 직접 인터뷰 (2021).

34. "Getting Ahead with Empathy" (2017. 12. 5). Cogito Blog.

35. Isen, A. M. & Baron, R. A. (1991). "Positive affect as a factor in organizational-behavior". Research in Organizational Behavior. 13. pp. 1-53.

36. Estrada, C. A., Isen, A. M. & Young, M. J. (1994). "Positive affect improves creative problem solving and influences reported source of practice satisfaction in physicians". *Motivation and Emotion*. 18(4). pp. 285-299.

37. Asher, T. et al. (2018). "Becoming homeless: a human experience". ACM SIGGRAPH.

38. Schwartz, T. (2012. 7. 11). "Emotional contagion can take down your whole team". *Harvard Business Review*.

39. "한국인 '코로나19 걱정' 선진국 중 최고 수준" (2020. 9. 10).《연합뉴스》.

40. Pendell, R. (2021. 3. 22). "Wellness vs. wellbeing: What's the difference?". Gallup.

41. Middlehurst, C. (2021. 5. 6). "Get ready for the new workplace perks". *Financial Times*.

42. 2021 PwC Employee Financial Wellness Survey.

43. "It's About TIME". 〈https://www.payactiv.com/insights/〉.

44. 배수정 (2019. 12. 5). "직원의 '월급통장'을 책임지다". 〈SERICEO〉.

45. "3050 직장인 연금 이해력 100점 만점에 47.6점 '운용지식 부족'" (2021. 5. 7).《머니투데이》.

46. 배수정 (2019. 12. 5). "직원의 '월급통장'을 책임지다". 〈SERICEO〉.

47. "Be the place where everyone wants to work". 〈https://www.payactiv.com/for-companies/〉.

48. 〈https://www.virginpulse.com/en-gb/customer-success/〉.

49. "DEMONSTRATING PROGRAM EFFICACY".
〈https://physera.com/assets/omada_activision_blizzard_claims_based_cohort_study.pdf〉.

50. Pendell, R. (2021. 3. 22). "Wellness vs. wellbeing: What's the difference?". Gallup.

51. Dana, L. (2019. 7. 15). "5 perks and benefits to offer your gen Z employees". Ripplematch.

Epilogue | HR 디지털 트랜스포메이션을 위한 제언

1. "7 ways HR will look different in 2022" (2021. 12. 26). *Fast Company*.

2. "The Great Resignation: How employers drove workers to quit" (2021. 7. 2). BBC.

3. "HR Tech Number of the Day: HR tech failure rate." (2021. 9. 29). Human Resource Executive.

김우현

고려대학교 경영학과를 졸업하고 성균관대학교 MBA 과정에 재학 중이다. 2012년 삼성전기에 입사해 인사팀에서 평가, 성과 관리, 승격 등 인사제도 및 인사기획 관련 업무를 했고, 현재 삼성글로벌리서치 인재경영연구실 수석연구원으로 근무하며 인사제도, 리더십, 인사전략 부문에 대한 연구를 수행하고 있다. 성과 관리, 보상, 직급체계 등 조직과 직원이 함께 고민하며 성장하고 성공할 수 있는 제도 수립과 운영에 관심을 가지고 있다.

김영애

고객의 행동과 구매 패턴을 예측하듯, 조직 내 직원들의 조직 몰입, 성과 그리고 행복도까지 측정하고 그 원인을 파악할 수 있다고 믿는다. 마케팅에서 고객 만족을 목표로 데이터를 분석하듯, 직원들이 어떻게 하면 행복하게 일할 수 있을지 그 답을 찾기 위한 HR Analytics의 역할을 고민하고 있다. 한국과학기술원(KAIST)에서 경영공학 석사, 박사학위를 받고, 현재는 삼성글로벌리서치에서 수석연구원으로 재직하고 있다. 채용, 평가, 리더십, 조직문화 등 다양한 HR 데이터를 연계 분석하여 조직 몰입 및 성과 창출 방안에 관한 연구를 진행 중이다. 저서로는 《일, 시간, 성과: 일 잘하는 시간관리 습관》(2019, 공저)이 있다.

박준혁

오하이오주립대학교 경영대에서 재무학(Finance)을 전공하고, 미네소타대학교에서 수학(Math) 및 인사·노사(HRIR) 석사학위를 받은 후, 중앙대학교 경영학과에서 인사조직 전공으로 박사학위를 받았다. 삼성생명, 삼성인력개발원, 삼성글로벌리서치에서 근무하며 인사제도, 어세스먼트/선발, HR Analytics와 관련한 많은 연구와 컨설팅을 수행했다. 현재는 아워홈 인사부문장으로 재직 중이다. 현장 경험과 이론을 겸비한 HR 전략가를 꿈꾼다. "개인-조직가치 적합성과 개인의 직무성과가 경력사원의 이직결정에 미치는 영향"《인사조직연구》, 2017) 등 5편의 논문을 저술하였고, 《인재경영을 바라보는 두 시선》(2015), 《실리콘밸리 사람들은 어떻게 일할까?》(2017) 등 2권의 저술에 참여했다.

배노조

IMF 외환위기를 최전선에서 겪었던 짧은 증권 브로커 생활을 제외하면 삼성에서 줄곧 인사 커리어로 성장했다. 삼성의 인재제일(人材第一) 철학이 초일류기업 달성의 핵심 원동력이라는 믿음과 함께 삼성글로벌리서치에서 15년간 수석연구원으로 재직했고, 현재는 인재경영연구실장을 맡고 있다. 와세다대학교에서 경영학 석사, 성균관대학교에서 인사조직 박사학위를 받았다. 2020년 삼성 라이온즈

신연봉제 설계 작업을 수행한 것과 이듬해 삼성 라이온즈가 상위권에 진입한 일을 자랑거리로 여기고 있으며, 이 일을 계기로 인사가 성과 창출에 직접적으로 기여할 수 있다는 확신을 갖게 되었다.

배수정

서울대학교 국사학과 및 심리학과를 졸업하고 동 대학원에서 인지심리학으로 석사 및 박사학위를 받았으며, 비판적 사고와 학습, 질문과 피드백, 동료평가 관련 연구를 진행했다. 마이다스아이티를 거쳐 현재 삼성글로벌리서치 인재경영실 수석연구원으로 근무하고 있다. 임직원 데이터 수집과 분석을 고도화하는 HR 테크를 발굴하는 한편, 데이터 분석을 통해 기업의 의사결정과 직원경험의 질을 향상시킬 수 있는 방법들에 대해 고민하고 있다. 주요 논문 및 저서로는 "학습 방식과 학습 목표가 질문과 이해도에 미치는 영향"(《한국심리학회》, 2016), "대학 수업에서 누적 동료평가 점수를 활용한 성적 산출 방법의 타당성"(《인지과학》, 2016), 《똑똑! 인지과학의 문을 열다》(2016, 공저) 등이 있다.

서준석

국민대학교 컴퓨터공학과를 졸업하고 성균관대학교 MBA에서 석사학위를 받았다. 삼성글로벌리서치 인재경영연구실 수석연구원으로 근무하면서 다양한 People Analytics 관련 연구에 참여하였으며, 현재는 삼성SDS 인사팀에서 HR Digital Transformation 및 Research 활동을 수행 중이다. 앞으로도 HR에 테크가 가미된 새로운 트렌드를 찾는 노력을 지속할 계획이다. 저서로는 《일, 시간, 성과: 일 잘하는 시간관리 습관》(2019, 공저)이 있다.

윤지연

산업 및 조직심리학자로서, 심리학 이론과 데이터를 토대로 조직 내 인재경영에 관련된 의사결정을 돕고, 조직의 성과와 효과성을 높이며 구성원들이 행복하게 일할 수 있는 환경을 만드는 데 힘쓰고 있다. 미국 조지아공과대학교에서 리더십 연구로 석사, 박사학위를 받았고, 삼성글로벌리서치에서 채용, 평가, 리더십, 조직문화, HR 빅데이터 분석을 통한 HR 테크 적용 등 인사와 관련한 다양한 분야를 연구했다. 현재 UC버클리 하스경영대학원에서 연구원으로 재직하고 있으며, Resilience Alliance에서 리더십 코칭을 연수 중이다. 《일, 시간, 성과: 일 잘하는 시간관리 습관》(2019), *Assessment Centres and Global Talent Management*(2011) 등 4권의 저술에 참여하였고, 〈EBS 비즈니스 리뷰〉 시리즈 출연 등 국내에서도 활발히 활동하고 있다.

정권택

직원의 행복과 기업의 지속 성장을 함께 이루는 인재경영을 실현하고자 평생 고민하는 연구자이다. 지난 30여 년간 삼성글로벌리서치에 근무하며 인사조직실장과 사회공헌연구실장을 역임했으며, 현재 상근고문으로 재직 중이다. 성균관대학교 경영학과를 졸업하고 동 대학원에서 경영학 석사를, 서강대학교에서 인사조직 전공으로 경영학 박사학위를 받았다. 한국경영학회 지속가능경영 포럼의 산업계 이사로 활동하고 있으며, 한국경영학회, 인사관리학회, 인사조직학회, 윤리경영학회 등의 산업계 부회장도 역임했다. 《인재경영을 바라보는 두 시선》(2015, 공저), 《실리콘밸리 사람들은 어떻게 일할까?》(2017, 공저) 등의 저서와 "삼성 신경영과 신인사"(《경영학연구》, 2014), "The Moderating Effects of Organizational Context on the Relationship between Voluntary Turnover and Organizational Performance"(*Human Resource Management*, 2012) 등의 논문이 있다.

진한규

고려대학교 심리학과를 졸업하고 연세대학교 기술경영학 협동과정에서 경영학 박사를 수료했다. 삼성전자 인사팀과 삼성인력관리위원회를 거쳐 현재 삼성글로벌리서치 인재경영연구실 수석연구원으로 재직 중이다. 주된 업무 경험과 연구 분야는 채용, 평가, 핵심인재 양성, 임원 인사관리, 고용 브랜딩 등이며, 미래 기술과 과학적 데이터를 활용한 인사 운영의 혁신 방향을 끊임없이 고민하고 있다.

진현

고려대학교 경영학과를 졸업하고 동 대학원에서 경영학 석사학위를 받았다. 연세대학교에서 "Merits of Failure Experiences"로 경영학 박사학위를 받았다. 현재 삼성글로벌리서치 인재경영연구실 수석연구원으로 재직 중이다. 주요 관심 영역은 조직문화, 실패, 다양성 관리, 임직원 보이스, HR Digital Transformation 연구 등이다. 주요 논문 및 저서로 "Organizational Work-Family Culture and Working Mothers' Affective Commitment: How Career Expectations Matter"(*Human Resource Management*, 2014), "More than Money: The Importance of Social Exchanges for Temporary Low-Skilled Migrant Workers' Workplace Satisfaction" (*International Migration*, 2019), 《실리콘밸리 사람들은 어떻게 일할까?》(2015, 공저), 《일, 시간, 성과: 일 잘하는 시간관리 습관》(2019, 공저), 《동기: 현상과 이해》(2021, 공저) 등이 있다.

채승병

한국과학기술원(KAIST) 물리학과에서 경제물리학 전공으로 박사학위를 받았고, 현재 삼성글로벌리서치 미래산업연구실에서 수석연구원으로 재직 중이다. 복잡성과학의 관점에서 경제사회 시스템 시뮬레이션 및 다양한 계량분석 업무를 다수 수행했으며, 2010년 이후에는 빅데이터, 데이터과학, AI 등을 활용한 기업혁신 방안을 모색하는 데 집중해왔다. 《복잡계 개론》(2005), 《이머전트 코퍼레이션》(2009), 《변신력, 살아남을 기업들의 비밀》(2012), 《빅데이터, 경영을 바꾸다》(2012) 등의 저술에 참여했다.